내가 뽑은 원픽! 최신 출제경향에 맞춘 최고의 수험서

2025 귀화시험

사회통합 프로그램

종합평가

모의고사

대한민국귀화시험자격연구소 편저

에듀에듀
EDU

가이드 INFORMATION

- **사회통합프로그램**(KIIP ; Korea Immigration & Integration Program)

  이민자가 우리말과 우리문화를 빠르게 익히고, 지역사회에 쉽게 융화될 수 있도록 지원하는 프로그램이다. 사회통합정보망(www.socinet.go.kr)에서 온라인으로만 신청 가능하다.

- **단계별 진행**

참여 신청	단계배정(사전평가 등)	교육과정 공지
사회통합정보망 회원가입 및 사회통합프로그램 신청	배정 단계 확인	사회통합정보망

교육신청 및 배정	한국어와 한국문화 (0~3)단계 교육	한국어와 한국문화 4단계 교육
사회통합정보망	(1~3)단계평가 (운영기관 주관)	중간평가 (법무부 주관)

(단계 배정 결과 5단계 해당 시)

(연계과정 참여자 응시 가능)

한국사회이해 5단계 기본과정 교육	한국사회이해 5단계 심화과정 교육
영주용 종합평가 (법무부 주관)	귀화용 종합평가 (법무부 주관)

- **과정 및 이수시간**

단계	한국어와 한국문화					한국사회이해	
단계	0단계	1단계	2단계	3단계	4단계	5단계	
과정	기초	초급1	초급2	중급1	중급2	기본	심화
교육시간	15	100	100	100	100	70	30
평가	없음	1단계평가	2단계평가	3단계평가	중간평가	영주용 종합평가	귀화용 종합평가

■ **종합평가**

- 종합평가 종류

  - 영주용 종합평가(KIPRAT ; Korea Immigration and Permanent Residence Aptitude Test)

  - 귀화용 종합평가(KINAT ; Korea Immigration and Naturalization Aptitude Test)

- 평가 대상

  - 영주용 종합평가 : 사회통합프로그램 5단계 기본과정을 수료한 사람, 사회통합프로그램 5단계 기본과정을 수료하지 않았으나, 사전평가에서 85점 이상 득점한 날로부터 2년 이내인 사람

  - 귀화용 종합평가 : 사회통합프로그램 5단계 전체 과정(기본+심화)을 수료한 사람, '18.3.1. 이후 귀화허가 신청자(5단계 전체 과정 미수료자), '18.3.1. 전 반복 수료에 의한 귀화용 이수완료한 사람, '12년 종합평가에서 50~59점 득점으로 이수 완료된 결혼이민자

- 평가 내용 : 한국어 능력 및 한국사회 이해정도 등 종합적인 기본소양 정도

- 평가 방법

필기시험	구술시험
40문항(60분)	5문항(10분)
객관식(36) + 작문형(4)	이해하기, 대화하기, 듣고 말하기 등
합격기준 : 100점 만점에 60점 이상 득점	

※ 2023년부터 CBT(컴퓨터 기반 평가) 실시

가이드 INFORMATION

- 2024년 사회통합프로그램 종합평가 일정

차수	신청 기간	시험일	결과 발표일
1차	24.01.09.~24.01.13.	24.01.27.	24.02.02.
2차	24.02.20.~24.02.24.	24.03.09.	24.03.15.
3차	24.04.02.~24.04.06.	24.04.20.	24.04.26.
4차	24.05.21.~24.05.25.	24.06.08.	24.06.14.
5차	24.08.06.~24.08.10.	24.08.24.	24.08.30.
6차	24.09.10.~24.09.14.	24.09.28.	24.10.07.
7차	24.10.15.~24.10.19.	24.11.02.	24.11.08.
8차	24.11.26.~24.11.30.	24.12.14.	24.12.20.

※ 평가 일정은 응시 수요 등에 따라 변경되거나 추가될 수 있습니다.

■ 귀화허가 신청자 대상 귀화용 종합평가 응시 절차

[1단계] 사회통합정보망(www.socinet.go.kr) 회원가입
① '개인정보 이용약관' 동의 체크 ② '구분'에서 '귀화 신청자 대상'을 선택 ③ 개인정보 입력(ID, 비밀번호, 성명, 생년월일 등)
[2단계] 평가신청
① 「평가신청」 메뉴 선택 ② 귀화 신청자 대상 종합평가 중 시험일정 선택하여 시험 신청(종합평가의 신청기간에만 신청 가능)
[3단계] 시험장소 확인
시험실시 3일 전 「마이페이지」에서 확인
[4단계] 접수증 출력
「마이페이지」에서 출력
[5단계] 시험응시
신청한 시험일에 공지된 시험장소에서 응시(12:30까지 입실)

■ CBT 모의고사 이용 가이드

[1단계] 예문에듀 홈페이지 로 그인 후 메인 화면 상단의 [CBT 모의고사]를 누른 다음 시험 과목
을 선택합니다.

[2단계] 시리얼 번호 등록 안내 팝업창이 뜨면 [확인]을 누른 뒤 [시리얼 번호]를 입력합니다.

[3단계] [마이페이지]를 클릭하면 등록된 CBT 모의고사를 [모의고사]에서 확인할 수 있습니다.

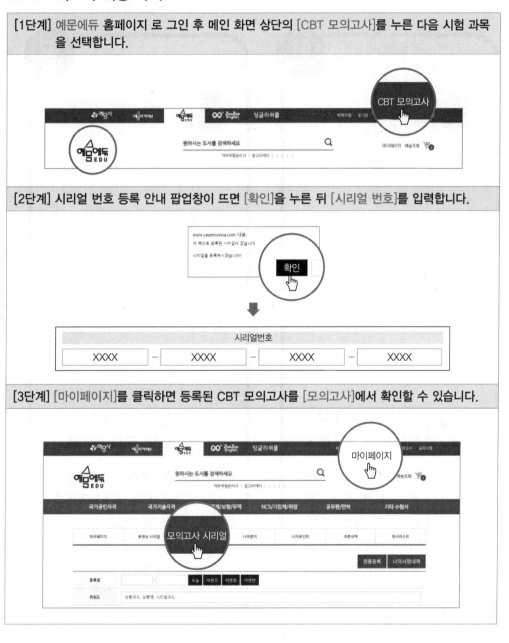

시리얼 번호

S 0 5 8 − C 8 3 U − B 0 0 2 − 0 R 2 4

도서의 활용 FEATURE

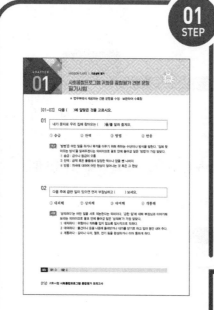

01 STEP

학습 전 HIDDEN CARD로
출제 흐름 파악&기초실력 평가

- 학습 시작 전 출제 흐름을 파악하고 기초실력을 평가할 수 있도록 법무부에서 공개한 견본 문항을 수정·보완하여 수록하였습니다.
- 빠르고 효율적인 학습이 가능하도록 문제 바로 아래 해설이 오도록 구성하였습니다.

02 STEP

과목별 OX 문제와
빈칸 채우기 문제 150제

- OX 문제를 수록하여 과목별로 자주 나오는 어휘에 대한 의미를 학습할 수 있도록 하였습니다.
- 빈칸 채우기 문제를 수록하여 중요한 주제 및 혼동하기 쉬운 활용어 등에 대비할 수 있도록 하였습니다.

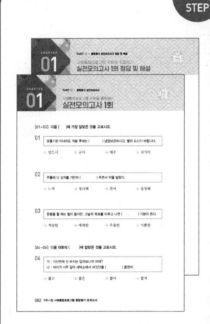

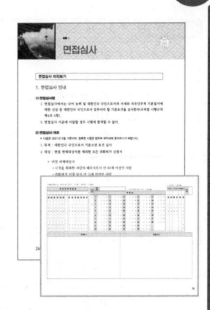

최신 출제 경향
실전모의고사 6회분 &
사전이 필요 없는 완벽한 해설

- 공개된 샘플 문항의 유형과 난이 도를 완벽하게 반영한 실전모의 고사 6회분(귀화용 4회분+영주용 2회분)을 수록하였습니다.
- 정답뿐 아니라 오답에 대한 상세 한 해설과 문제에 나온 단어에 대한 뜻풀이 및 예시를 수록하여 학습 효과를 높일 수 있도록 구성하 였습니다.

면접심사부터 원고지 작성법까지
꼼꼼하게 최종 마무리

- 최신 면접심사 기출복원문제와 작 문형 만점을 위한 원고지 작성법 까지 꼼꼼하게 챙겨 수록하였습니다.
- 실전모의고사 6회분에 대한 OMR 카드와 원고지를 수록하여 실제 시험처럼 최종 점검을 할 수 있도 록 하였습니다.

차례 CONTENTS

HIDDEN CARD   기초실력 평가

CHAPTER 01 ㅣ 귀화용 종합평가 견본 문항 010
CHAPTER 02 ㅣ 영주용 종합평가 견본 문항 032

PART 01   연습문제 150제

CHAPTER 01 ㅣ 한국어 052
CHAPTER 02 ㅣ 대한민국 일반 060
CHAPTER 03 ㅣ 지리와 기후 063
CHAPTER 04 ㅣ 사회 066
CHAPTER 05 ㅣ 문화 069
CHAPTER 06 ㅣ 역사 072
CHAPTER 07 ㅣ 법과 정치 075
CHAPTER 08 ㅣ 경제 078

PART 02   종합평가 실전모의고사

CHAPTER 01 ㅣ 귀화용 종합평가 실전모의고사 1회 082
CHAPTER 02 ㅣ 귀화용 종합평가 실전모의고사 2회 096
CHAPTER 03 ㅣ 귀화용 종합평가 실전모의고사 3회 109
CHAPTER 04 ㅣ 귀화용 종합평가 실전모의고사 4회 122
CHAPTER 05 ㅣ 영주용 종합평가 실전모의고사 5회 135
CHAPTER 06 ㅣ 영주용 종합평가 실전모의고사 6회 148

PART 03   종합평가 실전모의고사 정답 및 해설

CHAPTER 01 ㅣ 귀화용 종합평가 실전모의고사 1회 정답 및 해설 162
CHAPTER 02 ㅣ 귀화용 종합평가 실전모의고사 2회 정답 및 해설 179
CHAPTER 03 ㅣ 귀화용 종합평가 실전모의고사 3회 정답 및 해설 196
CHAPTER 04 ㅣ 귀화용 종합평가 실전모의고사 4회 정답 및 해설 216
CHAPTER 05 ㅣ 영주용 종합평가 실전모의고사 5회 정답 및 해설 235
CHAPTER 06 ㅣ 영주용 종합평가 실전모의고사 6회 정답 및 해설 251

부록   면접심사 및 원고지 작성법

부록 01 ㅣ 면접심사 268
부록 02 ㅣ 면접심사 최신 기출복원문제 284
부록 03 ㅣ 원고지 작성법 290

HIDDEN CARD
기초실력 평가

CHAPTER 01

| 귀화용 종합평가 견본 문항

CHAPTER 02

| 영주용 종합평가 견본 문항

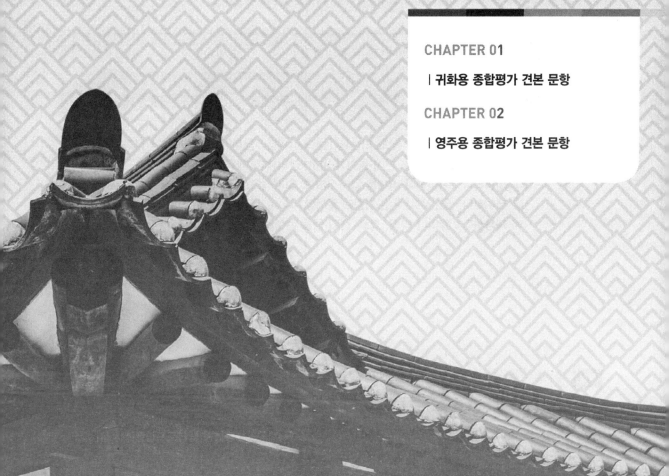

사회통합프로그램 귀화용 종합평가 견본 문항
필기시험

※ 법무부에서 제공하는 견본 문항을 수정 · 보완하여 수록함

[01~03] 다음 ( )에 알맞은 것을 고르시오.

01

> 내가 문자로 우리 집에 찾아오는 ( )을/를 알려 줄게요.

① 승급　　　　② 잔액　　　　③ 방법　　　　④ 반응

 '방법'은 어떤 일을 하거나 목적을 이루기 위해 취하는 수단이나 방식을 말한다. '집에 찾아오는 방식'을 알려주겠다는 의미이므로 괄호 안에 들어갈 말은 '방법'이 가장 알맞다.
① 승급 : 급수나 등급이 오름
② 잔액 : 금액 혹은 물품에서 일정한 액수나 양을 뺀 나머지
④ 반응 : 자극에 대하여 어떤 현상이 일어나는 것 혹은 그 현상

02

> 다음 주에 급한 일이 있으면 먼저 부장님하고 ( ) 보세요.

① 대피해　　　② 상의해　　　③ 대여해　　　④ 개통해

 '상의하다'는 어떤 일을 서로 의논한다는 의미이다. '급한 일'에 대해 부장님과 이야기해 보라는 의미이므로 괄호 안에 들어갈 말은 '상의해'가 가장 알맞다.
① 대피하다 : 위험이나 피해를 입지 않도록 일시적으로 피하다.
③ 대여하다 : 물건이나 돈을 나중에 돌려받거나 대가를 받기로 하고 얼마 동안 내어 주다.
④ 개통하다 : 길이나 다리, 철로, 전기 등을 완성하거나 이어 통하게 하다.

정답　**01** ③　　**02** ②

03

> 한국에 처음 왔을 때는 무엇을 해야 할지 몰라서 (　　　　　　).

① 반가웠어요 　　 ② 막막했어요 　　 ③ 훌륭했어요 　　 ④ 미안했어요

 '막막하다'는 의지할 데 없이 외롭고 답답하다는 의미이다. 한국에 처음 와서 아무것도 할 줄 몰라 답답하고 외로웠다는 의미이므로 괄호 안에 들어갈 말은 '막막했어요'가 가장 알맞다.
① 반갑다 : 그리워하던 사람을 만나거나 원하던 일이 이루어져서 마음이 즐겁고 기쁘다.
③ 훌륭하다 : 썩 좋아서 나무랄 곳이 없다.
④ 미안하다 : 남에게 대하여 마음이 편하지 못하고 부끄럽다.

[04~06] 다음 대화의 (　　)에 알맞은 것을 고르시오.

04

> 가 : 축제 때 그동안 제가 집에서 (　　　　) 춤을 춰 보고 싶어요.
> 나 : 어떤 춤이에요? 지금 한번 춰 보세요.

① 연습하는 　　 ② 연습하니까 　　 ③ 연습할 　　 ④ 연습한

 '-ㄴ'은 앞말이 의미하는 사건이나 행위가 완료되어 그 상태가 유지되고 있음을 나타내는 어미이다. 연습이라는 행위를 완료하였고, 관형어로서 '춤'을 꾸며야 하므로 괄호 안에 들어갈 말로 가장 알맞은 것은 '연습한'이다.
① -는 : 앞말의 사건이나 행위가 지금 일어나고 있음을 나타내는 어미
② -니까 : '-니'를 강조하는 말로, 앞말이 원인이나 근거, 전제 등이 됨을 나타내는 연결어미
③ -ㄹ : 앞말이 의미하는 행위가 확정된 현실이 아닌 추측, 예정, 의지, 가능성 등임을 나타내는 어미

05

> 가 : 그 영화는 끝까지 봤어요?
> 나 : 아뇨, 너무 무서워서 (   ) 포기하고 극장에서 나왔어요.

① 보다가   ② 보고 나서   ③ 보기 때문에   ④ 봐야

 '-다가'는 어떤 행동이나 상태가 중단되고 다른 행동이나 상태로 바뀜을 나타내는 연결 어미이다. 영화를 보는 행위를 중단하고 극장에서 나왔으므로 괄호 안에 들어갈 말로 가장 알맞은 것은 '보다가'이다.
② -고 나서 : 앞말이 뜻하는 행동이 끝났음을 나타내는 말
③ -기 때문 : 앞말이 어떤 일의 원인이나 까닭이 됨을 나타내는 말
④ -아야 : 앞 절의 조건이 뒤 절의 조건임을 나타내는 연결 어미

06

> 가 : 학교에 입학한 지 세 달 됐지요? (   )?
> 나 : 네, 집도 가깝고 수업도 재미있어서 좋아요.

① 다닐 만해요   ② 다닐 뻔했어요
③ 다니게 됐어요   ④ 다니려던 참이에요

 '만하다'는 앞말이 뜻하는 행동을 하는 것이 가능함을 나타내는 말이다. 학교에 다니는 것이 어렵지는 않은지 물어보는 것이므로 괄호 안에 들어갈 말로 가장 알맞은 것은 '다닐 만해요'이다.
② 뻔하다 : 앞말이 뜻하는 상황이 실제 일어나지는 않았지만 그럴 가능성이 매우 높았음을 나타내는 말
③ -게 되다 : 어떤 상황이나 사태에 이름을 나타내는 말
④ -던 참 : 앞말이 뜻하는 것을 할 생각이나 의향이 있음을 나타내는 말

[07~08] 다음을 한 문장으로 알맞게 연결한 것을 고르시오.

07

> 매일 숙제를 하다 / 복습할 시간도 없다

① 매일 숙제를 할 뿐만 아니라 복습할 시간도 없어요.
② 매일 숙제는커녕 복습할 시간도 없어요.
③ 매일 숙제를 하더라도 복습할 시간도 없어요.
④ 매일 숙제야말로 복습할 시간도 없어요.

 '-ㄴ커녕'은 앞말을 지정하여 어떤 사실을 부정하는 뜻을 강조하는 말이다. 숙제를 할 시간뿐만 아니라 복습할 시간도 없다는 말이므로 '-ㄴ커녕'으로 두 문장을 연결하는 것이 적절하다.
　① -뿐만 아니라 : 어떤 일이 그것만으로 그치지 않고 나아가 다른 일이 더 있음을 나타내는 말
　③ -더라도 : 가정이나 양보의 뜻을 강하게 나타내는 말
　④ (이)야말로 : 강조하여 확인하는 뜻을 나타내는 말

08

> 요즘 안 보이다 / 많이 바쁘다

① 요즘 안 보이는데 많이 바쁘곤 했어요.
② 요즘 안 보이면 많이 바쁘려고 했어요.
③ 요즘 안 보여서 많이 바쁜 줄 알았어요.
④ 요즘 안 보이지만 많이 바쁜 법이에요.

 '-어서'는 앞말이 이유나 근거가 됨을 나타내는 연결 어미이다. 많이 바쁘다고 생각한 이유가 요즘 안 보였던 것이므로 '-어서'로 두 문장을 연결하는 것이 가장 적절하다.
　① -ㄴ데 : 뒤에서 어떤 일을 설명하거나 제안하기 위해 그와 상관 있는 상황을 미리 말할 때 쓰는 연결 어미
　② -면 : 일반적으로 분명한 사실을 어떤 일에 대한 조건으로 말할 때 쓰는 연결 어미
　④ -지만 : 어떤 사실이나 내용을 말하면서 그에 반대되는 내용을 말하거나 조건을 붙여 말할 때 쓰는 연결 어미

정답 07 ②　08 ③

[09~10] 다음을 읽고 질문에 답하시오.

09 이 집의 좋은 점이 <u>아닌</u> 것은?

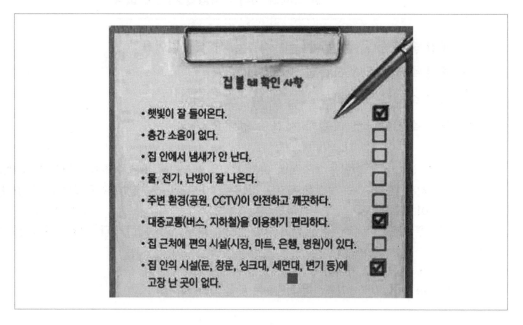

① 교통이 좋다.   ② 변기가 잘 작동한다.

③ 물이 잘 나온다.   ④ 집 안이 밝다.

 확인 사항 목록 중 '물, 전기, 난방이 잘 나온다'에는 표시가 되어 있지 않다. 따라서 '물이 잘 나온다'는 집의 좋은 점이라고 볼 수 없다.

    ① '대중교통(버스, 지하철)을 이용하기 편리하다'에 표시가 되어 있으므로 교통이 좋다는 것을 알 수 있다.

    ② '집 안의 시설(문, 창문, 싱크대, 세면대, 변기 등)에 고장 난 곳이 없다'에 표시가 되어 있으므로 변기가 잘 작동한다는 것을 알 수 있다.

    ④ '햇빛이 잘 들어온다.'에 표시가 되어 있으므로 집안이 밝다는 것을 알 수 있다.

10 이 글에서 설명한 인공 지능의 기능의 예로 맞는 것은?

> 인공 지능은 음성으로 정보 검색이 가능하다. 인공 지능 스피커는 궁금한 것을 말하면 알아서 대답해 준다. 또한 요즘 많이 사용되는 로봇 청소기 외에 의료 분야에서도 로봇이 주목받고 있다. 그리고 사물 인터넷은 휴대전화만으로 집안의 모든 것을 제어할 수 있다. 한편, 가상 현실(VR)은 우리가 가상 공간에서 실제처럼 보고, 듣고, 느낄 수 있게 하는 기술이다. 집에서도 가상 현실 기기를 이용해 가고 싶은 여행지를 현실처럼 체험할 수 있다.

① 식당에서 로봇이 음식을 고객에게 가져다준다.
② 날씨를 물어보면 스피커가 대답한다.
③ 사물 인터넷을 통해 가상 현실을 체험할 수 있다.
④ 자동차가 스스로 운전한다.

 두 번째 문장에서 '인공 지능 스피커는 궁금한 것을 말하면 알아서 대답해 준다.'라고 설명하였다. 따라서 날씨(궁금한 것)를 물어보면 스피커가 대답한다는 것은 글에서 설명한 인공 지능의 예로 맞는 것이다.
① 식당에서 인공 지능이 어떤 역할을 하는지는 글에 나타나 있지 않다.
③ 가상 현실은 사물 인터넷이 아니라 가상 현실 기기를 통해 체험할 수 있다.
④ 자동차가 스스로 운전한다는 내용은 글에 나타나 있지 않다.

[11~14] 다음 질문에 답하시오.

11 최근 한국의 가족 형태 변화에 대한 설명으로 옳은 것은?

① 결혼하는 연령이 점차 낮아지고 있다.
② 결혼한 자녀가 부모와 함께 사는 비율이 증가하고 있다.
③ 1인 가구의 비율이 높아지고 있다.
④ 결혼 후 아이 없이 부부만 사는 비율이 감소하고 있다.

 최근 한국의 가족 형태 변화로 대표적인 것은 1인 가구의 비율이 높아지고 있다는 것이다.
① 결혼하는 연령은 점차 높아지고 있다.
② 결혼한 자녀가 부모와 함께 사는 비율은 낮아지고 있다.
④ 결혼 후 아이 없이 부부만 사는 비율은 증가하고 있다.

정답 **10** ②　**11** ③

12 한국의 도시화 과정에 대한 설명으로 옳은 것은?

① 한국의 도시화는 2000년대 이후 본격적으로 시작되었다.

② 1970년에는 역도시화 현상이 많이 나타났다.

③ 대도시에 집중된 기능을 분산시키기 위해 서울 인근에 위성도시를 만들었다.

④ 부산, 대구, 춘천 등과 같은 수도권에 총인구의 약 50%가 살고 있다.

 서울에 집중된 기능을 분산시키기 위해 인근에 성남, 일산, 구리 등 위성도시를 만들었다.
①, ② 한국의 도시화는 1960년대 말, 1970년대 초부터 본격적으로 시작되었다.
④ 수도권은 수도인 서울과 그 인근 도시들을 가리킨다. 부산과 대구는 경상도에, 춘천은 강원도에 위치해 있다.

13 한국의 의무 교육 기간에 해당하는 교육과정으로 바르게 짝지은 것은?

① 초등학교 6년, 중학교 3년

② 초등학교 6년, 고등학교 2년

③ 중학교 2년, 고등학교 3년

④ 초등학교 6년, 중학교 1년

 한국의 의무 교육 기간은 초등학교 6년 과정, 중학교 3년 과정까지이다. 고등학교 3년 과정은 의무교육은 아니지만 무상교육이 이루어지고 있다.

정답 **12** ③   **13** ①

14 한국 음식에 대한 설명으로 옳은 것을 〈보기〉에서 모두 고른 것은?

〈보기〉
ㄱ 한국 음식은 기본적으로 밥, 국, 반찬 등으로 구성된다.
ㄴ 김치는 넣는 재료와 만드는 방식이 모든 지역에서 동일하다.
ㄷ 국에 밥을 말아 먹는 음식을 '전골'이라 한다.
ㄹ 장류나 젓갈류는 다른 반찬을 만드는 데에도 많이 사용된다.

① ㄱ, ㄴ   ② ㄴ, ㄷ   ③ ㄷ, ㄹ   ④ ㄱ, ㄹ

 ㄴ 김치는 넣는 재료와 만드는 방식이 각 지역별로 차이가 있다.
ㄷ 국에 밥을 말아 먹는 음식은 '국밥'이라고 한다. '전골'은 고기와 해산물, 채소 등의 재료를 넣고 국물을 조금 부어 끓인 음식을 말한다.

[15~20] 다음 질문에 답하시오.

15 다음 글의 (   )에 공통으로 들어갈 종교로 옳은 것은?

(   )는 석가모니가 만든 종교로, 중국을 거쳐 4세기 무렵 삼국 시대에 들어왔다. 자비를 강조하는 (   )는 왕과 귀족은 물론 서민의 삶에도 깊숙이 파고들었다. 절, 탑, 불상 등은 (   )와 관련된 문화유산이다.

① 유교   ② 이슬람교   ③ 불교   ④ 천주교

 '불교'는 인도의 석가모니가 만든 후 동양의 여러 나라에 전파된 종교이다. 세상의 고통으로부터 벗어나 부처가 되는 것을 궁극적인 이상으로 삼는다.
① 유교 : '유학'을 종교적 관점에서 말하는 것으로, 삼강오륜을 덕목으로 하며 사서삼경을 경전으로 한다.
② 이슬람교 : 아라비아의 예언자 마호메트가 만든 종교로 코란을 경전으로 한다.
④ 천주교 : 가톨릭교를 그리스 정교회와 구별하여 이르는 말이다.

정답 14 ④   15 ③

16 한국의 국회와 국회의원에 대한 설명으로 옳은 것은?

① 5년에 한 번씩 실시되는 총선거를 통해 선출된다.

② 고위공직자로서 나라보다 개인의 이익을 먼저 생각한다.

③ 국회가 열리는 회기 중에는 국회의 동의가 없어도 체포될 수 있다.

④ 재산의 변동 사항을 국민이 알 수 있도록 재산을 공개해야 한다.

 한국은 공직자윤리법 제10조에 의해 대통령과 국무위원 등 국가의 정무직 공무원, 1급 이상의 국가공무원, 국회의원, 지방자치단체장 및 지방의원 등의 재산 변동 사항을 관보 등을 통해 공개하고 있다.
① 국회의원 총선거는 4년에 한 번씩 실시된다.
② 국회와 국회의원은 고위공직자로서 나라의 이익을 먼저 생각해야 한다.
③ 국회의원은 회기 중에는 국회의 동의 없이 체포되지 않는다.

17 다음 설명에 해당하는 공정한 선거의 원칙으로 옳은 것은?

> 성별 · 재산 · 학력 · 권력 등의 조건에 관계없이 공평하게 1인 1표씩 투표한다.

① 직접 선거 　　② 비밀 선거 　　③ 평등 선거 　　④ 보통 선거

 평등 선거는 성별이나 재산, 학력, 교육 정도, 종교, 문화 등의 조건에 관계없이 모든 유권자가 동등하게 1인당 1표의 투표권을 갖는 것을 말한다.
① 직접 선거 : 선거는 다른 사람이 대신할 수 없고 선거권을 가진 사람이 직접 투표해야 한다.
② 비밀 선거 : 누구에게 투표하였는지 다른 사람이 알지 못하도록 비밀이 보장되어야 한다.
④ 보통 선거 : 일정한 나이가 되면 어떤 조건에 따른 제한 없이 누구에게나 선거권이 주어져야 한다.

정답 　16 ④ 　17 ③

18 한국의 경제 성장 과정에 대한 설명으로 옳지 <u>않은</u> 것은?

① 1950년대에 6 · 25 전쟁을 겪으면서 많은 산업 시설이 파괴되었다.
② 1950~1960년대에는 옷, 신발, 가방, 가발 등을 주로 수출하였다.
③ 1980년대에는 드라마나 노래와 같은 문화 콘텐츠를 주로 수출하였다.
④ 1990~2010년대를 지나면서 반도체, 휴대폰 등으로 수출 품목을 늘렸다.

 드라마나 노래와 같은 문화 콘텐츠는 1990년대 이후 '한류'라는 이름으로 수출되기 시작하였으며, 2020년이 되면서 전 세계적인 인기를 끌게 되었다.

19 외국인의 정착을 돕는 한국의 법과 제도에 대한 설명으로 옳지 <u>않은</u> 것은?

① 국가 및 지방자치단체는 다문화에 대한 이해를 증진하기 위해 노력해야 한다.
② 외국인이 인권을 침해당한 경우 신고할 수 있다.
③ 외국인 근로자의 경우 긴급의료지원 서비스를 받을 수 없다.
④ 매년 5월 20일은 '세계인의 날'로 법으로 정한 기념일이다.

 외국인 근로자 역시 의료보장제도에 의해 긴급의료지원 서비스를 받을 수 있다.

정답 **18** ③　**19** ③

20 다음 글의 (㉠), (㉡)에 각각 들어갈 내용으로 옳은 것은?

> 한국으로 들어오고자 하는 외국인은 유효 기간이 남아 있는 (㉠)과 (㉡)을/를 가지고 있어야 한다. (㉠)은 외국을 여행하는 사람의 국적이나 신분을 증명해 주는 문서이다. (㉡)은/는 '사증'이라고도 하는데 한국 정부가 외국인의 입국을 허가하는 증명서를 의미한다.

	(㉠)	(㉡)
①	여권	비자
②	영주증	여권
③	여권	영주증
④	영주증	비자

해설 여권은 외국을 여행하는 사람의 신분이나 국적을 증명하는 서류이고, 비자는 외국인에 대한 출입국 허가의 증명서를 말한다.

[21~26] 다음 질문에 답하시오.

21 한국의 가족과 관련된 설명으로 옳지 <u>않은</u> 것은?

① 가족 중 부부간에 서로를 부르는 호칭이 있다.
② 전통적인 한국의 가족은 유교, 효 사상 등의 영향을 많이 받았다.
③ 남편과 아내는 동일한 위치에 있다고 보기 때문에 1촌이 된다.
④ 산업화 이후 공부나 취업으로 인해 부모와 떨어져 사는 경우가 많아졌다.

해설 한국에서 부부는 무촌이다. 혈연관계가 아니므로 무촌이라고 하기도 하고, 어떤 혈육보다도 더 가까운 관계이므로 무촌이라고 하기도 한다.

22 다음 글의 (　　)에 공통으로 들어갈 내용으로 옳은 것은?

> 　한국의 형법은 타인에게 피해를 주고 사회에 위협이 되는 행위를 (　　)으로/로 규정하고, (　　)을/를 저지른 사람들에 대한 형벌을 정해 놓았다.

① 범죄　　　　　　② 의무　　　　　　③ 처벌　　　　　　④ 권리

 한국의 형법에서는 타인에게 피해를 주거나 사회에 위협이 되는 행위를 범죄로 규정하고, 이를 저지른 사람들에 대한 형벌을 정해 두고 있다.

23 삼국 시대를 이룬 세 나라의 이름으로 옳은 것은?

① 고구려, 백제, 신라　　　　　　② 백제, 신라, 조선
③ 고려, 백제, 신라　　　　　　④ 고구려, 백제, 가야

 한국의 삼국 시대는 고구려, 백제, 신라가 한반도에 자리하던 시기를 말한다.

24 다음 글의 내용에 해당하는 한국의 역사적 인물은?

> 　임진왜란 당시, 뛰어난 전술과 거북선, 화포 등의 무기를 사용하여 일본군과 바다에서 벌인 전투를 모두 승리로 이끌었다. 이 인물의 활약은 조선에게 불리했던 전쟁 분위기를 바꾸고 마침내 일본군이 물러나도록 하는 데 큰 역할을 하였다.

① 서희　　　　　　② 장보고　　　　　　③ 이순신　　　　　　④ 을지문덕

정답　22 ①　23 ①　24 ③

이순신 장군은 대한민국에서 가장 존경받는 위인 중 한 명으로, 거북선과 화포 등을 이용한 전술에 뛰어났다. 임진왜란 당시 왜군을 상대로 한 모든 해전을 승리로 이끌었으며, 왜군의 보급을 차단해 전쟁의 흐름을 바꾸었다.

① 서희 : 고려의 외교가로, 거란의 침략 당시 소손녕과 담판을 벌여 거란군을 철수시키고 오히려 강동 6주를 받아내어 영토를 확장하였다.

② 장보고 : 신라 시대 장수로 청해진을 건설하여 서남해안의 해적을 평정하고 당과 일본을 상대로 국제무역을 주도하였다.

④ 을지문덕 : 고구려의 장수로 고구려와 수의 전쟁 당시 수나라의 대군을 살수에서 몰살시켜 전쟁을 승리로 이끌었다.

25 서울에 대한 설명으로 옳은 것은?

① 서울은 한국 제1의 항구 도시이다.

② 서울에는 한국 최대의 공항이 있다.

③ 서울은 전체 국토 면적의 10% 정도를 차지하고 있다.

④ 서울은 한국의 수도이며 특별시라 불린다.

 서울은 대한민국의 수도로서 대한민국의 도시 중 유일하게 특별시로 불린다.

① 대한민국 제1의 항구 도시는 부산광역시이다.

② 한국 최대의 공항인 인천국제공항은 인천광역시에 있다.

③ 서울특별시의 면적은 605.2km²로 한반도 면적 220,748km²의 약 0.2%에 불과하다.

26 경상 지역에 있는 광역시로 옳은 것은?

① 광주광역시   ② 대전광역시   ③ 인천광역시   ④ 부산광역시

 부산광역시, 울산광역시, 대구광역시 등은 경상 지역에 위치해 있다.

① 광주광역시는 전라 지역에 위치해 있다.

② 대전광역시는 충청 지역에 위치해 있다.

③ 인천광역시는 경기 지역에 위치해 있다.

[27~32] 다음 질문에 답하시오.

27 대한민국 헌법에 대한 설명으로 옳은 것은?

① 1946년 7월 17일에 제정되었다.

② 국가를 어떻게 조직하고 통치할 것인지를 정해 놓은 법이다.

③ 제1조 제2항에는 대한민국의 주권이 대통령에게 있음을 명시하였다.

④ 정책이나 법률이 헌법에 어긋나더라도 지속적으로 유지될 수 있다.

 대한민국 헌법은 대한민국을 통치하는 헌법으로서, 대한민국의 모든 법의 상위에 있는 최상위 법이다.
① 대한민국의 헌법은 1948년 7월 17일에 제정되었다.
③ 대한민국 헌법 제1조 제2항의 내용은 "대한민국의 주권은 국민에게 있고, 모든 권력은 국민으로부터 나온다."이다.
④ 어떤 정책이나 법률이 헌법에 어긋난 것으로 밝혀진 경우 그 정책이나 법률은 효력이 없어진다.

28 대한민국 국민의 '납세의 의무'에 대한 설명으로 옳은 것은?

① 세금을 내야 하는 의무이다.

② 자녀에게 교육을 받게 할 의무이다.

③ 나라를 지켜야 하는 의무이다.

④ 자신이 맡은 일을 열심히 해야 하는 의무이다.

 대한민국 국민의 의무 중 '납세의 의무'는 헌법 제38조에 정해져 있으며, '모든 국민은 법률이 정하는 바에 의하여 납세의 의무를 진다.'가 그 내용이다.
② 헌법 제31조 제2항에서 정하는 교육의 의무이다.
③ 헌법 제39조 제1항에서 정하는 국방의 의무이다.
④ 헌법 제32조 제2항에서 정하는 근로의 의무이다.

29 한국이 일본으로부터 광복을 맞이한 날로 옳은 것은?

① 1919년 3월 1일   ② 1945년 8월 15일

③ 1948년 5월 10일   ④ 1960년 4월 19일

 한국은 1945년 8월 15일 일제로부터 광복을 맞이하였다. 이를 기념하는 날로서 매년 8월 15일을 광복절로 정하였다.
① 1919년 3월 1일은 항일 운동인 3·1 운동이 일어난 날이다.
③ 1948년 5월 10일은 한국의 해방 이후 첫 선거가 실시된 날이다.
④ 1960년 4월 19일은 반독재 민주주의 운동인 4·19 혁명이 일어난 날이다.

30 다음은 대한민국 헌법에 정해져 있는 국민의 기본적 권리이다. 관계가 있는 것은?

> 대한민국 국민은 인간다운 생활을 할 권리, 교육을 받을 권리, 깨끗한 환경에서 살 관리를 갖는다. 국가는 국민의 행복한 삶을 위하여 노력해야 한다.

① 평등권   ② 참정권   ③ 사회권   ④ 자유권

 사회권은 국민이 인간답게 살 수 있도록 국가에 요구할 수 있는 권리를 말한다. 여기에는 교육을 받을 권리, 근로의 권리, 노동3권, 환경권, 보건권 등이 포함된다.
① 평등권 : 사회생활에서 합리적인 이유 없이 불평등한 대우를 받지 않을 권리
② 참정권 : 국민의 한 사람으로서 정치에 적극적으로 참여할 수 있는 권리
④ 자유권 : 국가로부터 간섭받지 않고 행동하고 생각할 수 있는 권리

31 한국에서의 정치 과정에 대한 설명으로 옳지 <u>않은</u> 것은?

① 개인이나 집단의 요구를 반영하여 정책을 만드는 과정을 뜻한다.

② 과거에 비해 오늘날에는 정치 과정에서 정당 및 이익집단의 역할이 점점 커지고 있다.

③ 정책이 시행된 이후에 문제가 발생해도 수정이나 보완 없이 추진된다.

④ 과거에는 정치 과정에서 입법부 등 국가 기관의 비중이 큰 편이었다.

 정책이 시행된 이후 문제가 발생할 경우 수정 및 보완되어 추진된다.

32 다음 글의 (   )에 들어갈 내용으로 옳은 것은?

> 외교란 한 국가가 자기 나라의 이익을 달성하기 위해 국제 사회에서 펼치는 평화적인 대외 활동을 말한다. (   )의 영향으로 한국과 국제 사회의 협력과 교류, 외교의 중요성이 더욱 커지고 있다.

① 세계화   ② 고립화   ③ 도시화   ④ 민주화

 세계화는 정치, 경제, 문화 등 여러 분야에서 국가 간의 교류가 활발해지면서 전 세계가 하나의 집단으로 변해 가는 것을 말한다.

[33~36] 다음 질문에 답하시오.

33 한국의 경제체제에 대한 설명으로 옳은 것은?

① 기본적으로 계획경제체제를 채택하고 있다.

② 정부의 계획 혹은 명령을 통한 제한적 거래만 이루어진다.

③ 국가가 개인의 재산권을 함부로 침해할 수 있다.

④ 능력과 필요에 따라 열심히 일한 대가를 자신이 가질 수 있다.

 한국은 기본적으로 시장경제체제를 추구하며, 이에 따라 자신이 일한 대가를 자신이 가질 수 있다.

34 다음 글의 (㉠), (㉡)에 각각 들어갈 내용으로 옳은 것은?

> 한국은 반도체, 조선, 자동차, 철강, 기계, 석유화학제품 등과 같은 (㉠)과 통신, 인터넷 등과 같은 (㉡)이 발달해 있다.

	(㉠)	(㉡)
①	제조업	서비스업
②	관광업	운수업
③	운수업	제조업
④	서비스업	제조업

해설 한국은 제조업과 서비스업이 발달해 있다. 제조업은 반도체나 자동차, 철강과 같이 각종 원료를 가공하여 제품을 만들어내는 산업을 말하며, 서비스업은 금융업이나 통신업 등과 같이 생활의 편의를 높여 주는 것을 산업을 말한다.

정답 **33** ④ **34** ①

35 한국에서 '인척'에 해당하는 사람으로 옳은 것은?

① 부모   ② 장모   ③ 외조부모   ④ 형제자매

 한국에서 인척은 혈연 관계가 없는 가족으로서, 자기의 혈족(혈연 관계의 가족)의 배우자, 배우자의 혈족, 배우자의 혈족의 배우자를 말한다. 장모는 자신의 배우자의 어머니를 말하는 것이므로 인척에 해당한다.

36 한국에서 경범죄에 해당하지 <u>않는</u> 것은?

① 줄을 서지 않고 끼어드는 행위
② 쓰레기를 아무 곳에나 버리는 행위
③ 거리에서 함부로 침을 뱉는 행위
④ 대중교통에서 노약자에게 자리를 양보하지 않는 행위

 대중교통에서 노약자에게 자리를 양보하는 것은 법으로 정해진 것이 아니라 배려에 의한 것이며, 따라서 노약자에게 자리를 양보하지 않는 것은 범죄에 해당하지 않는다.

[37~40 : 작문형] 다음 내용을 포함하여 '내가 좋아하는 음식의 요리 방법과 건강'이라는 제목으로 200자 내로 글을 쓰시오.

※ 작문 시험 시간은 10분이며, 답안지에는 제목을 쓰지 말고 본문만 쓰시오.

> • ○○ 씨가 좋아하는 음식은 무엇입니까?
> • 그 음식은 어떻게 요리합니까?
> • 그 음식은 어떤 면에서 건강에 좋습니까?

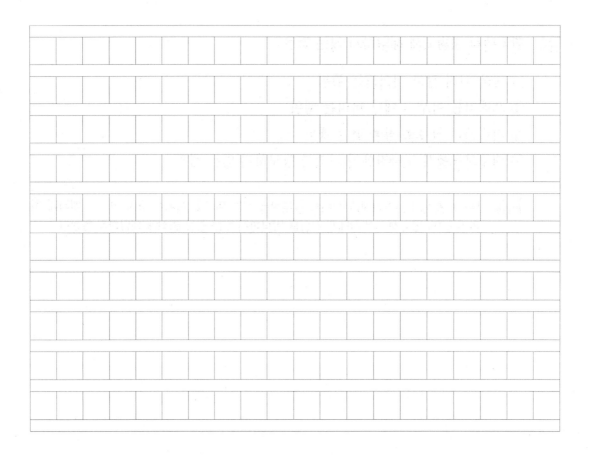

작문형 예시 답안

	제	가		좋	아	하	는		음	식	은		닭	볶	음	탕	입	니	다	.
닭	볶	음	탕	은		닭	을		토	막	내	어		손	질	하	고	,		감
자	나		당	근	,	파		등	의		야	채	도		손	질	하	여		
냄	비	에		넣	은		뒤		고	추	장	과		간	장	,	고	춧	가	
루		등	으	로		만	든		양	념	과		함	께		자	작	하	게	
끓	이	는		음	식	입	니	다	.		닭	볶	음	탕	은		단	백	질	이
풍	부	한		닭	고	기	가		주	재	료	이	므	로		단	백	질		
보	충	에		효	과	적	이	어	서		건	강	에		좋	습	니	다	.	
또		비	타	민		B	도		많	아		피	부	에	도		좋	습	니	
다	.																			

사회통합프로그램 귀화용 종합평가 견본 문항
구술시험

※ 질문 내용은 제외한 지문만 수험생에게 제공됨(질문 내용은 견본과 비슷한 유형으로 변경 가능하며 평가 감독관에게만 제공됨)

[01~03 : 구술형] 다음 글을 읽고 구술감독관의 질문에 답하여 주시기 바랍니다.

> 문화재는 조상들의 문화 중에서 후손들에게 물려줄 만한 가치가 있는 것을 말한다. 생활 도구, 유물과 유적, 성터와 궁터, 전통 음악, 춤, 놀이, 굿이나 마을 축제 등이 있다. 이러한 문화재는 크게 유형 문화재와 무형 문화재로 나눌 수 있다. 유형 문화재는 형태가 있는 문화재로 궁궐이나 성곽, 불상 등을 말하고, 무형 문화재는 형태가 없는 것으로 공예 기술이나 무용, 연극, 탈춤 등을 말한다. 이러한 문화재를 통해 조상들의 의식주 생활 모습, 조상들이 사용한 생활 도구, 옛날 사람들의 생각, 조상들이 즐기던 여가 생활과 종교 등에 대해 알 수 있다. 그렇기 때문에 문화재를 함부로 훼손하거나 관리를 소홀히 해서는 안 된다. 한국에서는 이러한 문화재를 국보로 지정하여 나라에서 관리하고 보존하려고 노력하고 있으며 문화재 발굴과 연구에도 많은 노력을 기울이고 있다. 2024년 기준으로 한국은 유네스코 세계유산 16개, 세계 기록유산 18개, 무형 문화유산 22개가 있다.

(01~03번 질문은 위 지문의 내용과 관련됩니다.)

01 유형 문화재란 무엇인가요?

02 문화재를 잘 관리해야 하는 이유는 무엇인가요?

03 ○○ 씨 나라의 대표적인 문화유산을 소개하고 그 특징을 이야기해 보세요.

(04~05번 질문은 각각 개별 질문입니다.)

04 한국의 전통 가옥인 '한옥'의 특징(장·단점 등)에 대하여 말해 보세요.

05 국민의 4대 기본의무에는 무엇이 있는지 이야기하고, 그중 하나를 택해서 구체적으로 설명해 보세요.

예시 답안 **01** 유형 문화재는 문화재 중 형태가 있는 문화재로서 궁궐이나 성곽, 불상 등을 말합니다.
02 문화재를 통해 조상들의 의식주 생활 모습이나 조상들의 생각, 종교 등에 대해 알 수 있기 때문입니다.
03 우리 태국의 대표적인 문화유산에는 아유타야가 있습니다. 아유타야는 태국의 옛 수도로 아름다운 궁전과 사원, 불상 등이 있어서 경관이 매우 좋습니다.
04 한옥은 한국의 전통 가옥으로 지붕의 재료에 따라 크게 초가집과 기와집으로 구분됩니다. 온돌이 있어 겨울에 따뜻하게 지낼 수 있고, 나무로 지어져 온도와 습도가 쾌적하게 유지됩니다. 그러나 나무로 지어져 관리가 어렵고, 벽이 황토와 짚으로 만들어져 단열 성능도 떨어지는 것이 단점입니다.
05 국민의 4대 기본의무에는 국방의 의무, 납세의 의무, 교육의 의무, 근로의 의무가 있습니다. 이 중 국방의 의무는 모든 국민은 국방의 의무를 져야 한다는 것입니다. 국방의 의무를 수행하는 방법 중 대표적인 것이 입대입니다. 한국의 모든 남성은 신체검사를 받은 뒤 입대하여 일정 기간 동안 군인으로 복무합니다.

사회통합프로그램 영주용 종합평가 견본 문항
필기시험

※ 법무부에서 제공하는 견본 문항을 수정·보완하여 수록함

[01~10] 다음 (　　)에 가장 알맞은 것을 고르시오.

01

> 옆집에서 피아노를 치는 (　　)이/가 들려서 잠을 못 잤다.

① 느낌　　　　② 냄새　　　　③ 소리　　　　④ 모양

해설　‘소리’란 물체의 진동에 의해 생긴 음파가 귀에 들리는 것을 말한다.

02

> 은행에서 (　　)을/를 개설할 때는 신분증이 있어야 돼요.

① 계좌　　　　② 납부　　　　③ 출금　　　　④ 환전

해설　‘개설’이란 은행 또는 금융 기관에서 새로운 계좌를 마련하는 것을 말한다.
　　②납부 : 세금이나 공과금 등을 관계 기관에 내는 것을 말한다.
　　③출금 : 돈을 내어 쓰거나 내어주는 것, 내어주는 돈을 말한다.
　　④환전 : 서로 종류가 다른 화폐와 화폐 등을 교환하는 것을 말한다.

03

> 　한국어를 처음 배울 때에는 내 발음이 (　　　　　　) 한국 사람들이 내 말을 알아 듣지 못했었다.

① 뿌듯해서　　　② 서먹해서　　　③ 유창해서　　　④ 부정확해서

해설　‘부정확하다’는 바르지 않거나 확실하지 않다는 의미이다.

정답　**01** ③　**02** ①　**03** ④

04

공장에서 나오는 더러운 물 때문에 강물이 (   ).

① 빠졌다   ② 오염됐다   ③ 말랐다   ④ 위반했다

 '오염되다'는 더럽게 물든다는 의미이다.

05

가 : 라만 씨, 지금 무슨 일을 하고 있어요?
나 : 아까 (   ) 물건들을 옮기고 있습니다.

① 도착한   ② 도착하는   ③ 도착할   ④ 도착하려면

 본문 내용 속 '아까'라는 단어를 통해 과거 일어난 일인 것을 알 수 있다. '-ㄴ'은 앞말이 관형어 구실을 하게 하고, 사건이나 행위가 과거 또는 기준 시점보다 과거에 일어남을 나타내는 어미이므로 ①이 가장 알맞다.

06

가 : 내일은 아침에 회의가 있으니까 평소보다 30분 일찍 깨워 주세요.
나 : 네, 일찍 (   ).

① 깨우기로 해요   ② 깨웠어요
③ 깨울게요   ④ 깨운 적이 있어요

 '-ㄹ게'는 어떤 행동에 대한 약속이나 의지를 나타내는 종결 어미이다.

07

우리 회사는 주말에 (   ) 평일에 쉰다.

① 일해도   ② 일하는 대신에

③ 일하자마자   ④ 일하는 데다가

 '대신에'는 앞말이 나타내는 행동이나 일 따위에 상응하는 대가임을 나타내는 말이다. 따라서 글은 주말에 일하는 것에 대한 대가로 평일에 쉰다는 말이다.

08

가 : 주말인데 할 일도 없고 심심해요.
나 : 그래요? 이 영화가 정말 재미있다고 하던데 같이 (   )?

① 볼래요   ② 봤어요
③ 보라고 해요   ④ 볼 수밖에 없어요

 '-ㄹ래'는 상대의 의사를 묻는 데 쓰는 종결 어미이다. 괄호 앞에 '같이'가 있으므로 같이 보겠냐는 상대의 의사를 묻고 있다고 보아야 한다.

09

나는 아무리 바쁜 일이 있어도 (   ).

① 약속을 지키지 못한다

② 약속을 꼭 지킨다

③ 약속을 취소했다

④ 약속을 지키기 때문이다

 '아무리'는 '비록 그렇다 하더라도'라는 의미의 부사이다. 괄호 앞의 말이 '비록 바쁜 일이 있다고 하더라도'라는 의미이므로 괄호 안에 들어갈 말은 ②이다.

10

> 친구가 찾아왔을 때 나도 막 그 친구에게 (   ).

① 전화하려던 참이었다

② 전화하려야 할 수가 없었다

③ 전화하곤 했다

④ 전화할지도 모른다

 의존명사 '참'은 '-은' 혹은 '-던' 뒤에 쓰여 무엇을 하는 경우나 때를 의미한다. 친구가 찾아왔을 때 나도 막 그 친구에게 전화를 하려고 했다는 의미이므로 괄호에는 ①이 들어가야 한다.

[11~12] 다음을 한 문장으로 알맞게 연결한 것을 고르시오.

11

> 수요가 많이 늘다 / 가격이 비싸지다

① 수요가 많이 늘되 가격이 비싸지는 것 같아요.

② 수요가 많이 늘던 가격이 비싸지는 것 같아요.

③ 수요가 많이 늘수록 가격이 비싸지는 것 같아요.

④ 수요가 많이 늘다시피 가격이 비싸지는 것 같아요.

 '-ㄹ 수록'은 앞의 일의 어떤 정도가 더하여 가는 것이 뒷 일의 정도에 더하거나 덜하게 되는 것을 말로 수요가 늘어나는 일에 따라 가격이 비싸지는 일을 말하는 ③이 가장 자연스럽다.

12

오래간만에 고향에 가다 / 기쁘다

① 오래간만에 고향에 가더니 기뻐졌다.

② 오래간만에 고향에 가더니 기쁜 적이 있다.

③ 오래간만에 고향에 가게 돼서 기쁠래야 기쁠 수가 없다.

④ 오래간만에 고향에 가게 돼서 얼마나 기쁜지 모르겠다.

 '모르다'가 '얼마나' 또는 '어찌' 등과 함께 쓰여 '-ㄴ지 모르다'와 같은 형태로 쓰일 경우 감탄적으로 강조하여 '매우 그러하다'의 뜻을 나타낸다.

[13~14] 다음 (　　)에 알맞은 것을 고르시오.

13

안녕하세요? 다음 주 토요일 오전 10시, 서울숲에서 체육대회를 합니다. 오전에 남자들은 축구를 하고, 여자들은 배구를 합니다. 그리고 장기자랑도 열립니다. 오후에는 음식 축제에서 만든 음식을 다 같이 먹고 가장 맛있는 음식을 만든 팀을 뽑습니다. 각종 경기와 음식 축제에 참가하고 싶은 사원들은 이번 주 금요일까지 신청을 해 주십시오. (　　　　　　　　　).

① 초대해 주셔서 감사합니다

② 참석하지 못해서 죄송합니다

③ 여러분의 많은 참가를 바랍니다

④ 토요일까지 신청을 받겠습니다

 체육대회의 일정 및 프로그램에 대해 소개하고 신청을 독려하고자 하는 글이다. 따라서 '많은 참가를 바란다'는 의미의 문장으로 마무리가 되어야 한다.

14

> 우리 회사에서는 일할 때 작업복을 입습니다. 그래서 직원들은 모두 같은 티셔츠, 같은 바지, 같은 조끼를 입고 일을 합니다. 티셔츠와 바지는 시원하고 편합니다. 그리고 땀도 빨리 말라서 아주 좋습니다. 조끼에는 주머니가 많이 있습니다. 그래서 일할 때 필요한 (   ). 저는 이 옷이 아주 마음에 듭니다.

① 직원들이 좋아합니다.　　　　② 사람을 뽑으려고 합니다.

③ 작업을 합니다.　　　　　　　④ 물건을 넣습니다.

 빈칸의 앞 문장에서 조끼에 주머니가 많이 있는 것을 말하였다. 따라서 주머니에 관한 이야기가 이어지는 것이 자연스럽다.

[15~16] 다음을 읽고 물음에 답하시오.

> 우리 사회는 끊임없이 발전하고 있다. 사람들이 더 나은 삶을 위해 계속해서 새로운 것을 개발하고 발전시키기 때문이다. 그 결과 과학 기술의 개발과 발전은 우리의 삶을 편리하게 만들었다. 다시 말해 과학 기술이 (㉠). 어떠한 기술이 이런 일을 가능하게 만들어 줄까?
>
> 먼저 인공지능(AI) 스피커는 음성으로 정보검색이 가능하므로 궁금한 것을 말하면 알아서 대답해 준다. 또한 최근에는 로봇이 의료 분야에서 주목을 받고 있는데, 실버 로봇은 몸이 불편한 노인들의 식사와 샤워를 돕기도 한다. 사물 인터넷은 휴대폰 하나로 불을 켜거나 끌 수 있는 등 집안의 많은 것을 제어할 수 있다.

15 위 글의 제목으로 가장 알맞은 것을 고르시오.

① 의료 분야에서 주목받는 로봇

③ 생활 속에서 편리함을 주는 물건

② 인간과 가까워진 인공지능

④ 과학 기술의 발전과 생활의 편리함

 첫 번째 문단 두 번째 줄에 화학 기술의 개발과 발전이 삶을 편리하게 만들어 주었다는 것을 언급하였다. 또한, 두 번째 문단은 과학 기술을 통한 생활의 편리함을 알려주고 있다. 따라서 위 글의 제목으로는 ④이 적절하다.

16 위 글의 ㉠에 들어갈 내용으로 알맞은 것을 고르시오.

① 우리의 편리함을 위해서 발전하도록 도와야 한다.

② 계속해서 발전하도록 연구해 온 결과이다.

③ 좀 더 다양한 분야에 사용되게 될 것이다.

④ 사람의 일을 대신하게 된 것이다.

 '다시 말해'를 통해 빈칸 ㉠은 앞선 내용을 정리하는 의미가 들어간다는 것을 알 수 있다. 따라서 빈칸은 과학 기술이 생활을 편리하게 만들어 준다는 내용인 ①이 들어가야 한다.

정답 15 ④ 16 ①

[17~36] 다음 물음에 맞는 답을 고르시오.

17 다음은 한국의 상징에 대한 설명이다. ㉠과 ㉡에 들어갈 알맞은 것끼리 짝지어 놓은 것은?

> 한국의 정식 국가명은 대한민국이다. 한국의 국기를 (㉠)라고 부른다. 한국을 상징하는 노래는 애국가이고, 한국을 상징하는 꽃은 (㉡)이다.

① ㉠ 태극기 ㉡ 들국화
② ㉠ 만국기 ㉡ 무궁화
③ ㉠ 만국기 ㉡ 들국화
④ ㉠ 태극기 ㉡ 무궁화

 한국의 국기는 태극기이고, 한국의 국화는 무궁화이다.

18 한국의 전통적인 가족의 모습으로 맞는 것은?

① 과거에는 자녀를 보통 3~5명 정도씩 낳았다.
② 첫째 딸은 결혼한 후에도 부모와 같이 사는 경우가 많았다.
③ 한 집에 부모와 미혼 자녀만 사는 핵가족이 많았다.
④ 고등학교를 졸업하면 부모와 떨어져 사는 것이 일반적이었다.

 한국의 전통적인 대가족은 자녀를 보통 3~5명, 혹은 그보다 더 많이 낳기도 했다. 반면 오늘날의 핵가족에서는 자녀를 1~2명만 낳거나 아예 낳지 않는 경우도 많다.
② 딸은 결혼한 후에는 시집에 들어가 사는 경우가 많았다.
③ 핵가족은 전통적인 가족이 아니라 오늘날 일반적인 가족의 형태이다.
④ 결혼하기 전까지, 그리고 첫째 아들의 경우 결혼한 후에도 부모와 함께 사는 것이 일반적이었다.

19 한국의 출산 및 보육 지원 제도에 관한 설명으로 맞는 것은?

① 중앙 정부에서는 임산부의 출산 비용을 전액 지원해 준다.
② 지자체에서는 따로 출산 지원금이나 장려금을 지원하지 않는다.
③ 출산 이후 영·유아 보육비도 일부 지원받을 수 있다.
④ 집에서 자녀를 양육할 경우, 아무런 지원을 받을 수 없다.

 출산 이후 국민행복카드를 통해 정부로부터 양육비나 보육수당 등을 지원받을 수 있다.
① 정부에서는 임신과 출산에 필요한 비용을 일부 지원하고 있다.
② 지자체별로 출산 지원금이나 장려금을 지원하고 있다.
④ 집에서 자녀를 양육할 경우 양육수당 등을 지원받을 수 있다.

20 한국에서 대학수학능력시험이나 입사시험 등을 보는 사람에게 흔히 주는 선물이 아닌 것은?

① 찹쌀떡   ② 장미   ③ 엿   ④ 포크

 찹쌀떡이나 엿 등은 시험에 단번에 딱 붙으라는 의미를 담은 선물이며, 포크는 정답을 잘 찍으라는 의미의 선물이다.

21 한국의 일반적인 식사 예절에 해당하는 것은?

① 밥그릇을 손에 들고 먹는다.

② 큰 소리를 내며 음식을 먹는다.

③ 윗사람과 식사를 할 때는 아랫사람이 먼저 수저를 든다.

④ 기침을 할 때는 얼굴을 옆으로 돌리고 손으로 입을 가린다.

 식사 도중 기침이 나올 경우 침 등이 식탁으로 튀지 않도록 얼굴을 옆으로 돌리고 손으로 입을 가리는 것이 예절이다.

① 밥그릇은 손에 들지 않고 식탁 위에 올려 둔 채 먹는다.

② 음식을 먹을 때는 큰 소리를 내지 않도록 한다.

③ 윗사람과 식사를 할 때는 윗사람이 먼저 수저를 든다.

22 오늘날 한국 가족의 특징으로 알맞은 것을 〈보기〉에서 모두 고르시오.

〈보기〉

ㄱ. 최근 들어 결혼하는 연령이 점점 높아지고 있다.

ㄴ. 결혼 후에도 부모와 같이 사는 자녀들이 증가하였다.

ㄷ. 1인 가구나 부부만 사는 경우의 비율이 점점 감소하고 있다.

ㄹ. 공부나 취업을 위해 부모와 떨어져 생활하는 자녀들이 증가하고 있다.

① ㄱ, ㄴ   ② ㄱ, ㄹ   ③ ㄴ, ㄷ   ④ ㄴ, ㄹ

 현대의 한국은 결혼 연령은 점차 높아지고 있으며, 학업이나 취업을 이유로 부모와 떨어지는 경우도 점차 증가하고 있다.

ㄴ : 결혼 후 부모와 같이 사는 것이 아닌 독립해 사는 자녀의 수가 증가하고 있다.

ㄷ : 1인 가구나 부부만 사는 경우의 비율이 점점 증가하고 있다.

23 다음은 대한민국 헌법 제1조 제1항의 내용이다. (   ) 안에 들어갈 말은 무엇인가?

> 대한민국은 민주공화국이다. 대한민국의 주권은 (   )에게 있고, 모든 권력은 (   )으로부터 나온다.

① 대통령   ② 국회의원   ③ 국민   ④ 시민혁명

 대한민국의 주권은 국민에게 있고, 모든 권력은 국민으로부터 나온다.

24 다음 내용과 관계가 있는 사람은?

> 행정부의 각 부처의 책임자로서 대통령과 국무총리의 지휘 감독을 받는다.

① 차관   ② 국회의원   ③ 장관   ④ 국무총리

 장관은 행정 각부의 책임자로서 국무총리의 제청으로 대통령이 임명한다.

25 한국에서 1970년대에 발전하기 시작한 중화학공업에 속하지 <u>않는</u> 것은?

① 조선   ② 제철   ③ 석유화학   ④ 옷과 신발

 중화학공업은 철강, 배, 자동차, 기계 등과 같이 무거운 제품을 생산하는 중공업과 석유화학 공업을 아울러 이르는 말이다. 옷과 신발 등의 섬유 공업은 경공업에 해당한다.

정답 **23** ③   **24** ③   **25** ④

26 한국의 시중은행에 속하지 <u>않는</u> 것은?

① 한국은행   ② 하나은행   ③ 신한은행   ④ 우리은행

 시중은행이란 전국적인 점포망을 가지고 있는 상업은행을 말한다. 한국은행은 시중은행이 아니라 한국의 중앙은행이다.

27 다음과 관계가 있는 곳은?

> 동네 가까이에 있다. 물건 값이 싸고 상인들의 인심이 좋아서 사람들이 많이 몰린다. 소비자와 상인이 물건 값을 흥정하는 일이 흔히 벌어진다.

① 재래시장   ② 대형마트   ③ 슈퍼마켓   ④ 편의점

 재래시장의 경우 상인과 소비자가 서로 물건 값을 흥정하기도 하고 단골 손님에게는 상인이 덤을 더 얹어 주기도 한다. 대형마트와 슈퍼마켓, 편의점 등은 가격이 정해져 있는 정찰제로 운영된다.

28 외국인의 한국 내 체류에 대한 설명으로 옳은 것은?

① 한국에 30일 이상 체류하려면 외국인 등록을 해야 한다.

② 한국에 3년 이상 계속 체류하고 있으면 영주권 신청이 가능하다.

③ 미화 10만 달러 이상을 투자한 외국인의 경우 영주권을 신청할 수 있다.

④ 체류지 변경 신고는 관할 출입국외국인청(사무소)와 시·군·구청에서도 할 수 있다.

 체류지 변경 신고는 전입한 날부터 새로운 체류지의 시·군·구 또는 읍·면·동의 장이나 그 체류지 관할 지방출입국·외국인관서의 장에게 해야 한다.
① 외국인이 한국에 90일을 초과하여 체류하려면 외국인 등록을 해야 한다.
② 한국에 5년 이상 체류하고 있는 사람은 영주권의 신청이 가능하다.
③ 미화 50만 달러를 투자한 외국인투자가로서 5명 이상의 국민을 고용하고 있는 사람은 영주권을 신청할 수 있다.

29 외국인이 대한민국 국민이 되는 법적 절차인 귀화에 대한 설명으로 맞지 <u>않는</u> 것은?

① 한국 국민인 배우자와 혼인한 상태로 2년 이상 계속 한국에 살아 온 외국인은 귀화를 신청할 수 있다.

② 한국 국민과의 국제결혼을 통한 혼인귀화는 특별귀화에 해당한다.

③ 귀화에는 일반귀화, 간이귀화, 특별귀화의 세 가지 유형이 있다.

④ 일반귀화는 대한민국과 아무런 혈연적, 지연적 관계가 없는 외국인이 대한민국 국적을 취득하는 절차이다.

 한국 국민과의 국제결혼을 통한 혼인귀화는 간이귀화에 해당한다.

정답 28 ④ 29 ②

30 한국의 법 집행 기관끼리 나열해 놓은 것은?

① 경찰과 군대   ② 검찰과 국회

③ 국회와 경찰   ④ 경찰과 검찰

 대한민국의 법 집행 기관은 경찰과 검찰이다.

31 한반도에 가장 먼저 세워진 국가는?

① 고려   ② 신라   ③ 고조선   ④ 고구려

 고조선은 기원전 2333년 단군왕검에 의해 건국된 한반도 최초의 국가이다.
   ① 고려 : 태조 왕건에 의해 918년 건국된 국가
   ② 신라 : 기원전 57년 박혁거세가 건국한 국가로 고구려와 백제를 멸망시키고 삼국을
       통일한 국가
   ④ 고구려 : 기원전 37년 한반도 북부에 주몽이 건국한 고대국가

32 〈보기〉의 내용이 가리키는 학문은?

> ─〈보기〉─
> • 조선 후기에 등장한 새로운 학문
> • 정치 개혁, 상공업 발달, 백성의 생활에 도움을 주는 것 등을 목적으로 함

① 과학   ② 유학   ③ 동학   ④ 실학

 실학은 조선 후기 나타난 새로운 사상으로서 백성들의 실제 생활에 도움이 되고자 했던
   학문을 말한다. 대표적인 학자로는 정약용이 있다.
   ② 유학 : 공자의 가르침을 근본으로 하여 공자와 그 제자들의 가르침인 경전을 연구하
      는 학문
   ③ 동학 : 1860년 최제우가 창시한 민족 종교로 1905년 천도교로 개칭함

정답   **30** ④   **31** ③   **32** ④

33 한국의 고대 국가 중 특히 일본에 많은 문화를 전파해 준 나라는?

① 백제　　　　　② 신라　　　　　③ 발해　　　　　④ 고구려

> 해설　백제는 기원전 18년 온조왕이 세운 고대 국가로, 백제의 문화는 왜(일본)에 전해져 일본의 고대 문화 발전에 큰 영향을 미쳤다.

34 경상 지역을 가리키는 다른 이름은?

① 영남　　　　　② 경남　　　　　③ 호남　　　　　④ 충남

> 해설　영남 지방은 현재의 경상남·북도를 가리키는 말이다.
> ③ 호남 : 전라남도와 전라북도를 아울러 가리키는 말

35 일반적으로 지역 주민들이 자기 지역에 설치되는 것을 반대하는 시설은?

① 지하철역　　　　　　　　② 고속도로
③ 하수도 처리 시설　　　　④ 공공기관

> 해설　일반적으로 하수도 처리 시설 등 혐오 시설은 자기 지역에 설치되는 것을 반대한다. 이러한 현상을 님비(NIMBY)라고 한다.

36 〈보기〉의 관광지가 속해 있는 지역은?

┌─〈보기〉──────────────────────────────┐
│ • 정동진　　　• 설악산　　　• 대관령 │
└──────────────────────────────────────┘

① 강원　　　　　② 경기　　　　　③ 제주　　　　　④ 충청

> 해설　정동진은 강원도 강릉시에, 설악산은 강원도 인제군에, 대관령은 강원도 평창군에 위치해 있다.

| 정답 | 33 ① | 34 ① | 35 ③ | 36 ① |

[37~40 : 작문형] 다음 내용을 포함하여 '<u>환경보호</u>'라는 제목으로 200자 내로 글을 쓰시오.

※ 작문 시험 시간은 10분이며, 답안지에는 제목을 쓰지 말고 본문만 쓰시오. (글자 수 및 평가 항목별로 채점되니 유의하시기 바랍니다)

- 환경오염에는 어떤 종류가 있습니까?
- 왜 환경보호를 해야 합니까?
- 환경이 오염된 곳을 본 적 있습니까?
- ○○ 씨는 환경보호를 위해 어떤 노력을 합니까?

(실제 시험에서는 3~4문항이 출제될 수 있음)

작문형 예시 답안

　　환경오염의　　종류로는　　토양오염,　　해양
오염,　　대기오염　　등이　　있습니다.　　한번
오염된　　환경은　　생태계를　　바꿔버리고　　환
경은　　다시　　되돌리기가　　매우　　어려우므로
환경은　　보호되어야　　합니다.　　동네　　산책
로　　옆　　하천에　　일회용　　컵이　　음료와　　함
께　　버려져　　하천이　　오염된　　것을　　보았습
니다.　　이러한　　환경오염을　　막기　　위해
카페를　　이용할　　때　　항상　　텀블러를　　챙기
는　　노력을　　하고　　있습니다.

사회통합프로그램 영주용 종합평가 견본 문항
구술시험

※ 질문 내용은 제외한 지문만 수험생에게 제공됨(질문 내용은 견본과 비슷한 유형으로 변경 가능하며 평가 감독관에게만 제공됨)

[01~03 : 구술형] 다음 글을 읽고 구술감독관의 질문에 답하여 주시기 바랍니다.

> 지금은 스마트폰이 없는 일상을 상상하기 어려운 시대가 되었다. 아침에 일어나면 스마트폰으로 날씨나 뉴스를 확인하고 외출할 때는 스마트폰을 이용해서 어떤 길이 덜 막히는지, 지하철이 언제 도착하는지 알 수 있다. 지갑이 없어도 스마트폰만 있으면 계산도 할 수 있다. 이와 같이 스마트폰 의존도가 높아진 것은 그만큼 편리하기 때문이다. 굳이 은행이나 가게에 가지 않고도 스마트폰으로 금융 거래를 하고 물건을 살 수 있다. 전 세계 누구하고도 어디에서나 스마트폰으로 연락을 주고받을 수 있다. 이와 같은 편리함 때문에 앞으로도 스마트폰 사용은 더욱 증가할 것으로 예상된다.
>
> 한편, 스마트폰 사용이 늘어나면서 문제점도 나타났다. 사람들이 직접 만나는 대신 문자로 간단히 연락하는 과정에서 오해가 생기기도 한다. 또한, 게임 등을 하면서 스마트폰에 중독되는 사람도 있다. 이와 같은 현상으로 인해 다른 사람과 대화가 줄어들고 소통이 단절되는 일이 생기기도 한다. 또한, 스마트폰 사용 증가와 함께 개인 정보 노출, 사생활 노출, 불법 촬영, 금융 사기 등과 같이 다른 사람들에게 피해를 주는 윤리적 문제가 나타나기도 한다.

01 스마트폰으로 인해 생활이 편리해진 사례를 말해 보세요.

02 스마트폰 사용이 늘어나면서 대화가 줄어들고 소통이 단절되는 원인은 무엇인가요?

03 ○○ 씨는 개인 정보 노출, 사생활 노출, 불법 촬영 등과 같은 피해를 겪지 않기 위해 어떤 노력을 하고 있나요?

04 한국에서 소비자가 피해를 입고 분쟁이 발생하면 어떻게 해결할 수 있는지 그 방법에 대해 말해 보세요.

05 국민들이 선거나 투표에 참여하지 않을 경우에는 어떤 일이 생길까요?

예시 답안

01 스마트폰을 통해 은행을 가지 않고 금융 거래를 할 수 있고, 전 세계 누구와도 연락을 주고받을 수 있게 되었습니다.

02 직접 만나야만 대화할 수 있는 환경에서 언제든 연락할 수 있는 환경으로 바뀌어 연락에 대한 중요성이 줄어들고 소통의 단절이 생기고 있다.

03 주기적으로 비밀번호 바꾸기, SNS 내용 공개 대상 설정하기, 노트북과 스마트폰 주기적 초기화 하기 활동을 하고 있습니다.

04 구매처로 연락해 본인의 피해 내용을 말하고 이에 대한 해결을 요청한다. 해결이 되지 않았을 때는 한국소비자원 등의 기관에 해결을 요청한다.

05 선거나 투표는 국민이 가지고 있는 민주주의 정치의 가장 큰 권한이자 의무이다. 선거나 투표를 하지 않았을 때 개인의 정치적 권한은 사라지게 될 것이다.

01 |PART|

연습문제 150제

CHAPTER 01 | 한국어

CHAPTER 02 | 대한민국 일반

CHAPTER 03 | 지리와 기후

CHAPTER 04 | 사회

CHAPTER 05 | 문화

CHAPTER 06 | 역사

CHAPTER 07 | 법과 정치

CHAPTER 08 | 경제

한국어

[01~15] 다음 내용이 옳다면 ○, 옳지 않다면 × 표시하시오.

01 '모집하다'의 유의어는 '공모하다'이다. (○ / ×)

02 '수동적'의 반의어는 '소극적'이다. (○ / ×)

> 해설 '수동적'의 반의어는 '능동적'이고, '소극적'은 스스로 나아가거나 상황을 개선하려는 태도가 부족하다는 의미이므로 유의어이다.

03 '생소하다'의 반의어는 '낯설다'이다. (○ / ×)

> 해설 '생소하다'의 반의어는 '낯익다', '익숙하다'이고, '낯설다'는 사물이 눈에 익지 않다는 의미 이므로 유의어이다.

04 '호칭'의 유의어는 '명칭'이다. (○ / ×)

05 '낭비'의 유의어는 '절제'이다. (○ / ×)

> 해설 '낭비'의 유의어는 '허비', '사치'이고, '절제'는 정도를 넘지 않도록 알맞게 제어하는 의미이 므로 반의어이다.

정답	01 ○	02 ×	03 ×	04 ○	05 ×

06 '개막하다'의 반의어는 '폐막하다'이다. (○ / ×)

07 '낭비'의 반의어는 '사치'이다. (○ / ×)

> 해설   '낭비'는 시간이나 재물 따위를 헛되이 헤프게 씀을 의미한다. '사치'는 유의어이다.

08 '막막하다'의 반의어는 '답답하다'이다. (○ / ×)

> 해설   '막막하다'와 '답답하다'는 의지할 데 없이 외롭고 답답하다는 의미의 유의어이다.

09 '취득'의 반의어는 '입수'이다. (○ / ×)

> 해설   '취득'의 반의어는 '유실'이고, '입수'는 손에 넣는다는 의미이므로 유의어이다.

10 '중단하다'의 유의어는 '그만두다'이다. (○ / ×)

11 '도저히'는 거의 비슷하게를 의미한다. (○ / ×)

> 해설   '도저히'는 '아무리 하여도'를 의미한다. 주어진 뜻은 '마치'의 의미이다.

12 '만큼'은 오로지 그것뿐이고 그 이상은 아님을 의미한다. (○ / ×)

> 해설   '만큼'은 앞의 내용과 뒤에 나오는 내용이 비슷한 정도임을 의미한다. 주어진 뜻은 '따름'의 의미이다.

| 정답 | 06 ○ | 07 × | 08 × | 09 × | 10 ○ | 11 × | 12 × |

13 '-ㄹ 때'는 어떤 행동이나 상황이 일어나는 시간 또는 동안을 나타낸다. (○ / ×)

14 '-고 말다'는 어떤 일이 결국 일어났거나 어떤 일을 힘들게 이루어 냈다는 의미이다. (○ / ×)

15 '-다가'는 앞말이 뒷말의 원인이나 근거, 전제가 됨을 나타내는 말이다. (○ / ×)

> 해설 '-다가'는 어떤 동작이나 상태 따위가 중단되고 다른 동작이나 상태로 바뀜을 나타내는 말이다. 주어진 뜻은 '-니까'에 의미이다.

[16~25] 〈보기〉에서 알맞은 단어를 찾아 빈칸 안에 작성하시오.

┌─〈보기〉────────────────────────────────────┐
│ 할부 기념품 대중교통 면접 야유회 영주권 부동산 신분증 반납 돌잔치 │
└──┘

16 은행 계좌를 개설하려면 (   )이/가 필요하다.

17 나는 필기시험에는 쉽게 합격을 하지만 (   )에서는 늘 떨어졌다.

18 태국에 여행을 다녀오면서 (   )(으)로 코끼리 모양의 열쇠고리를 샀다.

19 지난봄에 이사한 우리 집은 (   )의 소개로 산 집이다.

정답 **13** ○ **14** ○ **15** × **16** 신분증 **17** 면접 **18** 기념품 **19** 부동산

20 언니는 일본에서 재일 교포와 결혼하여 (   )을/를 얻었다.

21 도서관에서 대출한 책은 오늘까지 (   )해야 한다.

22 갑자기 김치냉장고가 고장 나 3개월 (   )(으)로 사게 되었다.

23 기름값이 올라 자가용 대신 (   )을/를 이용하는 사람들이 많아졌다.

24 우리는 한 살이 된 아들의 (   )에 많은 사람을 초대했다.

25 직원들 간의 단합을 위해 회사에서 산으로 (   )을/를 갔다.

정답   **20** 영주권   **21** 반납   **22** 할부   **23** 대중교통   **24** 돌잔치   **25** 야유회

[26~35] 〈보기〉에서 알맞은 서술어를 찾아 적절히 변환하여 빈칸 안에 작성하시오.

〈보기〉
아깝다 지키다 옮기다 방문하다 치료하다 추진하다 극복하다 참다 전달하다 척하다

26 그는 회의에 참석하지 않겠다는 의사를 (   ).

27 우편 집배원은 집마다 직접 (   ) 편지와 택배를 전달한다.

28 국가의 위기를 온 국민이 한마음으로 뭉쳐서 함께 (   ).

29 나는 수업 시간에 쏟아지는 졸음을 (   ) 수가 없었다.

30 친구가 자느라 나와의 약속을 못 (   ) 것에 화가 났다.

31 정부는 무상교육의 확대 정책을 적극 (   ) 예정이라고 밝혔다.

32 아저씨는 큰 냉장고를 화물차로 (   ) 실었다.

33 한국어 숙제를 전혀 하지 않고 다 한 (   ).

정답 **26** 전달했다 **27** 방문하여 **28** 극복했다 **29** 참을 **30** 지킨 **31** 추진할 **32** 옮겨 **33** 척했다

34 선물받은 빨간 목도리는 (   ) 한 번도 쓰고 나간 적이 없다.

35 의사는 다친 환자들을 (   ) 잠도 제대로 자지 못했다.

[36~45] ㉠, ㉡ 중 빈칸 안에 들어갈 말을 고르시오.

36 경찰이 도둑을 (   ) 사건을 마무리하였다.

　　㉠ 잡혀   ㉡ 잡아

> 해설　주어인 '경찰'이 목적어인 '도둑'을 잡은 행동을 하였으므로 빈칸에는 ㉡이 적절하다. ㉠ '잡혀'는 주어가 도둑일 때 사용하는 '잡다'의 피동 표현이다.

37 책을 (   ) 수업을 제대로 듣지 못했어요.

　　㉠ 읽느라고   ㉡ 읽자마자

> 해설　'-느라고'는 앞 절이 뒤 절의 목적이나 원인이 됨을 나타낸다. 책을 읽은 행동이 수업을 듣지 못한 일의 원인이므로 빈칸에는 ㉠이 적절하다. ㉡ '-자마자'는 앞 절의 동작이 이루어지자 곧바로 다음 절의 동작이 일어남을 나타낸다.

38 한국은 주식으로 밥을 (   ) 제 고향에서는 빵을 먹습니다.

　　㉠ 먹는 반면에   ㉡ 먹는 사이에

> 해설　'-는 반면에'는 앞의 내용과 뒤의 내용이 서로 반대임을 나타낸다. 따라서 한국과 고향의 먹는 음식이 서로 다른 것을 의미하는 ㉠이 적절하다. ㉡ '-는 사이에'는 어떤 행동을 하는 시간 동안에 뒤의 행위가 일어남을 나타낸다.

정답　34 아까워서　　35 치료하느라　　36 ㉡　　37 ㉠　　38 ㉠

39 뉴스를 보니 다음 주 크리스마스에 눈이 (　　　　　) 모른다.

　　㉠ 오곤　　　　　　　　　　　　㉡ 올지도

　🔖해설　다음 주 크리스마스에 눈이 올 것을 추측하고 있다. 어떤 일이 일어날 것을 추측할 때 사용하는 말인 '-ㄴ 지(도) 모르다.'를 사용해야 한다. 따라서 빈칸은 ㉡이 적절하다.

40 며칠 밤을 새워 오늘 아침에 (　　　　　) 일을 완성했다.

　　㉠ 겨우　　　　　　　　　　　　㉡ 괜히

　🔖해설　'겨우'는 '어렵게 힘들여' 또는 '기껏해야 고작'이라는 의미이다. 밤을 새워 열심히 일하여 어렵게 일을 완성했음을 의미하므로 빈칸에는 ㉠이 적절하다. ㉡ '괜히'는 '아무 까닭이나 실속이 없게'를 나타낸다.

41 학교 선생님은 내가 싫어하는 오이를 (　　　　　) 먹게 한다.

　　㉠ 마침내　　　　　　　　　　　　㉡ 억지로

　🔖해설　'억지로'는 '조건에 맞지 않게 강제로'라는 의미이다. 싫어하는 음식을 학교 선생님이 강제로 먹게 하는 것이므로 빈칸에는 ㉡이 적절하다. ㉠ '마침내'는 '드디어 마지막에는'의 의미이다.

42 그 회사에 (　　　　　) 하는 사람은 외국어에 능통해야 한다.

　　㉠ 들어가기에　　　　　　　　　　㉡ 들어가고자

　🔖해설　'-고자'는 말하는 사람이 어떤 행동을 하는 목적이나 의도를 나타낼 때 사용한다. 회사에 들어가고 싶은 사람은 외국어를 잘해야 한다는 의미이므로 빈칸에는 ㉡이 적절하다. ㉠ '-기에'는 어떤 행동의 원인을 나타낸다.

정답　39 ㉡　　40 ㉠　　41 ㉡　　42 ㉡

43 할아버지가 호통을 (   ) 아이는 눈물을 터트렸다.

㉠ 치기가 무섭게   ㉡ 치면 안 돼서

 '-기가 무섭게'는 어떤 일이 바로 연이어 일어날 때 사용한다. 할아버지가 호통을 치자마자 아이가 울었으므로 빈칸에는 ㉠이 적절하다. ㉡ '-으면 안 되다'는 어떤 행동을 하지 못하게 함을 나타낼 때 사용한다.

44 대화를 (   ) 한국말도 늘게 되어 있다.

㉠ 할수록   ㉡ 할 겸

 '-ㄹ 수록'은 앞말의 정도가 더하여 가는 것이 뒷말의 정도가 더하거나 덜해지는 조건을 말한다. 본문은 앞말인 대화의 정도가 더해질수록 뒷말인 한국말이 늘게 된다는 의미이므로 빈칸에는 ㉠이 적절하다. ㉡ '할 겸'은 두 가지 이상의 행동을 아울러 하는 것을 말한다.

45 작년에 경복궁에서 한국의 전통 의상인 한복을 (   ).

㉠ 입은 적이 있어요   ㉡ 입을 따름이에요

 '-은 적이 있다'는 어떤 행동이 과거에 있었던 일임을 나타낸다. 작년에 한복을 입은 과거의 경험이 있다는 의미이므로 빈칸에는 ㉠이 적절하다. ㉡ '-을 따름이다'는 오로지 그것뿐이고 그 이상은 아님을 나타내는 말이다.

정답 **43** ㉠   **44** ㉠   **45** ㉠

대한민국 일반

[01~05] 다음 내용이 옳다면 ○, 옳지 않다면 × 표시하시오.

01 태극기의 4괘는 하늘, 땅, 바다, 우주를 표현한다. (○ / ×)

> 해설 4괘는 건괘, 곤괘, 감괘, 이(리)괘를 합쳐 말하는 것으로 건괘(乾卦)는 하늘, 곤괘(坤卦)는 땅, 감괘(坎卦)는 달과 물, 이(리)괘(離卦)는 해와 불을 상징한다.

02 나라문장은 외국에 발신하는 공문서, 국가 중요문서 등에 휘장으로 사용한다. (○ / ×)

03 배타적 경제 수역을 지나가는 모든 배는 자원 탐사·개발·이용 등 경제적 권리를 가진다. (○ / ×)

> 해설 배타적 경제 수역 내에서는 연안국만이 자원 탐사·개발·이용 등 경제적 권리를 가진다.

04 국가장 기간에는 태극기를 깃봉과 깃면의 사이를 떼지 않고 게양한다. (○ / ×)

> 해설 경축일이나 평일에는 태극기를 깃봉과 깃면의 사이를 떼지 않고 게양한다. 국가장 기간과 같이 조의를 표하는 날에는 깃봉과 깃면의 사이에 일정 거리를 두는 조기를 게양한다.

05 무궁화는 한국을 상징하는 꽃으로 신라는 스스로 '무궁화의 나라'라고 부르기도 했다. (○ / ×)

정답	01 ×	02 ○	03 ×	04 ×	05 ○

[06~15] 〈보기〉에서 알맞은 단어를 찾아 빈칸 안에 작성하시오.

〈보기〉
휴전선 한글 국민의례 무촌 광복절 국새 처남 무궁화 천지 고모

06 한국의 5대 국경일에는 3·1절, 제헌절, (　　　　　), 개천절, 한글날이 있다.

07 남편은 아내의 언니를 처형, 아내의 남동생을 (　　　　　)(이)라고 부른다.

08 (　　　　　)은/는 국기에 대한 경례, 애국가 제창, 순국선열에 대한 묵념의 순서로 진행한다.

09 (　　　　　)은/는 제자 원리가 독창적이고 과학적인 문자이며 자음과 모음을 조합하여 만든다.

10 나와 남동생은 2촌이며 부모님과는 1촌이다. 부부는 (　　　　　)이다.

11 (　　　　　)은/는 아버지의 누이를 이르거나 부르는 호칭이다.

12 한반도에서 가장 높은 산은 백두산으로 정상에는 칼데라호인 (　　　　　)가 있다.

PART 01

PART 02

PART 03

정답 06 광복절 07 처남 08 국민의례 09 한글 10 무촌 11 고모 12 천지

13 영원히 피고 또 피어서지지 않는 꽃이라는 뜻인 (   )은/는 대한민국 국가 기관 깃발 등에 활용된다.

14 1953년 한반도는 (   )(이)라고 불리는 남북한 군사 분계선으로 나뉘었다.

15 (   )은/는 대한민국을 상징하는 도장으로 국무에 사용된다.

지리와 기후

[01~05] 다음 내용이 옳다면 ○, 옳지 않다면 × 표시하시오.

01 대한민국은 동고서저의 비대칭 지형이다. (○ / ×)

02 남해안에서 방조제를 축조하여 새만금 간척 사업을 진행했다. (○ / ×)

 새만금은 서해안에 위치한 군산과 부안을 연결하는 방조제를 쌓아 만든 간척지이다.

03 올레길, 성산일출봉, 우도 등의 관광명소로 유명한 화산섬은 울릉도이다. (○ / ×)

 제주도는 올레길, 성산일출봉, 우도 등의 관광명소로 유명한 화산섬이다.

04 우리나라에서 가장 먼저 개항한 항만은 울산항이다. (○ / ×)

 부산항이 우리나라에서 가장 먼저 개항한 항만이며, 울산항은 중화학공업의 주요 항만이다.

05 한국의 수도권은 수도인 서울과 그 주변 지역을 말한다. (○ / ×)

| 정답 | 01 ○ | 02 × | 03 × | 04 × | 05 ○ |

[06~15] 〈보기〉에서 알맞은 단어를 찾아 빈칸 안에 작성하시오.

┌─〈보기〉───┐
신도시 귀농 호남 경인선 경부고속도로 태백산맥 세종특별자치시 금강 황사 독도
└──┘

06 강원도는 (   )을/를 기준으로 영동 지방과 영서 지방으로 구분한다.

07 한강, 낙동강, (   ), 영산강은 대한민국 4대 강에 속한다.

08 (   )은/는 대도시에 집중된 인구를 분산하기 위해 건설되는 계획도시이다.

09 (   )은/는 지역 균형 발전을 위해 건설된 행정 중심 복합도시이다.

10 우리나라에서 최초로 설치된 철도는 서울에서 인천까지 연결된 (   )이다.

11 봄철 중국 사막 지역에서 발생하는 (   )은/는 호흡기 질환 등 각종 질병을 유발한다.

12 전라도 일대는 (   ) 지방, 경상도 일대는 영남 지방이라고 부른다.

정답 **06** 태백산맥 **07** 금강 **08** 신도시 **09** 세종특별자치시 **10** 경인선 **11** 황사 **12** 호남

13 최근 정부의 지원과 도시 문제로 인해 농촌으로의 (   ) 인구가 늘어나고
    있다.

14 대한민국의 최동단에 위치한 (   )은/는 용암이 분출하여 형성된 화산섬
    이다.

15 (   )은/는 서울과 부산을 잇는 최장거리 고속도로이다.

PART 01

PART 02

PART 03

사회

[01~05] 다음 내용이 옳다면 ○, 옳지 않다면 × 표시하시오.

01 뉴 미디어는 네트워크상의 가상 상점을 통해 구매과 판매가 이루어지는 쇼핑몰이다. (○ / ×)

> 해설 인터넷 쇼핑몰은 네트워크상의 가상 상점을 통해 구매, 판매가 이루어진다.

02 유치원은 만 0세부터 만 5세까지의 아동을 보육하는 기관이다. (○ / ×)

> 해설 유치원은 만 3세부터 초등학교 입학 전까지의 아동을 보육하는 기관이다. 주어진 설명은 어린이집이다.

03 생활 안정에 도움을 주기 위해 소득 인정액이 선정 기준액 이하인 노인 대상으로 기초연금제도를 시행한다. (○ / ×)

04 2021년부터 고등학교 1학년까지 입학금·학교운영지원비 등을 국가가 전액 지원한다. (○ / ×)

> 해설 2021년부터 고등학교 전 학년을 대상으로 관련 교육비를 국가가 전액 지원한다.

정답 01 ×   02 ×   03 ○   04 ×

05 일주일간 근무시간은 40시간을 초과할 수 없으며 연장근무 시 근로시간 임금의 2배를 받는다. (○ / ×)

> 해설 근로기준법에 따른 연장근무 시 임금은 근로시간의 1.5배를 받는다.

[06~15] 〈보기〉에서 알맞은 단어를 찾아 빈칸 안에 작성하시오.

〈보기〉
> 검정고시 재래시장 최저임금 실업급여 세금 양육수당
> 근로계약서 종합병원 저출산 전세

06 (   )은/는 의료법에 따라 100개 이상의 병상과 7개 또는 9개 이상의 진료과목, 각 진료과목에 전속하는 전문의를 갖춘 의료기관이다.

07 중학교 졸업학력 (   )은/는 중학교의 정규 수업을 이수하지 않고 고등학교에 입학하려는 자가 치르는 시험이다.

08 (   )은/는 보증금을 맡기고 계약 기간 동안 남의 집을 빌려 거주하는 한국의 독특한 임대방식으로 매달 임대료를 내지 않는다는 점에서 월세와 구분된다.

09 (   )은/는 자신의 의지와 상관없이 퇴사한 후 재취업 활동을 하는 동안 지급되는 소정의 급여를 말한다.

정답 **05** × **06** 종합병원 **07** 검정고시 **08** 전세 **09** 실업급여

10 예전부터 있어 전하여 내려오는 시장인 (   )은/는 물건 값이 싸고 상인들의 인심이 좋아 사람들이 많이 몰리는 곳이다.

11 (   ) 현상은 미래 생산ㆍ소비 인구 감소를 가져오며 경제활동의 위축 등을 초래한다.

12 매년 일정 수준의 (   )을/를 지급하도록 법으로 강제하여 근로자의 최소 생계를 보호한다.

13 공공 부조는 (   )을/를 통해 재원을 마련하여 저소득층에게 무상으로 지원한다.

14 회사가 근로자를 채용하고, 근로자는 일하여 월급을 받기로 약속했을 때 (   )을/를 작성해야 한다.

15 정부에서는 유치원을 다니지 않는 아동에게 (   )을/를 지급하여 부모의 양육비용 부담을 줄이고 있다.

정답   10 재래시장   11 저출산   12 최저임금   13 세금   14 근로계약서   15 양육수당

문화

[01~05] 다음 내용이 옳다면 ○, 옳지 않다면 × 표시하시오.

01 종묘제례악은 조선의 왕과 왕비를 모신 사당에서 제사를 지낼 때 연주하는 음악으로 국가무형문화재 1호로 지정되어 있다. (○ / ×)

02 떡국을 먹으면 이를 튼튼하게 하고, 부럼 깨기는 나이를 한 살 더 먹는다는 의미가 있다. (○ / ×)

 떡국을 먹으면 나이도 한 살 더 먹고, 부럼 깨기는 이를 튼튼하게 하거나 피부병을 예방하는 의미가 있다.

03 흥(興)이란 함께 지내며 생긴 좋아하는 마음으로 한국 특유의 감성이다. (○ / ×)

 흥이란 즐거움을 일어나게 하는 감정이며, 좋아하거나 친근하다고 느끼는 마음은 정이다.

04 오곡밥은 다섯 곡식으로 지은 밥이며, 정월 대보름에 먹는다. (○ / ×)

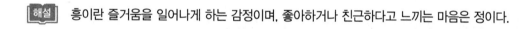

정답   01 ○   02 ×   03 ×   04 ○

05 세시는 해의 움직임에 따라 한 해를 스물넷으로 나눠 농사에 큰 도움을 주었다.
(○ / ×)

> 📖 **해설** 절기는 한 해를 스물넷으로 나눈 계절의 표준으로 농사에 큰 도움을 주었다. 세시는 새해의 처음을 나타낸다.

[06~15] 〈보기〉에서 알맞은 단어를 찾아 빈칸 안에 작성하시오.

┌─〈보기〉──┐
  삼복   한복   고희연   숭례문   창포물   축의금   무속신앙   김장   강강술래   대체공휴일
└──┘

06 추석의 민속놀이인 (   )은/는 여러 사람이 손을 잡고 둥글게 원을 그리며 노래 부르고 춤을 추는 놀이를 말한다.

07 겨울 동안 계속 먹기 위하여 김치를 한꺼번에 많이 만들어 (   )을/를 담근다.

08 축하의 의미와 잘 살라는 뜻으로 전달하는 돈은 (   )이다.

09 단옷날 (   )에 머리를 감아 윤기가 나게 하고 귀신을 쫓아내는 풍습이 있다.

10 음력 6월과 7월 중 가장 더운 시기인 (   )에 몸보신 음식을 먹어 기력을 보충한다.

정답   **05** ×   **06** 강강술래   **07** 김장   **08** 축의금   **09** 창포물   **10** 삼복

11 예전에는 만 60세 생일에 장수를 축하하는 의미로 회갑을 크게 하였으나, 평균수명이 늘어난 오늘에는 대부분 70세 생일인 (   )을/를 주로 한다.

12 한국의 국보 제1호는 서울 (   )이고, 보물 제1호는 흥인지문이다.

13 공휴일이 토 · 일요일이나 다른 공휴일과 겹치는 경우, 공휴일 다음의 첫 비공휴일을 (   )(으)로 지정할 수 있다.

14 조상들은 여름에는 삼베, 겨울에는 비단으로 계절에 알맞은 전통 복장인 (   )을/를 만들어 입었다.

15 무당을 중심으로 한 (   )을/를 통해 우리 민족의 자연에 대한 경외심을 알 수 있다.

정답 **11** 고희연   **12** 숭례문   **13** 대체공휴일   **14** 한복   **15** 무속신앙

역사

[01~05] 다음 내용이 옳다면 ○, 옳지 않다면 × 표시하시오.

01 고려는 민족 통합 정책으로 백제와 고구려의 유민을 흡수하려고 했다. (○ / ×)

> **해설** 민족 통합 정책으로 고구려, 백제 등 민족 융합을 도모한 국가는 통일 신라이다.

02 백제는 활쏘기와 말타기를 즐기고 벼농사보다 수렵이 발달한 국가였다. (○ / ×)

> **해설** 활쏘기, 말타기를 즐기며 수렵이 발달한 국가는 고구려이다.

03 해방 이후 대한민국 초대 대통령은 이승만 대통령이다. (○ / ×)

04 청나라 외 모든 나라와 교류를 금지하고 관계를 맺지 않겠다는 흥선대원군의 대외 정책은 쇄국 정책이다. (○ / ×)

05 김옥균은 홍커우 공원에서 일본군에게 도시락 폭탄을 던졌다. (○ / ×)

> **해설** 한인애국단의 윤봉길은 도시락 폭탄으로 일본군의 주요 인물들을 사살했다. 김옥균은 갑신 정변을 일으킨 인물이다.

정답 01 × 02 × 03 ○ 04 ○ 05 ×

[06~15] 〈보기〉에서 알맞은 단어를 찾아 빈칸 안에 작성하시오.

〈보기〉

화랑도 노량해전 전두환 척화비 김대중 동학 유교 홍익인간 경국대전 벽란도

06 삼국유사를 통해 고조선의 건국이념인 (   )의 정신을 파악할 수 있다.

07 (   )은/는 세조 때 집필을 시작하여 성종 때 완성한 조선 최고의 법전이다.

08 5·18 민주화 운동은 계엄령 철폐와 (   ) 대통령 퇴진을 요구한 운동이다.

09 흥선대원군은 서양과의 통상을 거부하는 글을 적은 (   )을/를 전국에 세웠다.

10 신라는 (   )(이)라는 인재 양성 목적의 청소년 수련 단체를 운영하였다.

11 고려는 무역의 중심지 (   )에서 여러 나라와의 활발한 무역 활동을 하였다.

12 조선 건국 후 신진 사대부는 (   )을/를 높게 여기고 불교를 억압하는 정책을 했다.

정답 06 홍익인간   07 경국대전   08 전두환   09 척화비   10 화랑도   11 벽란도   12 유교

13 이순신 장군은 거북선을 만들어 왜군과 맞서 싸우다가 (   )(에)서 전사하였다.

14 (   ) 대통령은 햇볕정책을 통해 남북관계 개선에 힘썼다.

15 조선 후기에 최제우가 창시한 (   )은/는 모든 사람이 평등하다고 주장했다.

법과 정치

[01~05] 다음 내용이 옳다면 ○, 옳지 않다면 × 표시하시오.

01 선거는 대표를 선출하는 과정이자 시민의 뜻에 따라 정치권력을 심판받는 과정이
다. (○ / ×)

02 특정 분야에서 대한민국의 국익에 기여할 것으로 인정되는 외국인은 특별귀화 대
상이다. (○ / ×)

03 대한민국은 입법부, 행정부, 국회를 통해 권력을 분산시키는 삼권분립제도를 채택
하고 있다. (○ / ×)

> **해설** 대한민국 삼권분립제도의 기관은 입법부, 행정부, 사법부이다.

04 모든 국민의 재산권은 보장되며 그 행사는 개인의 이익에 적합하여야 한다.
(○ / ×)

> **해설** 모든 국민의 재산권은 보장되며 재산권의 행사는 공공복리에 적합하도록 하여야 한다.

정답 01 ○ 02 ○ 03 × 04 ×

05 지방자치단체장의 임기는 4년이며, 조건을 갖춘 외국인도 지방선거를 통해 투표할 수 있다. (○ / ×)

[06~15] 〈보기〉에서 알맞은 단어를 찾아 빈칸 안에 작성하시오.

┌─〈보기〉──────────────────────────────────────┐
│   │
│   입법부 국가인권위원회 교육 정치과정 국민투표 검찰   │
│   민주공화국 비자 대법원 경범죄   │
│   │
└──┘

06 헌법 제1조에 따라 대한민국은 (   )이며 모든 권력은 국민으로부터 나온다.

07 참정권의 행사로는 대표를 선출하는 선거, 국가 의사 결정에 참여할 수 있는 (   ) 등이 있다.

08 권력분립에 따라 대통령은 의결된 법률안을 거부하여 (   )을/를 견제할 수 있다.

09 모든 국민은 법률이 정하는 바에 따라 납세, 국방, (   ), 근로의 의무를 진다.

10 (   )은/는 국가 최고 법집행기관으로 범죄 수사·기소, 법 집행 등을 담당한다.

정답 05 ○   06 민주공화국   07 국민투표   08 입법부   09 교육   10 검찰

11 국민의 요구를 수렴하여 정책으로 결정 · 집행하는 (   )을/를 통해 사회통합을 이룰 수 있다.

12 길거리에 담배꽁초 버리기, 침 뱉기, 공공장소에 낙서하기 등은 (   )에 해당한다.

13 (   )은/는 '사증'이라고도 하는데 한국 정부가 외국인의 입국을 허가하는 증명서를 의미한다.

14 (   )은/는 3심 재판을 담당하는 최고 법원으로 지방법원, 고등법원과 함께 심급제도를 구성한다.

15 국민의 인권 보호와 증진에 관한 업무를 담당하는 (   )은/는 독립 국가기관이다.

경제

[01~05] 다음 내용이 옳다면 ○, 옳지 않다면 × 표시하시오.

01 2000년 이후 우리나라는 3저 호황을 통해 경제가 고도로 성장했다. (○ / ×)

> 1980년대에 나타난 저달러, 저유가, 저금리의 이른바 3저 호황 현상으로 경제가 고도로 성장했다.

02 한국 지폐 오만 원권에는 심사임당, 오천 원권에는 율곡 이이의 초상화가 있다. (○ / ×)

03 보통예금은 일정 기간 동안 일정 금액을 정기적으로 적립하는 예금이다. (○ / ×)

> 정기적금은 정해진 기간 동안 일정 금액을 정기적으로 적립하는 예금이다.

04 한국은 이윤을 얻기 위한 개인의 경제활동을 인정하지 않는 사회주의 경제체제이다. (○ / ×)

> 한국은 사유재산을 인정하고 개인의 경제활동의 자유를 보장하는 자본주의 경제체제이다.

05 금융실명제는 모든 금융거래를 진행할 때 금융거래 당사자의 실제 본명을 쓰도록 한 제도이다. (○ / ×)

정답   **01** ×   **02** ○   **03** ×   **04** ×   **05** ○

[06~15] 〈보기〉에서 알맞은 단어를 찾아 빈칸 안에 작성하시오.

〈보기〉

세종대왕 보험 IMF 한강 국내총생산 빈부격차
대출 자유무역협정 한국은행 경제협력개발기구

06 (   )은/는 주화와 은행권을 발행하는 대한민국의 유일한 발권 기관이다.

07 한국은 1990년대 외환위기가 발생하여 (   )에 구제 금융을 신청하였다.

08 6·25전쟁 이후 어려운 환경에도 불구하고 짧은 시간 안에 놀라운 경제 발전을 이룬 것을 (   )의 기적이라고 부른다.

09 개인이 목돈이 필요한 경우 금융기관에서 (   )을/를 통해 돈을 빌릴 수 있다.

10 한 나라에서 일정 기간 동안 생산된 최종 생산물·서비스의 시장가치를 모두 합한 것을 (   )(이)라고 한다.

11 (   )은/는 미래에 발생할 수 있는 사고를 대비하여 미리 일정 금액을 정기적으로 납입한 뒤 사고가 발생했을 때 돌려받는 제도이다.

정답 06 한국은행   07 IMF   08 한강   09 대출   10 국내총생산   11 보험

12 특정 국가 간의 무역 장벽을 완화 · 제거하는 ( )은/는 물자나 서비스 이동을 자유화시킨다.

13 ( )은/는 회원국 간 상호 정책조정 및 협력을 통해 세계경제의 공동 발전 및 성장과 인류의 복지 증진을 도모하는 정부 간 정책연구 협력기구이다.

14 한국의 지폐 중 오만 원권에는 신사임당 그림이 있고, 만 원권에는 ( ) 그림이 있다.

15 한국은 시장경제체제하에서 개인의 능력 등에 따라 자원의 편중된 분배가 나타나 므로 ( )이/가 심화되었다.

PART

02

종합평가
실전모의고사

CHAPTER 01

| 귀화용 종합평가 실전모의고사 1회

CHAPTER 02

| 귀화용 종합평가 실전모의고사 2회

CHAPTER 03

| 귀화용 종합평가 실전모의고사 3회

CHAPTER 04

| 귀화용 종합평가 실전모의고사 4회

CHAPTER 05

| 영주용 종합평가 실전모의고사 5회

CHAPTER 06

| 영주용 종합평가 실전모의고사 6회

[01~03] 다음 (　　)에 가장 알맞은 것을 고르시오.

01

> 유통기한 이내라도 개봉 후에는 (　　　) 냉장보관하시고, 빨리 드시기 바랍니다.

① 반드시 　　　　② 굳이 　　　　③ 매우 　　　　④ 심지어

02

> 무릎에 난 상처를 가만히 (　　　) 주면서 약을 발랐다.

① 느껴 　　　　② 정리해 　　　　③ 불어 　　　　④ 등장해

03

> 운동을 할 때는 힘이 들지만, 그날의 목표를 이루고 나면 (　　　) 기분이 든다.

① 적당한 　　　　② 애매한 　　　　③ 우울한 　　　　④ 가뿐한

[04~06] 다음 대화의 (　　)에 알맞은 것을 고르시오.

04

> 가 : 지난번에 산 바지는 입어보니까 어때?
> 나 : 바지가 너무 길어 세탁소에서 바짓단을 (　　　) 줄였어.

① 짧고 　　　　② 짧은 　　　　③ 짧아 　　　　④ 짧게

05

> 가 : 서울로 가는 기차표는 예매했어요?
>
> 나 : 네, 어제 때마침 동생도 기차표가 필요하다고 해서 (   ) 같이 예매했어요.

① 제 기차표를 예매하는 김에　　　　② 제 기차표를 예매한 채로

③ 제 기차표를 예매하기 위해　　　　④ 제 기차표를 예매할까 봐

06

> 가 : 미나 씨 오늘 점심 뭐 먹어요?
>
> 나 : 저는 오늘 속이 별로 좋지 않아서 (   ) 죽을 먹으려고 해요.

① 따뜻할　　　　　　　　　　　② 따뜻한

③ 따뜻해도　　　　　　　　　　④ 따뜻했고

[07~08] 다음을 한 문장으로 알맞게 연결한 것을 고르시오.

07

> 새로운 게임이 출시되다 / 바로 사다

① 새로운 게임이 출시된 채로 바로 살 예정이다.

② 새로운 게임이 출시되느라 바로 산다.

③ 새로운 게임이 출시되고 바로 사고 싶다.

④ 새로운 게임이 출시되면 바로 살 예정이다.

08 | 오래 걸리는 일이다 / 시작하다

① 오래 걸리는 일인 줄 알았으면 미리 시작할 걸 그랬다.
② 오래 걸리는 일이면 시작하려던 참이다.
③ 오래 걸리는 일이니까 시작할 줄 몰랐다.
④ 오래 걸리는 일임에도 불구하고 시작할 만 했다.

09 이 영수증을 통해 구입한 물건이 <u>아닌</u> 것은?

영수증

영수증 번호 : 230515-0101-0011-01

※ 교환/환불 안내
교환/환불 요청 시 필히 영수증 지참 바랍니다.

상품	단가	수량	금액
빨래집게	250	5	1,250
하수구망	3,480	1	3,480
다용도 선반	18,980	1	18,980
칫솔꽂이	7,680	1	7,680
닭다리살	12,130	1	12,130
시리얼	6,950	1	6,950
올리브오일	9,200	1	9,200
결제금액 (부가세포함)			59,670

① 칫솔꽂이
② 올리브오일
③ 하수구망
④ 닭가슴살

10 다음 글을 읽고 제대로 이해하지 <u>못한</u> 사람은?

> 컴퓨터 파일을 저장할 때 작업한 컴퓨터 내부에 있는 공간이 아니라 인터넷을 통하여 중앙 컴퓨터에 저장할 수 있는데, 이 공간을 클라우드라고 부른다. 클라우드를 이용하면 언제 어디서나 필요한 자료를 불러올 수 있다. 물론 USB를 이용해서 파일을 복사할 수도 있겠지만 클라우드만의 또 다른 강점이 있다. 바로 스마트폰을 통해서도 클라우드 접속이 가능한 것이다. USB는 스마트폰과 자료를 주고 받을 수 없지만 클라우드는 가능하다. 또한 저장할 수 있는 공간도 USB와 같은 저장매체보다 훨씬 크기 때문에 동영상, 사진, 문서 등 파일의 형태를 가리지 않고 대용량의 파일들도 저장할 수 있다. 다른 장치나 기기 없이 웹에 저장했기 때문에 언제 어디서든, 인터넷이 가능한 곳이라면 저장한 파일을 불러올 수 있다는 것은 클라우드만의 최대 강점이다.

① 가희 : 이번에 다녀온 여행 사진을 클라우드에 넣어야지.
② 나희 : USB보단 용량이 크고 언제 어디서나 볼 수 있어.
③ 다희 : USB도 스마트폰으로 자료를 받기만 할 수 있어.
④ 라희 : 집에서 만든 자료를 학교에서도 열어볼 수 있어.

11 대한민국의 상징에 대한 설명으로 맞지 <u>않는</u> 것은?

① 무궁화는 영원히 피고 또 피어서 지지 않는 꽃이라는 뜻을 지니고 있다.
② 애국가는 1935년 안익태가 스코틀랜드 민요의 곡조를 따 만들었다.
③ 태극기의 흰색 바탕은 밝음과 순수를 의미한다.
④ 국호인 대한민국은 편의상 대한이나 한국으로 줄여 쓸 수 있다.

12 한국의 촌수에 관한 설명으로 맞지 <u>않는</u> 것은?

① 형제자매의 관계는 2촌이다.

② 부부 사이는 1촌이다.

③ 친족 사이의 멀고 가까운 정도를 나타내는 수이다.

④ 부모와 자식 사이는 1촌이다.

13 한국의 국회와 국회의원에 대한 설명으로 옳은 것을 〈보기〉에서 모두 고르시오.

> **〈보기〉**
> ㄱ. 4년에 한 번씩 실시되는 총선거를 통해 선출된다.
> ㄴ. 고위공직자로서 나라보다 개인의 이익을 먼저 생각한다.
> ㄷ. 국회가 열리는 회기 중에는 국회의 동의가 없어도 체포될 수 있다.
> ㄹ. 재산의 변동 사항을 국민이 알 수 있도록 재산을 공개해야 한다.

① ㄱ, ㄴ   ② ㄱ, ㄹ   ③ ㄴ, ㄷ   ④ ㄷ, ㄹ

14 어린이보호구역에 대한 설명으로 옳은 것은?

① 어린이보호구역 내 주정차는 가능하다.

② 스쿨존이라고도 불리며 시속 30km 이내로 통행속도를 제한한다.

③ 만 15세 미만 어린이시설 주변 도로 중 일정구간을 보호구역으로 지정한다.

④ 어린이보호구역에서 교통사고를 일으켰을 경우 과태료를 부과한다.

15 대한민국의 명절인 단오에 대한 설명으로 맞는 것은?

① 가족이 다 같이 모여 떡국을 먹는다.
② 햇곡식으로 송편을 지어 먹는다.
③ 여성은 창포물에 머리를 감는다.
④ 귀신을 쫓는 의미로 팥죽을 쑨다.

16 대한민국의 한옥에 대한 설명으로 옳은 것은?

① 초가집은 볏짚을 엮어 지붕을 만든 집으로 과거 양반들이 주로 살던 곳이다.
② 기와집의 기와는 6개월마다 한 번씩 교체해 주어야 했다.
③ 한옥은 주로 철로 뼈대를 만들고 황토를 발라 벽을 만들었다.
④ 너와집은 지붕을 나무 조각으로 올린 집으로 산지에서 많이 지어졌다.

17 하얼빈에서 이토 히로부미를 사살하고 체포되어 순국한 독립운동가는?

① 이봉창   ② 유관순   ③ 안중근   ④ 이순신

18 대한민국의 선거제도에 대한 설명으로 맞지 <u>않는</u> 것은?

① 만 19세가 되면 누구나 투표에 참여할 수 있다.
② 누구나 한 사람당 한 표의 선거권을 가진다.
③ 선거권을 가진 국민이 직접 투표한다.
④ 누구에게 투표했는지 다른 사람이 알지 못하게 한다.

19 우리나라의 경제체제에 대한 설명으로 맞지 <u>않는</u> 것은?

① 생산 수단이 국가의 소유가 되어 국가에 의해 운영된다.

② 자신이 원하는 직업을 자유롭게 선택할 권리가 있다.

③ 사유재산이 보장되어 노동의 대가가 자신에게 돌아온다.

④ 일에 대한 동기가 높아지고 개인의 창의성이 발휘된다.

20 은행에서 거래를 할 때 반드시 본인의 이름으로 거래해야 하는 제도는?

① 금융명의제   ② 금융거래제   ③ 금융실명제   ④ 금융본인제

21 외국인의 입국 및 취업에 대한 설명으로 옳은 것은?

① 취업을 하고자 할 때 취업을 할 수 있는 체류자격을 소지해야 한다.

② 근무장소 변경이 발생할 경우 출입국에 말하지 않아도 된다.

③ 대한민국에 입국한 날부터 100일을 초과하여 체류하려는 외국인은 외국인등록을 해야 한다.

④ 여권 번호의 변경이 있을 경우 사유가 발생한 날로부터 20일 이내에 변경 신고를 해야 한다.

22 다음 중 민법의 역할로 옳은 것은?

① 어떠한 행위가 범죄인지를 규정하고, 이러한 범죄 행위에 대해 어떠한 형벌을 부과할 것인가를 규정한다.

② 서로 대등한 개인 사이에 서로의 권리에 대한 다툼이 발생했을 때 이를 해결하기 위한 기준이 된다.

③ 상거래와 기업의 법률 관계를 규율하여 상행위 시 발생하는 법적 다툼의 해결에 근거를 제공한다.

④ 국가라는 정치적 공동체의 존재 형태와 국민의 기본권 및 의무에 대한 국민적 합의를 규정하는 기본법이다.

23 〈보기〉의 내용에 해당하는 인물은?

〈보기〉
- 물의 신 화백의 딸과 천신의 아들 해모수 사이에서 태어난 아들로 여겨짐
- 알에서 태어났으며 활을 매우 잘 쏘았던 것으로 전해짐
- 열두 살의 나이로 고구려를 건국함

① 주몽   ② 온조왕   ③ 박혁거세   ④ 수로왕

24 〈보기〉의 내용과 관련이 있는 국가는?

〈보기〉
- 광개토대왕의 영토 확장
- 천리장성의 건설
- 을지문덕 장군의 살수대첩

① 고구려   ② 백제   ③ 신라   ④ 발해

25 오늘날 대한민국의 인구 문제에 대한 설명으로 맞지 <u>않는</u> 것은?

① 정부는 저출산 문제를 해결하기 위해 임신 · 출산 · 양육 지원 제도를 확대하고 있다.

② 한국은 65세 이상 노년층 비율이 높은 고령 사회에 접어들었다.

③ 여성의 평균 결혼 연령은 점점 낮아지고 있다.

④ 현재 대한민국의 출산율은 1명 미만으로 떨어졌다.

26 〈보기〉와 같은 특징을 가진 지역은?

> ┌〈보기〉─────────────────────────────────
> • 예로부터 돌과 바람, 여자가 많은 지역으로 여겨졌다.
> • 감귤과 선인장 등이 대표적인 특산품이며, 해산물도 풍부하다.
> • 우리나라에서 가장 큰 섬으로, 지역 전체가 화산 폭발로 만들어진 화산섬이다.
> └──────────────────────────────────────

① 울릉도   ② 우도   ③ 제주도   ④ 영종도

27 대한민국 헌법에 정해져 있는 국민의 기본권에 대한 설명으로 맞지 <u>않는</u> 것은?

① 평등권은 개인의 자유를 침해받지 않을 권리를 말한다.
② 사회권은 인간다운 생활을 보장받을 권리를 말한다.
③ 참정권은 정치에 참여할 수 있는 권리를 말한다.
④ 청구권은 국가에 정당한 요구를 청할 수 있는 권리를 말한다.

28 이혼 절차에 관한 내용으로 맞지 <u>않는</u> 것은?

① 배우자가 부정한 행위를 했을 경우 이혼소송을 통해 이혼할 수 있다.
② 부부 두 사람이 서로 이혼하기로 합의했을 경우 협의이혼이 가능하다.
③ 혼인 전부터 각자 소유하고 있던 재산이라도 이혼 시에는 재산 분할의 대상이 된다.
④ 이혼의 원인을 제공하고 잘못이 있는 배우자는 이혼 시 위자료를 지급해야 한다.

29 〈보기〉의 내용과 관련 있는 인물은?

┌─〈보기〉────────────────────────────────┐
│ • 군부에서 얻은 힘으로 군사정변을 일으켜 정권을 잡았다. │
│ • 유신을 선포하여 독재를 시도하였다.   │
│ • 중앙정보부장 김재규에 의해 사살당했다.   │
└──┘

① 이승만   ② 박정희   ③ 노태우   ④ 김대중

30 〈보기〉의 내용에 해당하는 교통수단은?

┌─〈보기〉──┐
│ • 2004년 4월 1일에 개통된 대한민국의 고속철도이다.   │
│ • 영업최고속도는 305km/h이며 서울에서 부산까지 3시간 이내에 운행할 수 있다. │
│ • 서울, 천안, 대전, 대구, 울산, 부산 등을 운행하며 2017년 12월 강릉에도 운행을 시 │
│   작했다.   │
└──┘

① SRT   ② ITX   ③ KTX   ④ TGV

31 대한민국의 사전투표제도에 관한 설명으로 옳은 것은?

① 선거일 기준 10일 전부터 2일간 실시된다.
② 부재자 신고를 한 후에 사전투표를 할 수 있다.
③ 유권자의 주소지가 속한 선거구에서만 투표할 수 있다.
④ 투표 시간은 오전 6시부터 오후 6시까지이다.

32 대한민국에서 실시되는 재판에 대한 설명으로 옳은 것은?

① 어떤 법률이나 국가 기관의 활동이 헌법의 뜻에 맞지 않는지를 판단하는 것은 헌법 재판이다.

② 개인과 개인 사이의 다툼을 해결하기 위한 재판은 행정 재판이다.

③ 누군가가 범죄를 저질렀는지, 그리고 그 범죄에 대해 어떤 형벌을 내릴 것인지를 판단하는 것은 민사 재판이다.

④ 국가나 지방자치단체의 활동 때문에 피해를 본 국민이 국가를 상대로 거는 재판은 선거 재판이다.

33 〈보기〉의 내용에 해당하는 문서는?

┌─〈보기〉───┐
│ • 해당 자산을 소유한 사람에게 그 자산을 사용할 것을 약속하고, 그 사용자가 이에 │
│   대한 대가를 지급하는 것을 내용으로 하는 계약서 │
│ • 일반적으로 주택이나 상가 등을 빌려주는 대가로 돈을 받을 것을 적은 문서를 말함 │
└──┘

① 임대차계약서   ② 등기부등본   ③ 혼인신고서   ④ 보험증서

34 은행에서 할 수 있는 업무로 옳지 <u>않은</u> 것은?

① 자신의 돈을 맡기고 원하는 때에 찾을 수 있다.

② 다른 나라의 돈을 우리나라의 돈으로 바꿀 수 있다.

③ 기업의 주식을 사거나 판매할 수 있다.

④ 세금이나 전기요금 등 공과금을 낼 수 있다.

35 한글을 창제하여 세상에 펴낸 것을 기념하는 날로 옳은 것은?

① 10월 9일   ② 8월 15일

③ 6월 25일   ④ 3월 1일

36 대한민국에서 취업할 때 주의해야 할 사항으로 옳지 <u>않은</u> 것은?

① 취업 시 근로계약서를 반드시 작성하고, 근로계약서 작성을 거부하는 곳에서는 일하지 않는다.

② 근로기준법은 외국인에게는 적용되지 않으므로 다른 법을 참고한다.

③ 정식으로 사업자 등록을 한 업체인지 확인한다.

④ 부당한 대우를 받았거나 어려움을 겪게 될 경우 고용노동부에 도움을 요청한다.

[37~40 : 작문형] 다음 내용을 포함하여 '<u>좋아하는 운동</u>'이라는 제목으로 200자 내로 글을 쓰시오.

※ 작문 시험 시간은 10분이며, 답안지에는 제목을 쓰지 말고 본문만 쓰시오.

- 좋아하는 운동은 무엇입니까?
- 그 운동을 좋아하게 된 이유는 무엇입니까?
- 그 운동을 가족이나 친구와 함께 한 경험이 있습니까?
- 누구에게 그 운동을 추천하고 싶습니까?

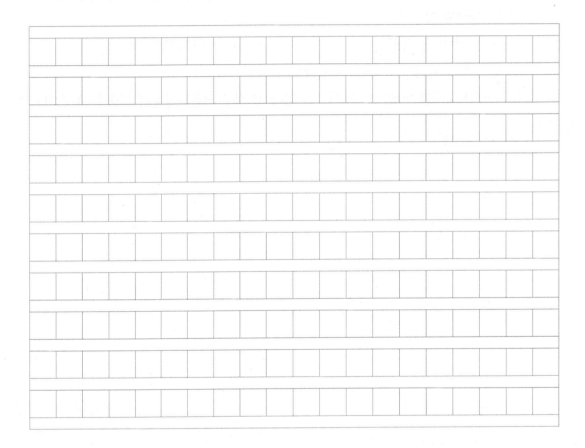

사회통합프로그램 귀화용 종합평가
구술시험 실전모의고사 1회

※ 질문 내용은 제외한 지문만 수험생에게 제공됨(질문 내용은 견본과 비슷한 유형으로 변경 가능하며 평가 감독관에게만 제공됨)

[01~03 : 구술형] 다음 글을 읽고 구술감독관의 질문에 답하여 주시기 바랍니다.

> 최근 공기업 및 일부 대기업을 중심으로 입사 지원자의 출신 학교나 성별, 어학 점수 등 소위 '스펙'이라고 하는 정보를 보지 않고 오직 업무 적합성 등을 고려하여 채용하는 이른바 '블라인드 채용'을 실시하는 곳이 늘어나고 있다. 블라인드 채용은 학벌이나 출신, 성별 등을 알 수 없는 만큼 철저히 지원자의 업무 관련 능력과 장점만을 볼 수 있어 각종 차별을 방지할 수 있는 방법이라는 장점이 있다.
>
> 그러나 제도의 허점을 파고들어 실제로는 자신의 학벌 등을 교묘히 공개하는 등 제대로 블라인드 처리가 되지 않는 경우도 많다. 그리고 소위 '스펙'이라고 하는 것도 그 사람이 긴 시간 동안 노력한 결과라고 볼 수 있으므로, 이를 무작정 무시하는 것이 과연 정말 '평등한' 것인가에 대한 논란이 계속되고 있다.

01 블라인드 채용은 무엇이고, 그 장점은 무엇인가요?

02 블라인드 채용으로 발생할 수 있는 문제는 무엇인가요?

03 ○○ 씨 고향의 취업 상황에 대해 이야기해 보세요.

04 한국의 국경일인 3·1절과 3·1운동에 대해 설명해 보세요.

05 산업재해보상보험이 무엇인지 이야기해 보세요.

사회통합프로그램 귀화용 종합평가
실전모의고사 2회

[01~03] 다음 (　　)에 가장 알맞은 것을 고르시오.

01

> 가 : 미아 씨는 부모님과 같이 살고 있나요?
> 나 : 아뇨, 전 집을 나와서 혼자 (　　)을/를 하고 있어요.

① 자취　　　　　② 합숙　　　　　③ 근무　　　　　④ 영업

02

> 그분께서는 항상 우리가 정당한 권리를 누려야 한다고 (　　　　　).

① 주장했다　　　② 망설였다　　　③ 구분했다　　　④ 대비했다

03

> 보험금을 타려면 할 일도 많고 준비할 자료도 많아서 정말 (　　　　) 과정이었다.

① 유용한　　　　② 복잡한　　　　③ 새초롬한　　　　④ 쾌활한

[04~06] 다음 대화의 (　　)에 알맞은 것을 고르시오.

04

> 가 : 근처에 불이 크게 났던데 피해는 없었나요?
> 나 : 연기 때문에 눈이 (　　　　) 앞을 볼 수가 없었어요.

① 따갑게　　　　② 따가운　　　　③ 따가워　　　　④ 따갑도록

05

> 가 : 어제 비가 많이 왔는데, 별 일은 없었죠?
> 나 : 네. 빨래를 널어 놓아서 걱정했었는데, 다행히 (　　　　　　　　) 비가 오기
> 　　　시작하더라구요.

① 빨래를 걷을 테니까　　　　　　② 빨래를 걷을 정도로

③ 빨래를 걷기가 무섭게　　　　　④ 빨래를 걷을 뿐 아니라

06

> 가 : 요즘 케이시와 매트가 부쩍 친해 보이네요.
> 나 : 몰랐는데 둘이 같은 도시 (　　　　　　　　). 저도 우연히 듣고 알게 됐어요.

① 출신일까요　　　　　　　　　② 출신일걸요

③ 출신이래요　　　　　　　　　④ 출신일 뻔했어요

[07~08] 다음을 한 문장으로 알맞게 연결한 것을 고르시오.

07

> 이번 등산 코스는 매우 가파르다 / 위험한 구간도 많다.

① 이번 등산 코스는 매우 가파를까 봐 위험한 구간도 많다.

② 이번 등산 코스는 매우 가파른 김에 위험한 구간도 많았다.

③ 이번 등산 코스는 매우 가파르기가 무섭게 위험한 구간도 많았다.

④ 이번 등산 코스는 매우 가파른 데다 위험한 구간도 많다.

08

날씨가 춥다 / 한강에 놀러가다

① 날씨가 추웠기 때문에 놀러 가라고 했다.

② 날씨가 추울텐데 놀러 가게 했다.

③ 날씨가 추워서 한강에 놀러 가기는 틀렸다.

④ 날씨가 추웠던 한강에 놀러 갈지도 모른다.

09 이 글에서 설명한 민영주택의 주택청약 1순위에 해당하는 사람은?

민영주택을 청약받기 위한 자격요건은 다음과 같다.

청약순위	청약통장 (입주자저축)	순위별 조건	
		청약통장 가입기간	납입금
1순위	주택청약 종합저축	• 투기과열지구 및 청약과열지역 : 가입 후 2년이 경과한 분	납입인정금액이 지역별 예치금액 이상인 분
	청약예금	• 위축지역 : 가입 후 1개월이 경과한 분 • 투기과열지구 및 청약과열지역, 위축지역 외	
	청약부금 (85m^2 이하만 청약 가능)	– 수도권 지역 : 가입 후 1년이 경과한 분(다만, 필요 한 경우 시·도지사가 24개월까지 연장 가능) – 수도권 외 지역 : 가입 후 6개월이 경과한 분(다만, 필요한 경우 시·도지사가 12개월까지 연장 가능)	매월 약정납입일에 납입한 납입인정 금액이 지역별 예치금액 이상인 분
2순위	1순위에 해당하지 않는 분(청약통장 가입자만 청약 가능)		

① 투기과열지구에서 청약통장의 가입 기간이 12개월인 사람

② 위축지역에서 청약통장의 가입 기간이 6개월인 사람

③ 투기과열지구, 청약과열지구, 위축지역이 아닌 수도권 외 지역에서 청약통장
   의 가입 기간이 3개월인 사람

④ 투기과열지구, 청약과열지구, 위축지역이 아닌 수도권에서 청약통장의 가입
   기간이 10개월인 사람

10 다음 글의 내용과 같은 것을 고르시오.

우리나라 맥주는 세계적으로 많은 양이 수출되는 반면, 맛이 없는 맥주로 유명했다. 그 이유 중 하나가 세금 체계 때문이었는데, 올해 세금 체계가 바뀌면서 더 다양하고 맛 좋은 맥주가 만들어질 것으로 기대되고 있다.

맥주에 매겨지던 기존 방식의 세금은 맥주를 만드는 데 들어가는 원가에 세금이 매겨지는 방식이었다. 이 때문에 비싼 재료를 사용할수록 세금을 더 많이 내야 했고, 많은 양을 한번에 구매해 원재료를 싸게 구입할 수 있는 대규모 공장보다 소규모 양조장의 세금이 더 높을 수밖에 없었다. 유럽이나 미국 등과 달리 소규모의 양조장이 나타나기 힘들었던 이유이기도 하다.

그러나 이번에 변경되는 방식은 맥주의 원가와 상관없이 실제 생산되는 맥주의 양에 세금이 부여되는 방식이다. 이러한 방식에서는 소규모로 맥주를 생산하는 수제 맥주에 매겨지는 세금이 더 적어지고, 이에 따라 수제 맥주의 가격이 더 저렴해질 수 있게 된다. 이에 따라 소비자들은 더 저렴한 가격에, 다양하고 맛있는 맥주를 만날 수 있게 될 것이다.

① 기존 방식에서는 소규모 양조장이 부담해야 하는 세금이 더 낮았다.
② 기존 방식에서는 가격이 싼 재료를 쓸수록 세금을 더 적게 냈다.
③ 변경된 방식에서는 원재료의 가격에 따라 내야 하는 세금이 달라진다.
④ 변경된 방식은 대규모로 맥주를 생산하는 공장에 더 유리하다.

11 애국가에 등장하는 사물이 아닌 것은?

① 밝은 달　　　② 백두산　　　③ 한강　　　④ 가을 하늘

12 오늘날 한국의 가족 문화에 대한 설명으로 맞지 않는 것은?

① 부모와 미혼 자녀가 함께 사는 핵가족의 형태가 다수이다.
② 자녀는 1~2명만 낳거나, 아예 낳지 않는 경우도 많다.
③ 아이는 성년이 되면 즉시 부모로부터 독립하는 성향이 있다.
④ 결혼 후에 부모님을 모시고 살지 않는 자녀가 많아졌다.

13 대한민국의 국민건강보험제도에 대한 설명으로 옳은 것을 〈보기〉에서 고른 것은?

〈보기〉

ㄱ. 국민건강보험제도는 법적인 문제가 없다면 본인의 의사에 따라 누구든지 가입할 수 있다.

ㄴ. 직장가입자의 경우 국민건강보험료는 근로자가 50%를, 사업주가 50%를 부담한다.

ㄷ. 사립학교에 근로하는 교직원은 직장가입자가 될 수 없다.

ㄹ. 업무나 일상생활에 지장이 없는 질환에 대한 치료 등은 국민건강보험제도의 적용을 받지 않을 수 있다.

① ㄱ, ㄴ   ② ㄴ, ㄷ   ③ ㄴ, ㄹ   ④ ㄷ, ㄹ

14 대한민국의 고등학교에 관한 설명으로 맞지 <u>않는</u> 것은?

① 대한민국의 모든 지역에서 일반고등학교 선발은 선발고사를 통해 이루어진다.

② 과학고등학교, 외국어고등학교, 예술고등학교, 체육고등학교 등은 특수목적 고등학교에 해당한다.

③ 외국에서 학교를 다닌 경우 외국에서 9년 이상 또는 중학교에 해당하는 학교 교육과정을 마쳐야 고등학교에 입학할 수 있다.

④ 특성화고등학교와 같이 전기에 선발하는 학교에 합격한 학생은 후기에 선발하는 일반고등학교 등에 지원할 수 없다.

15 대한민국의 민속놀이에 대한 설명으로 맞지 <u>않는</u> 것은?

① 줄다리기는 그 해의 풍년을 비는 의미가 있는 민속놀이이다.

② 강강술래는 한가위에 행해지는 민속놀이이다.

③ 투호는 화살을 통에 던져 넣는 놀이로 궁궐에서도 행해졌다.

④ 쥐불놀이는 종이가 너풀거리는 쇠붙이 등을 발로 차는 놀이이다.

16 〈보기〉의 전통 한복에 대한 설명으로 옳은 것은?

> **〈보기〉**
> • 조선시대에 바지와 저고리 위에 걸친 우리나라 고유의 겉옷이다.
> • 옷자락은 무릎까지 내려오고, 소매 · 무 · 섶 · 깃 등으로 이루어져 있다.

① '두루 막혔다'는 뜻에서 이름이 지어졌다.

② 모양이 저고리와 비슷하며, 길이도 저고리보다 1cm 정도 길다.

③ 한복의 가장 기본적인 상의로 그 길이가 점차 짧아지는 경향을 보였다.

④ 배자를 대신하여 입는 옷으로 주머니가 있어 소지품을 편히 간수하게 했다.

17 6 · 25 전쟁에 대한 설명으로 맞지 <u>않는</u> 것은?

① 1950년 6월 25일, 북한의 침략으로 전쟁이 발발하였다.

② 맥아더 장군의 인천상륙작전으로 서울을 탈환하였다.

③ 서울 탈환 후 중공군의 개입으로 1 · 4 후퇴를 하였다.

④ 치열한 전투 끝에 1953년 7월 27일 종전 협정을 체결하였다.

18 대한민국의 지방자치제도에 대한 설명으로 옳은 것은?

① 지방자치단체는 크게 수도권지방자치단체와 지역별지방자치단체로 구분한다.

② 지방자치단체 의회의 임원은 지방자치단체의 장이 임명한다.

③ 지방자치단체장의 임기는 4년이며, 지방선거를 통해 국민이 직접 선출한다.

④ 외국인은 영주권을 얻었더라도 지방선거에 참여할 수 없다.

19 〈보기〉의 산업에 대한 설명으로 옳은 것은?

> ┌〈보기〉─────────────────────────
> • 우리나라는 1970∼1980년대에 집중적으로 투자하여 크게 발달하였다.
> • 제조업 내에서도 매우 높은 비중을 차지하고 있다.
> └─────────────────────────────

① 경제개발계획을 통해 가장 먼저 발달한 공업이다.

② 예로부터 우리나라에서 가장 중시되던 산업이다.

③ 배, 자동차, 철강, 기계 등이 대표적인 상품이다.

④ 반도체, 생명공학 등 우리나라가 좋은 성과를 내고 있는 산업 분야이다.

20 다음 중 시중은행이 하는 역할이 <u>아닌</u> 것은?

① 외화를 관리하고 외화의 거래가 안정적으로 이루어지도록 관리·조절한다.

② 일반 시민들을 대상으로 대출을 해 준다.

③ 다양한 금융 상품을 만들어 시민들에게 판매한다.

④ 기업에 필요한 자금을 대출해 준다.

21 외국인등록을 한 외국인이 체류지를 변경하였을 경우 그 변경일로부터 며칠 내에 체류지 변경의 신고를 하여야 하는가?

① 5일 　　　　　 ② 10일 　　　　　 ③ 15일 　　　　　 ④ 30일

22 〈보기〉의 내용과 관계 있는 것은?

〈보기〉
• 범죄 사실을 밝히고 범죄를 저질렀음이 인정될 경우 그에 대한 형벌을 부과하는 법적 판단의 표시이다.
• 경찰의 수사 결과에 따라 검찰이 소송을 제기하여 열리는 재판이다.

① 민사재판　　② 헌법재판　　③ 행정소송　　④ 형사재판

23 〈보기〉의 내용에 해당하는 인물은?

〈보기〉
• 조선의 제3대 왕이다.
• 두 차례의 '왕자의 난'을 통해 경쟁자들을 모두 제거하였다.
• 조선 건국 과정에서 고려의 충신이었던 정몽주를 살해하였다.

① 이성계　　② 이도　　③ 이방원　　④ 이지란

24 〈보기〉의 내용에 해당하는 국가에 대한 설명으로 옳은 것은?

〈보기〉
• 한반도의 다른 국가들을 점령하여 한반도를 통일하였다.
• 인재의 양성을 목적으로 한 화랑도라는 청소년 수련 단체를 운영하였다.
• 현존하는 세계에서 가장 오래된 천문대인 첨성대를 지었다.

① 한강 유역에 자리를 잡아 삼국 중 가장 먼저 발달하였다.
② 출신에 따라 사회적인 제약이 가해지는 신분제인 골품제가 있었다.
③ 삼국 중 일본에 문화적으로 가장 많은 영향을 미쳤다.
④ 북진정책을 통해 만주와 요동 지방까지 영토를 넓혔다.

25 인구의 도시 집중으로 인한 문제점으로 맞지 <u>않는</u> 것은?

① 주택의 가격이 크게 올랐다.

② 주차 공간이 부족해졌다.

③ 대중교통 노선이 단순화되었다.

④ 교통체증 등 교통 문제가 심각해졌다.

26 대한민국의 지형적 특징으로 맞지 <u>않는</u> 것은?

① 남서쪽에는 큰 강과 함께 높은 산지가 펼쳐져 있다.

② 전 국토의 70%가 산지로 이루어져 있다.

③ 삼면이 바다로 둘러싸여 있다.

④ 남해안에는 수많은 섬들이 모여 있다.

27 다음 대한민국 헌법의 전문 일부에서 빈칸 ㉠과 ㉡에 들어갈 말로 옳은 것은?

> 유구한 역사와 전통에 빛나는 우리 대한국민은 3·1운동으로 건립된 (㉠)의 법통과 불의에 항거한 (㉡)민주이념을 계승한다.

① ㉠ 대한제국 ㉡ 5·18 　　② ㉠ 대한민국임시정부 ㉡ 4·19

③ ㉠ 조선 ㉡ 6월 민주항쟁 　　④ ㉠ 대한민국정부 ㉡ 부마 항쟁

28 물건을 구매하는 과정에서 부당한 대우를 받거나 정상적이지 않은 물건을 받은 경우 도움을 요청할 수 있는 기관은?

① 국가인권위원회 　　　② 한국소비자원

③ 국민권익위원회 　　　④ 공정거래위원회

29 6 · 25 전쟁 중 서울을 탈환하였으나 중공군의 개입으로 다시 서울을 빼앗긴 사건은?

① 9 · 28 서울 수복　　　　　　② 장진호 전투
③ 흥남 철수　　　　　　　　　④ 1 · 4 후퇴

30 대한민국의 인터넷 발전과 관련된 설명으로 옳지 <u>않은</u> 것은?

① 대한민국은 세계 최고 수준의 인터넷 보급률과 평균 속도를 자랑한다.
② 전자정부 서비스를 통해 인터넷으로 각종 증명서를 발급받을 수 있다.
③ 인터넷을 통한 동영상 강의 등이 활발하게 이용되고 있다.
④ 아무런 검열 없이 전 세계 모든 인터넷 사이트에 접속할 수 있다.

31 대한민국의 권력 분립에 대한 설명으로 옳지 <u>않은</u> 것은?

① 행정부는 국회에서 정한 법률안을 거부할 수 있다.
② 법원은 국회에서 만든 법률이 헌법에 위배되는지를 헌법재판소에 물어볼 수 있다.
③ 대법원장은 국민이 직접 투표를 통해 선출한다.
④ 대통령은 의회를 해산할 수 없다.

32 한국에서 인척에 해당하는 사람을 〈보기〉 중 모두 고른 것은?

┌─〈보기〉─────────────────────────────────┐
│ ㄱ. 부모　　　　ㄴ. 처제　　　　ㄷ. 외조부모　　　　ㄹ. 장인어른 │
└─────────────────────────────────────┘

① ㄱ, ㄷ　　　　　　　　② ㄴ, ㄷ
③ ㄷ, ㄹ　　　　　　　　④ ㄴ, ㄹ

33 대한민국의 법 관련 기관 중 법무부에서 하는 일에 해당하는 것은?

① 국내의 치안을 유지하고 교통 단속 등의 업무를 한다.
② 법률을 제정하고 행정부를 견제한다.
③ 국내에 체류하는 외국인들을 보호하고 관리한다.
④ 헌법에 관련된 분쟁을 해결한다.

34 예금자보호법에 따라 금융기관별로 1인당 보호해 주는 금액은?

① 2,000만 원   ② 3,000만 원   ③ 4,000만 원   ④ 5,000만 원

35 대한민국의 교육에 대한 설명으로 옳지 <u>않은</u> 것은?

① 높은 교육열로 과도한 사교육이 사회적 문제가 되고 있다.
② 고등학교 1학년까지 입학금, 학교운영지원비 등을 국가가 전액 지원한다.
③ 조기유학, 기러기아빠 등도 과도한 입시 경쟁으로 인한 사회적 문제이다.
④ 대한민국 수험생들의 힘든 입시 생활을 가리켜 '입시 지옥'이라고도 한다.

36 대한민국에서 형사 사건의 피의자가 되었을 때 보장되는 권리로 옳지 <u>않은</u> 것은?

① 피의자를 체포할 경우 피의자에게 어떤 권리가 있는지를 미리 알려주어야 한다.
② 피의자는 변호인을 선임하여 그 조력을 받을 권리가 있다.
③ 피의자를 구속하려면 적법한 절차에 의해 법관이 발부한 영장을 제시해야 한다.
④ 폭행이나 고문, 협박 등으로 얻어낸 진술도 유죄의 증거가 될 수 있다.

[37~40 : 작문형] 다음 내용을 포함하여 '한국의 음식 문화'라는 제목으로 200자 내로 글을 쓰시오.

※ 작문 시험 시간은 10분이며, 답안지에는 제목을 쓰지 말고 본문만 쓰시오.

- 한국의 음식 문화 중 기억에 남는 것이 있습니까?
- 그 음식 문화를 어디서 느껴 보았습니까?
- 그것이 기억에 남는 이유는 무엇입니까?
- 고향만의 독특한 음식 문화가 있다면 무엇입니까?

사회통합프로그램 귀화용 종합평가
구술시험 실전모의고사 2회

※ 질문 내용은 제외한 지문만 수험생에게 제공됨(질문 내용은 견본과 비슷한 유형으로 변경 가능하며 평가 감독관에게만 제공됨)

[01~03 : 구술형] 다음 글을 읽고 구술면접관의 질문에 답하여 주시기 바랍니다.

> 합계출산율이란 한 국가나 사회의 출산율을 나타내는 지표의 한 종류로, '한 여성이 평생 동안 낳을 것으로 예상되는 아이의 수'라고 정의된다. 국가별 출산율의 비교나 한 사회의 인구 수 변화 예측을 위한 기본 자료로 사용된다. 일반적으로 15세부터 49세까지의 여성을 대상으로 조사한다.
>
> 합계출산율이 높을수록 그 사회의 인구수는 증가하게 되고, 반대로 낮으면 인구수가 감소할 수 있다. 일반적으로 한 국가나 사회가 현재의 인구 규모를 유지할 수 있는 합계출산율은 약 2.1명으로 본다. 오늘날 국가별 합계출산율의 특징을 보면, 선진국 및 동유럽권 국가들의 경우 저출산 현상으로 인해 그 수치가 매우 낮게 나타나며, 개발도상국들의 경우 상대적으로 높게 나타난다.
>
> 한국의 경우 현대에 들어와 급격한 사회 변화에 따라 인구도 빠른 변화를 겪어 왔다. 한국의 합계출산율은 1960년대 산업화 시기에는 5~6명으로 매우 높았으며, 이후 빠른 인구 증가에 대비하여 산아제한 등 인구억제정책을 펼쳤던 바 있다. 그러나 1980년에는 2.9명, 1990년에는 1.6명으로 떨어졌으며, 2000년 1.5명, 2010년 1.2명, 2021년에는 0.81명으로 세계 최저 수준을 기록하고 있어, 향후 인구 감소가 예상된다.

01 합계출산율이란 무엇인가요?

02 국가별 합계출산율의 특징은 어떤 것이 있나요?

03 ○○ 씨 고향의 출산율에 대한 특징을 이야기해 보세요.

04 한국의 명절인 동지의 의미와 풍습에 대해 설명해 보세요.

05 한국의 지방선거에 대해 이야기해 보세요.

사회통합프로그램 귀화용 종합평가
실전모의고사 3회

[01~03] 다음 (   )에 가장 알맞은 것을 고르시오.

01

> 가 : 저희 강아지에게 화장실 사용법을 가르치고 있어요.
> 나 : 그렇군요. 강아지 (   )이/가 쉬운 일이 아닌데, 고생이 많으세요.

① 분양　　　　　② 훈련　　　　　③ 놀이　　　　　④ 간호

02

> 나는 한국에 있는 외국인 학생들에게 영어를 (   ).

① 지시한다　　　② 가르친다　　　③ 가리킨다　　　④ 치료한다

03

> 그는 이쪽 분야에는 (   ) 사람이어서 하나부터 열까지 내가 전부 알려주어
> 야 했다.

① 유능한　　　　② 수월한　　　　③ 무지한　　　　④ 감개무량한

[04~06] 다음 대화의 (   )에 알맞은 것을 고르시오.

04

> 가 : 너는 이상형이 어떻게 되니?
> 나 : 나는 아무리 (   ) 마음이 곱지 않으면 별로야.

① 예쁘지만　　　② 예뻐도　　　　③ 예쁠수록　　　④ 예쁜데

05

가 : 링링 씨, 오늘은 평소보다 늦게 오셨네요?

나 : 집에서 평소처럼 출발했는데 타고 오던 지하철이 (   ) 버스로 갈
     아타서 오느라 늦어졌어요.

① 고장 날 겸   ② 고장 나는 바람에

③ 고장 나든지 말든지   ④ 고장 나는데도

06

가 : 사무실이 좀 쌀쌀하지 않아요? 저는 감기에 걸릴 것 같아요.

나 : 우리 사무실이 (   )? 저는 선풍기까지 틀어 놓고 있는걸요?

① 추울래요   ② 춥잖아요   ③ 춥다면서요   ④ 춥다니요

[07~08] 다음을 한 문장으로 알맞게 연결한 것을 고르시오.

07

내일 아침쯤이면 연락이 올 것이다 / 조금만 참고 기다리다

① 내일 아침쯤이면 연락이 올 정도로 조금만 참고 기다렸어요.

② 내일 아침쯤이면 연락이 올 테니까 조금만 참고 기다리자.

③ 내일 아침쯤이면 연락이 오는 바람에 조금만 참고 기다렸어요.

④ 내일 아침쯤이면 연락이 오기 위해 조금만 참고 기다려요.

08

배가 고프다 / 음식을 시켜먹다

① 배가 고픈데 음식을 시켜 먹으려야 먹을 수 없었다.

② 배가 고프니 음식을 시켜먹을 수밖에 없다.

③ 배가 고프자 음식을 시켜 먹은 셈이다.

④ 배가 고팠는지 음식을 시켜 먹을 리가 없다.

09 이 회사의 좋은 점이 <u>아닌</u> 것은?

환승을 하지 않고 출퇴근할 수 있다.	✓
회사 근처에 편의시설(편의점, 병원)이 있다.	
햇빛이 잘 들어온다.	✓
회사 구내식당이 있다.	
회사 주변 환경(CCTV, 엘리베이터)이 안전하고 깨끗하다.	✓
회사 내 탕비실에 간식이 구비되어 있다.	✓
회사 내 커피머신이 있다.	

① 교통이 좋다.

② 회사 안이 밝다.

③ 회사에 CCTV가 설치되어 있다.

④ 회사 안에 식당이 있다.

10 다음 글이 무엇에 대한 이야기인지 고르시오.

> 최근 많은 지자체에서 '도심 속 텃밭'을 운영하고 있다. 퇴직한 사람이나 아이가 있는 부부 사이에서 특히 인기를 끌고 있다는 도심 속 텃밭의 인기 요인은 무엇일까?
>
> 실제 도심 속 텃밭을 가꾸는 사람들은 마음의 평안을 얻을 수 있다는 것이 장점이라고 이야기했다. 간단한 소일거리를 하며 안정감을 얻는다는 것이다. 아이가 있는 부부들은 아이가 직접 채소를 키우는 것이 정서 발달에도 도움이 되고, 자연의 소중함도 배울 수 있어 교육적으로도 좋은 것 같다고 말했다.

① 마음의 평안을 얻기 위한 다양한 방법
② 도심 속 텃밭의 교육적 효과
③ 지자체의 도심 속 텃밭 운영 현황
④ 도심 속 텃밭이 유행하는 이유

11 '국기에 대한 맹세'에 대한 설명으로 맞지 않는 것은?

① 왼손을 펴서 오른쪽 가슴에 대고 맹세를 한다.
② 모자를 쓴 경우 모자를 벗어 가슴에 대야 한다.
③ 맹세를 할 때 눈을 꼭 감을 필요는 없다.
④ 정식으로 맹세를 할 때는 맹세문을 낭독한다.

12 대한민국에서 늘어나고 있는 가족의 형태가 아닌 것은?

① 자식이 부모와 조부모를 모시고 함께 사는 가족
② 부부 모두 일을 하여 돈을 벌어 오는 가족
③ 배우자나 자녀 없이 혼자 사는 가족
④ 자녀 없이 부부만 사는 가족

13 대한민국의 장기요양인정에 대한 설명으로 옳지 <u>않은</u> 것은?

① 장기요양인정의 유효기간은 최소 2년이다.
② 장기요양인정을 신청하는 사람은 서류를 준비하여 시 · 군 · 구청에 제출한다.
③ 장기요양보험가입자 또는 그 피부양자는 신청할 수 있다.
④ 장기요양급여를 받으려면 장기요양인정을 신청하여 장기요양등급을 받아야 한다.

14 대한민국의 초등학교 교육에 관한 설명으로 맞지 <u>않는</u> 것은?

① 대한민국의 초등학교 과정은 6년이다.
② 대한민국의 초등교육은 의무교육이며 무상교육이다.
③ 부모가 자녀를 초등학교에 보내지 않을 경우 과태료가 부과될 수 있다.
④ 아이들은 만 8세부터 초등학교에 다닐 수 있다.

15 대한민국의 동지에 대한 설명으로 맞는 것은?

① 일 년 중 낮이 가장 길고 밤이 가장 짧은 날이다.
② 민간에서는 작은설이라 하며 '동지를 지나야 한 살 더 먹는다'고 여겼다.
③ 노란 호박으로 죽을 쑤어 대문이나 문 근처의 벽에 뿌렸다.
④ 민속놀이로 그네뛰기 등을 하였다.

16 한국의 전통 난방 방식인 온돌에 대한 설명으로 맞지 <u>않는</u> 것은?

① 아궁이에서 땐 불의 열기가 방바닥을 지나가도록 하는 난방 방식이다.
② 하나의 불로 요리와 난방을 동시에 할 수 있었다.
③ 구들을 데우는 데 필요한 시간이 짧아 경제적이었다.
④ 한국인의 좌식 생활을 하게 하는 데 큰 영향을 미쳤다.

17 부정선거를 자행한 이승만 대통령과 독재정권을 타도하기 위하여 학생들이 중심이 되어 일으킨 민주주의 운동은?

① 5 · 18 민주화운동   ② 4 · 19 혁명

③ 6월 민주항쟁   ④ 3 · 1운동

18 대한민국의 정치 체계에 대한 설명으로 맞지 <u>않는</u> 것은?

① 대한민국 행정부의 최고 대표자는 5년의 임기를 가진다.

② 대한민국의 정치 체제는 의원내각제이다.

③ 국무총리는 행정부의 2인자로 행정부 전체의 업무를 총괄한다.

④ 행정부의 최고 대표자는 외국과 조약을 체결할 수 있다.

19 대한민국의 경제 성장 과정에 대한 설명으로 옳은 것은?

① 6 · 25 전쟁 직후에는 중국의 원조를 받아 경제를 성장시켰다.

② 1950~1990년대 한국의 급격한 성장을 일컬어 '서울의 기적'이라고도 한다.

③ 대한민국의 경제 규모는 세계 13위권 이내의 수준이다.

④ 2008년 외환 위기로 인해 IMF에 구제 금융을 신청하였다.

20 다음과 관계가 있는 금융 상품은?

> 같은 종류의 사고를 당할 위험이 많은 사람들이 함께 돈을 모아 공동의 준비 재산을 만들고, 사고를 당한 사람이 이 공동 재산으로부터 금전적인 보상을 받도록 하는 상품

① 정기예금   ② 정기적금   ③ 보통예금   ④ 보험

21 대한민국에 체류하는 외국인이 가지는 권리에 대한 설명으로 옳은 것은?

① 외국인은 국민건강보험에 가입할 수 없다.

② 외국인은 대한민국의 대통령 선거에 참여할 수 없다.

③ 난민으로 인정되었던 외국인의 난민 인정이 취소될 경우 이의를 신청할 수 없다.

④ 외국투자가는 대한민국 국민 또는 기업에 적용되는 조세 감면 규정의 적용을 받지 않는다.

22 대한민국의 사법기관에 대한 설명으로 맞지 <u>않는</u> 것은?

① 대법원에서는 헌법과 관련된 분쟁이 발생했을 때 이에 대한 재판을 진행한다.

② 하나의 사건에 대해 세 번까지 재판을 받을 수 있는 3심제도를 운영하고 있다.

③ 일반적으로 1심 재판은 지방법원에서 이루어진다.

④ 아동보호사건, 소년보호사건 등은 가정법원에서 전문적으로 다룬다.

23 〈보기〉의 내용에 해당하는 인물은?

> ┌〈보기〉─────────────────────
> • 본래 노비의 신분이었으나 재능을 인정받아 종3품의 관직에 올랐다.
> • 세종대왕을 도와 다양한 발명품들을 만들었다.
> • 대표적인 발명품으로는 조선 최초의 물시계인 자격루, 천체의 운행을 관측하는 혼천의 등이 있다.

① 문익점　　　　② 정약용　　　　③ 장보고　　　　④ 장영실

24 조선시대 나라를 다스리는 기본이 되는 법률로서 관리 조직, 재정, 교육 및 외교, 국방, 형법, 국토 등 생활 전반에 대한 규정을 담고 있는 조선 최고의 법전은?

① 경국대전　　　② 징비록　　　③ 목민심서　　　④ 육전조례

25 수도권에 있는 관공서나 공기업 등을 지방으로 이전함으로써 얻을 수 있는 효과가 아닌 것은?

① 수도권에 집중된 인구를 분산시킬 수 있다.
② 수도권의 교통을 더욱 발달시킬 수 있다.
③ 지방 사람들에게 양질의 일자리를 제공한다.
④ 해당 지역의 경제를 활성화시킨다.

26 〈보기〉의 관광지가 있는 지역의 특징으로 옳은 것은?

〈보기〉
• 정동진　　　　• 설악산　　　　• 무릉계곡
• 대관령 목장　　• 통일전망대　　• 낙산사

① 우리나라 최대의 곡창 지대로 넓은 평야가 발달해 있다.
② 동쪽의 태백산맥을 중심으로 영동지방과 영서지방으로 구분된다.
③ 유네스코 세계유산에 선정된 하회 마을이 위치해 있다.
④ 백제의 역사 유적이 많아 일부 지역은 백제 문화권으로 지정되어 있다.

27 대한민국 헌법에서 규정하고 있는 사항으로 옳지 <u>않은</u> 것은?

① 두 개 이상의 정당이 정치활동을 할 수 있도록 보장한다.

② 체포나 구속을 당했을 때는 즉시 변호인의 조력을 받을 수 있다.

③ 형사 사건의 피고인은 국민은 무죄의 판결이 확정되기 전까지는 유죄로 추정된다.

④ 출판물을 통해 타인의 권리를 침해할 경우 이에 대한 피해보상을 요구받을 수 있다.

28 학교폭력과 이를 방지하기 위한 방법에 대한 설명으로 맞지 <u>않는</u> 것은?

① 학교폭력은 학교의 안팎에서 폭행이나 감금 등 신체적인 폭력을 가하는 행위만을 말한다.

② 학교폭력의 현장을 보게 된 사람은 학교 등 관계 기관에 이를 즉시 신고해야 한다.

③ 학교폭력으로 인해 손해가 발생한 경우 민사소송을 청구할 수 있다.

④ 학교의 장은 학교폭력의 예방을 위한 교육을 학기별로 1회 이상 실시해야 한다.

29 1945년 대한민국 광복 이후의 상황과 사건에 대한 설명으로 옳은 것은?

① 1950년 6월 25일 북한이 기습적으로 남한을 침공하였다.

② 광복 직후 38선을 기준으로 북쪽은 미국이, 남쪽은 소련이 관리하게 되었다.

③ 미군정은 일제에 협조하였던 친일파들을 모두 숙청하였다.

④ 전쟁 발발 직후 남한은 북한을 밀어붙여 압록강 근처까지 진출하였다.

30 대한민국의 우체국에 대한 설명으로 옳지 <u>않은</u> 것은?

① 우체국에서 등기로 우편을 보내는 경우 위치를 정확하게 알 수 있다.
② 우체국에서 분실의 우려 때문에 현금을 직접 배달하지 않는다.
③ 우체국에서 우편말고도 예금, 보험 분야도 이용할 수 있다.
④ 우체국 창구에서 우편 서비스는 주말, 공휴일에는 이용할 수 없다.

31 대한민국의 행정부에 대한 설명으로 옳은 것은?

① 국무회의는 행정부의 정책을 심사하고 의논하는 심의 기관이다.
② 행정부의 최고 책임자는 국무총리이다.
③ 행정부의 주요 역할은 국민을 위한 법을 만들고 고치는 것이다.
④ 행정 각부는 청장이 최고 책임자로서 정책을 펼친다.

32 대한민국의 행정부 수장인 대통령의 권한이 <u>아닌</u> 것은?

① 중요한 결정을 내리기 위해 국민투표를 실시할 수 있다.
② 대법원장, 대법관 등 사법부의 임원 일부를 임명한다.
③ 한 해 국가가 사용할 예산을 검토하고, 행정 각부에 대한 국정감사를 한다.
④ 나라를 대표해 외교 활동을 하고, 국군을 통솔한다.

33 대한민국의 법제도와 관련하여 옳은 것은?

① 만 14세 이상이라면 미성년자도 단독으로 근로계약을 맺을 수 있다.
② 청소년보호법은 만 19세 미만의 청소년을 보호하기 위한 법이다.
③ 만 10세 이상이 되면 범죄에 대하여 형사 처벌을 받게 된다.
④ 대한민국은 법률상 사형제도가 완전히 폐지된 나라이다.

34 대한민국의 경제 성장에 관한 설명으로 옳지 <u>않은</u> 것은?

① 6 · 25 전쟁 직후 생산 시설이 모두 파괴되어 1인당 국민소득이 60달러 수준이었다.

② 2008년 세계 금융위기 당시 금모으기 운동을 통해 위기를 극복하였다.

③ 현재 대한민국의 1인당 국민소득은 3만 달러를 돌파하였다.

④ IMF 금융위기 국내 경제가 외국 자본에 상당 부분 개방되었다.

35 〈보기〉의 내용과 관련 있는 기관은?

┌─〈보기〉─────────────────────────────────────
│ • 납세자가 자신의 납세의무를 제대로 이행할 수 있도록 안내하고 도와준다.
│ • 불성실 납세자를 선정하고 조사하며, 세금을 납부하지 않은 사람에 대한 세금을 강제로 징수한다.
└──

① 관세청　　　　② 조달청　　　　③ 국세청　　　　④ 통계청

36 대한민국의 음주운전 관련 처벌 규정으로 <u>틀린</u> 것은?

① 혈중알코올농도가 0.2% 이상일 경우 2~5년 이하의 징역형을 처벌받을 수 있다.

② 음주 측정을 거부할 경우 500만 원~2,000만 원 이하의 벌금이 부과될 수 있다.

③ 면허가 취소되는 혈중알코올농도 기준은 0.2% 이상이다.

④ 음주운전에 한 번 적발될 경우 2년 동안 보험료가 10% 할증된다.

[37~40 : 작문형] 다음 내용을 포함하여 '<u>내가 좋아하는 차</u>'라는 제목으로 200자 내로 글을 쓰시오.

※ 작문 시험 시간은 10분이며, 답안지에는 제목을 쓰지 말고 본문만 쓰시오.

- 한국의 전통차를 마셔 본 적이 있습니까?
- 전통차의 맛이 어땠습니까?
- 평소 자주 마시는 차는 무엇입니까?
- 고향의 전통차는 어떤 것이 있습니까?

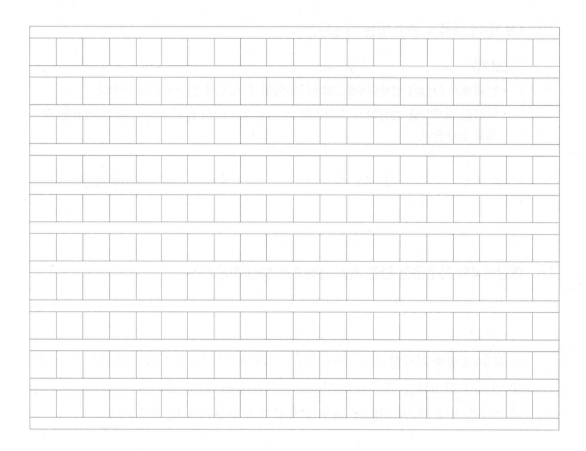

사회통합프로그램 귀화용 종합평가

구술시험 실전모의고사 3회

※ 질문 내용은 제외한 지문만 수험생에게 제공됨(질문 내용은 견본과 비슷한 유형으로 변경 가능하며 평가 감독관에게만 제공됨)

[01~03 : 구술형] 다음 글을 읽고 구술감독관의 질문에 답하여 주시기 바랍니다.

> 애완견들과 관련된 사고가 늘어나면서, 정부가 애완견의 목줄과 입마개에 대한 안전관리 대책을 발표했다. 여기에는 도사견, 아메리칸 핏불테리어 등 8개 종의 애완견을 맹견으로 분류하여, 외출 시 입마개를 의무적으로 착용하는 내용이 포함되어 있다. 이 외에 공공장소에서 목줄 길이를 2m 이내로 제한하고, 사람을 공격한 애완견에 대해서는 안락사 등을 실시할 수 있는 근거도 만들었다.
>
> 다만 실제 단속이 제대로 이루어지지 않는 데다, 애완견 주인들의 인식 개선이 이루어지지 않아 여전히 위험이 남아 있다는 의견들도 나오고 있다. 전문가들은 "우리 개는 안 물어요" 같은 말로 가볍게 여길 것이 아니라, 모두 함께 살아갈 수 있도록 조금 불편하더라도 규칙을 지키는 자세를 가져 줄 것을 부탁하고 있다.

01 새롭게 발표된 애완견 안전관리 대책의 내용은 무엇인가요?

02 이번 애완견 안전관리 대책에도 위험이 남아 있다고 보는 이유는 무엇인가요?

03 ○○ 씨 고향에서는 애완견을 기르기 위해 어떤 준비를 해야 하나요?

04 한국의 위인인 이순신 장군에 대해 이야기해 보세요.

05 대한민국의 입법부에 대해 설명해 보세요.

[01~03] 다음 (   )에 가장 알맞은 것을 고르시오.

01

> 가 : 전 요즘 인터넷에서 중고로 물건을 사고파는데 정말 좋아요.
> 나 : 저도 한번 해 보고 싶은데, 아직은 인터넷 (   )에 대한 불안감이 있어요.

① 폐쇄   ② 거래   ③ 취미   ④ 공부

02

> 오랜 여행을 끝내고 돌아온 그를 모두가 (   ).

① 주도했다   ② 참석했다   ③ 환영했다   ④ 포함했다

03

> 그는 크게 대단한 것도, 또 심하게 모자란 것도 없는 그야말로 (   ) 사람이었다.

① 평범한   ② 필요한   ③ 희미한   ④ 알뜰한

[04~06] 다음 대화의 (   )에 알맞은 것을 고르시오.

04

> 가 : 내일까지 숙제 다 할 수 있니?
> 나 : 무슨 일이 (   ) 꼭 해야지.

① 있더라도   ② 있으므로   ④ 있는데   ④ 있으니

05

> 가 : 늦잠을 잤다고 하더니, 지각하지 않고 제시간에 왔군요.
> 나 : 네. ( ) 급하게 준비하고 나왔더니 다행히 늦지 않았어요.

① 일어났는데도 불구하고   ② 일어나든지 말든지

③ 일어나느니 차라리   ④ 일어나자마자

06

> 가 : 요 며칠 다위카 씨가 수업에 안 나오시네요. 무슨 일이 있나요?
> 나 : 심한 감기에 걸렸는지 많이 ( ). 오늘 병문안을 가 보려구요.

① 아플 리가 없어요   ② 아픈 셈이에요

③ 아픈가 봐요   ④ 아프기 마련이에요

[07~08] 다음을 한 문장으로 알맞게 연결한 것을 고르시오.

07

> 매일매일 야근을 하다 / 차라리 월급을 적게 받다

① 매일매일 야근을 할 겸 차라리 월급을 적게 받는다.
② 매일매일 야근을 하는 동안 차라리 월급을 적게 받았다.
③ 매일매일 야근을 하느니 차라리 월급을 적게 받겠다.
④ 매일매일 야근을 한 덕에 차라리 월급을 적게 받았다.

08 다음 글이 무엇에 대한 이야기인지 고르시오.

> 잠들다 / 드라마가 끝났다

① 잠든 사이 드라마가 이미 끝나 버렸다.
② 잠들었는데 드라마가 끝날 만 했다.
③ 잠든 후 드라마가 이미 끝내자고 했다.
④ 잠들었더나 드라마가 종종 끝나곤 했다

09 다음 글이 무엇에 대한 이야기인지 고르시오.

> 키오스크는 터치스크린 방식의 무인단말기로, 흔히 종업원 대신 주문과 계산을 하는 기기를 가리킨다. 분명 키오스크에는 많은 장점이 있다. 그러나 그에 못지않게 단점도 많다. 특히 가장 문제가 되는 것은 노인들이 키오스크를 사용하기 어렵다는 것이다. 대부분 키오스크 사용법도 자세히 안내되어 있지 않은 데다, 글자 크기도 작아 노인들이 이용하기 어려운 상태이다. 이러한 문제가 해결되지 않은 상태에서 키오스크를 사용하는 매장만 늘어난다면, 노인들의 정보 소외 문제를 더욱 심각하게 만드는 일이 될 것이다.

① 키오스크의 확대가 불러일으키는 노인 정보 소외 문제
② 키오스크 활용의 장점과 단점
③ 키오스크 설치가 증가하는 주요 원인
④ 노인 정보 소외 문제의 해결 방법

10 다음 글의 내용과 같은 것을 고르시오.

> '훈민정음'은 크게 '예의'와 '해례'로 나누어져 있다. 이 중 '예의'는 세종대왕이 직접 지은 것으로 한글을 만든 이유와 한글의 사용법에 대해 간략하게 설명한 글이다. 반면 '해례'는 세종대왕을 보필하며 한글의 창제에 도움을 주었던 집현전의 학사들이 한글의 자음과 모음을 만든 원리와 그 사용법을 상세하게 설명한 글이다. 이 해례를 흔히 '훈민정음 언해본'이라고도 부른다.
>
> 본래 훈민정음의 '예의'는 다양한 문서를 통해 전해져 왔지만, 한글의 창제 원리가 자세히 기록되어 있던 해례는 전혀 알려져 있지 않았다. 그러던 중 1940년에 예의와 해례가 모두 실려 있는 훈민정음 정본이 발견되면서, 그동안 추측으로만 알 수 있었던 한글 창제의 원리를 확실하게 밝힐 수 있었다. 해례를 통해 우리는 한글이 백성을 위해 만들어진 최초의 언어이며, 발음기관을 본떠 만든 최초의 글자임을 알 수 있었다. 그리고 해례본은 1962년 12월 국보 제70호로 지정되었고, 1997년 10월에는 유네스코 세계 기록 유산으로 등재되었다.

① 훈민정음 해례본은 1940년에 최초로 발견되었다.
② 훈민정음은 세종이 직접 지은 '해례'와 집현전 학자들이 지은 '예의'로 구분된다.
③ 훈민정음 예의에는 한글이 창제된 원리가 상세히 적혀 있다.
④ 훈민정음 해례본은 1962년 12월 유네스코 세계 기록 유산으로 등재되었다.

11 대한민국의 법정공휴일 중 조기를 게양하는 날은?

① 광복절　　　② 3 · 1절　　　③ 제헌절　　　④ 현충일

12 어머니의 남자 형제를 부르는 호칭으로 옳은 것은?

① 고모부　　　② 바깥사돈　　　③ 외삼촌　　　④ 형님

13 대한민국의 금연 정책에 대한 설명으로 옳지 <u>않은</u> 것을 모두 고른 것은?

> ㄱ. 정부는 전국 초·중·고등학교 등을 대상으로 금연학교 등을 운영한다.
> ㄴ. 담배 포장지 앞면·뒷면·옆면에는 흡연에 대한 경고 그림 및 문구가 표시되어 있다.
> ㄷ. 흡연자는 보건소를 찾아가면 매우 저렴한 가격에 금연클리닉 서비스를 받을 수 있다.
> ㄹ. 금연구역에서 흡연을 한 사람에게는 5만 원 이하의 벌금이 부과된다.

① ㄱ, ㄷ   ② ㄴ, ㄷ   ③ ㄴ, ㄹ   ④ ㄷ, ㄹ

14 대한민국의 중학교 교육에 관한 설명으로 옳은 것은?

① 중학교 교육은 초등학교 교육과 달리 의무교육이 아니다.
② 교과활동의 일환으로서 창의적 체험활동을 진행한다.
③ 중학교의 성적 평가 방식은 절대평가이다.
④ 대한민국의 중학교 과정은 4년이다.

15 대한민국의 정월대보름에 대한 설명으로 맞지 <u>않는</u> 것은?

① 추수가 끝난 후인 음력 12월 15일이다.
② 오곡밥과 각종 나물 반찬을 만들어 먹었다.
③ 아침 일찍 부럼을 깨 먹으며 한 해의 건강을 빌었다.
④ 아침 일찍 만난 사람에게 그 해의 더위를 파는 풍습이 있었다.

16 대한민국의 전통 복식에 대한 설명으로 맞지 <u>않는</u> 것은?

① 족두리는 혼인한 여성이 예복에 갖추어 쓰던 관이다.
② 비녀는 혼인하지 않은 여성을 상징하는 장식품이다.
③ 갓은 양반과 서민 모두에게 널리 사용되는 모자였다.
④ 상투는 그 사람이 결혼을 한 남성임을 나타내는 머리 모양이다.

17 대한민국의 근현대에 일어난 사건에 대한 설명으로 맞지 <u>않는</u> 것은?

① 강화도 조약은 조선이 맺은 최초의 근대적 조약이자 불평등 조약이다.
② 일본은 고종의 황후인 명성황후를 잔인하게 살해하였다.
③ 갑오개혁을 통해 신분제와 과거제가 폐지되었다.
④ 대한민국 임시정부는 1919년 중국 북경에 수립되었다.

18 대한민국의 입법부에 대한 설명으로 맞지 <u>않는</u> 것은?

① 대한민국에서는 국회가 입법부의 역할을 한다.
② 국회의원은 국민이 직접 선출하며, 여러 번 할 수는 없다.
③ 현재 우리나라 국회의원의 정수는 300명이다.
④ 지역구 국회의원과 비례대표 국회의원으로 구분된다.

19 대한민국의 경제에 대한 설명으로 맞지 <u>않는</u> 것은?

① 현재 대한민국의 주요 수출품은 섬유 · 잡화 등의 경공업 제품이다.
② 원조를 받던 국가에서 원조를 하는 국가로 바뀐 최초의 국가이다.
③ 50여 개의 나라와 FTA(자유무역협정)를 맺었다.
④ 2000년대 이후에는 첨단산업 육성에 힘을 쏟고 있다.

20 대한민국의 중앙은행인 한국은행의 역할이 <u>아닌</u> 것은?

① 우리나라의 화폐를 발행한다.
② 대출 시 기준이 되는 금리를 결정한다.
③ 예측하지 못한 사고를 당한 사람에게 금전적인 보상을 한다.
④ 정부가 걷은 세금을 보관하고, 정부가 필요로 할 때 이를 내준다.

21 부모 중 한 사람이 현재 대한민국의 국민인 경우 자식이 대한민국 국적을 취득하기 위해 신청할 수 있는 것은?

① 일반귀화　　　② 영주권　　　③ 간이귀화　　　④ 특별귀화

22 법의 집행기관으로서 검찰만의 고유한 역할이 <u>아닌</u> 것은?

① 법원에 범죄자에 대한 재판을 요청한다.
② 국가를 당사자로 하는 소송을 진행한다.
③ 범죄에 대한 수사를 진행한다.
④ 법원에 법령의 정당한 적용을 청구한다.

23 〈보기〉의 내용에 해당하는 인물은?

┌─〈보기〉─────────────────────────────┐
• 조선시대의 장군으로 임진왜란 당시 삼도수군통제사로 수군을 이끌었다.
• 임진왜란 당시 여러 차례의 해전에서 단 한 번도 패하지 않아 임진왜란의 종전에 크게 기여하였다.
• 명량 해전에서는 불과 13척의 배로 일본 수군의 배 133척을 무찔렀으며 이 과정에서 아군의 배는 단 한 척도 침몰하지 않았다.
└──────────────────────────────────┘

① 원균　　　② 이순신　　　③ 유성룡　　　④ 허준

24 〈보기〉의 내용에 해당하는 고대 국가는?

〈보기〉
- 698년부터 926년까지 한반도 북부와 만주, 연해주에 존속하며 신라와 남북국을 이룸
- 고구려인 대조영이 건국한 국가로 스스로 고구려의 후손이라 칭함
- 가장 융성했던 시기에는 중국으로부터 '해동성국'이라고 불림

① 고려   ② 고조선   ③ 삼한   ④ 발해

25 〈보기〉의 내용과 관련이 있는 한국 사회의 현상에 대한 설명으로 옳은 것은?

〈보기〉
농촌과 어촌으로의 귀농·귀어 인구가 늘어나고 있다. 2022년 귀농 가구는 약 1만 2,400가구, 귀어 가구는 약 951가구이다. 귀농·귀어 가구당 평균 가구원 수는 1.3~1.4명이다.

① 집값이 계속 상승하여 시민들의 주거 불안이 커지고 있다.
② 탄소를 많이 배출하는 차량의 통행이 제한된다.
③ 농촌의 평균 연령이 계속해서 높아지고 있다.
④ 농촌이 현대화되고 농가의 소득이 증가하고 있다.

26 경주에 대한 설명으로 옳은 것은?

① 2018년 동계올림픽을 성공적으로 개최한 도시이다.
② 대한민국 제2의 도시이자 최대의 무역항이다.
③ 신라 시대의 유적이 집중적으로 자리하고 있다.
④ 대한민국 민주화 운동의 상징과도 같은 도시이다.

27 대한민국 헌법에서 규정하고 있는 사항으로 옳은 것은?

① 언론 · 출판이나 집회 · 결사에 대한 자유가 인정된다.

② 공무원의 직무상 불법행위로 손해를 받은 국민은 국가에 이에 대한 배상을 청구할 수 있으며, 이때 공무원 자신의 책임은 면제된다.

③ 모든 국민의 재산권은 보장되며, 재산권의 보장에는 한계가 존재하지 않는다.

④ 국민의 모든 자유와 권리는 어떠한 경우에도 제한할 수 없다.

28 일을 하는 사람의 기본적인 생활을 보장하고 향상시키며 균형 있는 국민경제의 발전을 위해 만들어진 법은?

① 주택임대차보호법   ② 출입국관리법

③ 사회복지사업법   ④ 근로기준법

29 2000년 최초로 남북의 정상이 만나 회담을 한 후 채택된 남북관계 선언문은?

① 7 · 4 남북공동성명   ② 10 · 4 남북공동선언

③ 6 · 15 남북공동선언   ④ 8 · 15 남북공동성명

30 대한민국의 취업과 직장 생활에 관한 설명으로 옳은 것은?

① 부부가 모두 직업을 갖고 일을 하는 경우가 늘어나고 있다.

② 사회적 약자에 대한 공무원 채용은 매년 이뤄지지 않는다.

③ 현재는 여성의 취업률이 남성의 취업률보다 훨씬 높다.

④ 거의 대부분의 직장에서 야근이나 휴일 출근을 하지 않고 있다.

31 대한민국의 언론에 대한 설명으로 옳지 <u>않은</u> 것은?

① 언론은 국민의 의견을 쟁점으로 만들어 국회나 정부에 알리는 역할을 한다.

② 대한민국은 별도의 공영방송을 운영하지 않고 있다.

③ 대한민국 헌법에서는 언론의 자유를 헌법으로서 보장하고 있다.

④ 한국의 지상파 방송국으로는 KBS, MBC, SBS, EBS 등이 있다.

32 한국의 민주주의 발전에 있어 사실과 <u>다른</u> 것은?

① 학생들이 적극적으로 참여하여 주체가 되었던 민주화 운동이 많았다.

② 국민이 대통령을 직접 뽑는 대통령 직선제도 시위를 통해 얻어내었다.

③ 국민들의 요구로 탄핵되거나 시위로 목숨을 잃은 대통령도 있다.

④ 시위 과정에서 많은 무고한 시민들이 탄압당하고 학살당했다.

33 국가인권위원회에 대한 설명으로 맞지 <u>않는</u> 것은?

① 인권의 보호를 위해 필요한 경우 법령의 개선을 권고한다.

② 대한민국 국민에 대해서만 도움을 제공한다.

③ 국가기관은 물론 일반 회사나 개인에게 피해를 받은 경우에도 도움을 요청할 수 있다.

④ 인권 침해를 당한 피해자는 사건 발생 후 1년 내에 진정서를 제출하면 도움을 받을 수 있다.

34 국제 경제에서의 대한민국에 대한 설명으로 옳지 <u>않은</u> 것은?

① 대한민국은 세계 경제가 나아갈 방향과 경제 정책을 논의하는 G7에 가입되어 있다.

② 대한민국은 1996년 12월 경제협력개발기구(OECD)에 가입하였다.

③ 한국은 ASEM, APEC, G20 정상회의 등을 개최하였다.

④ 코이카(KOICA)를 통해 대외무상협력 등을 활발히 하고 있다.

35 다음 중 대한민국의 노동 환경에 대한 설명으로 옳은 것은?

① 1주일 동안 휴게 시간을 제외하고 총 50시간을 초과하여 일할 수 없다.

② 휴일에 근무할 경우 8시간 이내의 근무시간에 대해서는 기존 통상임금의 2배를 지급해야 한다.

③ 임금은 어떤 일이 있더라도 통화로 직접 근로자에게 그 전액을 지급해야 한다.

④ 사용자가 근로자를 해고할 경우 최소 30일 이전에 예고를 해야 한다.

36 대한민국에서의 생활과 관련한 법규의 내용으로 옳은 것은?

① 결혼은 만 15세 이상이어야만 가능하다.

② 재산을 상속받을 때 상속을 하는 사람의 빚도 재산에 포함된다.

③ 이혼으로 인한 재산 분할 시 전업주부의 가사노동은 재산 형성에 기여하지 않는다고 판정한다.

④ 미성년자인 자녀가 있을 경우 이혼의 책임이 있는 일방은 자녀가 만 15세가 될 때까지 양육비를 지급해야 한다.

[37~40 : 작문형] 다음 내용을 포함하여 '한국의 전통놀이'라는 제목으로 200자 내로 글을 쓰시오.

※ 작문 시험 시간은 10분이며, 답안지에는 제목을 쓰지 말고 본문만 쓰시오.

> • 한국의 전통놀이를 직접 해 본 경험이 있는가? 무엇을 해 보았습니까?
> • 그 전통놀이의 준비물이 있는가? 있다면 어떤 것입니까?
> • 그 전통놀이를 하면서 무엇이 가장 어려웠습니까?
> • 고향의 전통놀이는 어떤 것이 있습니까?

사회통합프로그램 귀화용 종합평가
구술시험 실전모의고사 4회

※ 질문 내용은 제외한 지문만 수험생에게 제공됨(질문 내용은 견본과 비슷한 유형으로 변경 가능하며
　평가 감독관에게만 제공됨)

[01~03 : 구술형] 다음 글을 읽고 구술감독관의 질문에 답하여 주시기 바랍니다.

> 2019년 4월, 소방공무원이 국가직으로 전환되었다. 그동안 소방공무원 국가직을 요구하는 목소리는 많았으나, 지방분권 시대에 역행하는 것이라는 등 반발에 부딪혀 오다가, 지난 고성 산불을 계기로 빠르게 국가직으로 전환되었다. 그동안은 지방자치단체에 소속되어 있어 예산과 장비, 인력 등의 지역별 차이가 심해 일부 지역은 제대로 된 소방 서비스를 제공하기가 어려웠다.
>
> 이번 국가직 전환으로 소방관의 인력 보충과 장비의 현대화가 가능할 것으로 보이며, 전국 단위의 대형 재난에 좀 더 신속하고 효과적인 대응이 가능할 것으로 예상된다. 소방 관계자 측은 이 모든 것이 모두 국민들의 성원 덕분이라며, 앞으로 더욱 노력해 국민들의 안전을 지킬 수 있도록 하겠다고 전했다.

01 소방공무원이 국가직이 아니어서 발생했던 문제는 무엇인가요?

02 소방공무원이 국가직이 되면서 어떤 부분이 개선될 것으로 보이나요?

03 ○○ 씨는 소방관이나 경찰관에게 도움을 받은 적이 있나요?

04 한국의 생일 풍습에 대해 이야기해 보세요.

05 대한민국 헌법에는 국민의 4대 의무에 대해 규정하고 있습니다. 이 중 국민이 누려야 할 권리이자 동시에 국민이 행해야 할 의무에 속하는 것을 이야기해 보세요.

사회통합프로그램 영주용 종합평가
실전모의고사 5회

[01~10] 다음 (   )에 가장 알맞은 것을 고르시오.

01

갑자기 핸드폰이 (   ) 나서 바로 서비스센터로 가야 한다.

① 냄새　　　　　② 고장　　　　　③ 욕심　　　　　④ 들통

02

오늘 사무실의 임대 (   )은/는 오천만 원, 월세는 육십만 원에 계약했다.

① 계약서　　　　② 보석금　　　　③ 중도금　　　　④ 보증금

03

이번 주말에 남편과 함께 집 대청소를 (   ) 했어요.

① 하기로　　　　② 먹기로　　　　③ 일어나기로　　　④ 준비하기로

04

얼마나 많이 봐야 그림을 보는 눈이 (   )?

① 갈까요　　　　② 생길까요　　　　③ 합격할까요　　　④ 풀릴까요

05

가 : 시끄러우니깐 조용히 (   ) 나가 줬으면 좋겠어요.

나 : 네, 죄송합니다. 나갈게요.

① 하던데   ② 하도록   ③ 하든지   ④ 하기에

06

가 : 나엉 씨 초콜릿을 너무 많이 먹는 것 같아요.

나 : 많이 달지 않고 맛이 있어서 저도 모르게 계속 (   ).

① 먹게 돼요   ② 먹어도 돼요

③ 먹기로 했어요   ④ 먹기 때문이에요

07

가 : 우리 내일 몇 시에 볼까요?

나 : 낮에 만나면 너무 (   ) 저녁에 백화점에서 봐요.

① 덥다시피   ② 더운대로

③ 더울 테니까   ④ 덥거니와

08

가 : 어제 뮤지컬 공연 어땠어요?

나 : 뮤지컬을 처음 봤는데 너무 웅장하고, 배우들이 연기를 (   ).

① 잘하는 줄 알았어요   ② 잘할걸 그랬어요

③ 잘했으면 좋겠어요   ④ 잘하더라고요

09

교통 신호를 위반한 사람은 교통 (   ) 벌금을 내야 한다.

① 법규 대신에   ② 법규에 따라
③ 법규만 아니면   ④ 법규에 비하면

10

내일부터 휴가라서 오늘까지 해야 할 일이 너무 많아 밥을 먹을 시간도 (   ) 바빴다.

① 없을 정도로   ② 없는 만큼
③ 없는 반면에   ④ 없는 김에

[11~12] 다음을 한 문장으로 알맞게 연결한 것을 고르시오.

11

친구와 놀다 / 학원에 가다

① 친구와 놀았더니 학원에 갔다.
② 친구와 노는 것만 아니면 학원에 못 갔다.
③ 친구와 노느라고 학원에 못 갔다.
④ 친구와 놀기로 해서 학원에 갔다.

12

잠든 아이를 안다 / 방에 눕히다

① 잠든 아이를 안도록 방에 눕히다.
② 잠든 아이를 안아야지 방에 눕히다.
③ 잠든 아이를 안다가 방에 눕히다.
④ 잠든 아이를 안는데 방에 눕히다.

[13~14] 다음 (   )에 알맞은 것을 고르시오.

13

> ◎◎ 해수욕장에 찾아주신 여러분 감사합니다. 먼저 물놀이를 할 때의 수칙을 이야기하겠습니다. 물에 들어가기 전에 준비 운동을 꼭 해야 합니다. 어린이들은 물이 얕은 곳에서 물놀이를 해야 하며, 항상 구명조끼를 착용한 채 보호자가 지켜보는 곳에서 놀아야 합니다. 또한 음식을 먹은 후 바로 물에 들어가지 않고 소화를 시킨 후 들어가는 것이 좋습니다. 앞선 주의사항을 잘 지켜 우리 모두 (   ).

① 즐거운 한가위 보내세요
② 연락드리지 못해 죄송합니다
③ 꼭 방문해주시길 바랍니다
④ 안전한 물놀이를 즐깁시다

14

> 다양한 탑의 모습은 각 탑이 만들어진 시대상황과 (   ). 다른 나라와의 세력다툼 속에서 왕권을 강화하고 이를 과시하기 위해 세워진 것도 있으며 삼국통일 직후 다른 나라와의 통일의 의미를 살리기 위한 탑, 자유롭고 다양한 문화적 특수성을 표현하기 위한 것 등 탑이 세워진 시대 상황과 함께 탑의 의미를 찾아볼 수 있다. 또한 화강암이 풍부한 자연환경의 조건을 최대한 살리고 재료의 고유한 속성을 살려 자유롭고 창의적으로 석탑을 세운 우리 조상들의 우수한 기술도 석탑을 통해 느껴볼 수 있을 것이다.

① 관련이 있다
② 알 수 없다
③ 남아 있다
④ 계속되고 있다

[15~16] 다음을 읽고 물음에 답하시오.

한 대형마트는 '재사용 용기 캠페인'을 시행한다고 밝혔다. 재사용 용기 사용 실천을 위한 첫 걸음으로, 마트 내 반찬 코너에 개인 반찬 용기를 가지고 오면 구입한 반찬 20%를 증량해 주는 캠페인이다. 예를 들어 (㉠). 또한 캠페인 시작을 기념해 반찬 코너에서 2만 원 이상 구매 시 선착순으로 반찬 용기를 증정하는 이벤트도 진행한다. 대형마트 측은 연말까지 이 캠페인을 전국으로 확대해 운행할 계획이며, 이후 마트 내에서 사용하는 비닐, 플라스틱 감축 등의 계획도 추가로 발표하겠다고 했다.

15 위 글의 제목으로 가장 알맞은 것을 고르시오.

① 가게들이 손님을 유치하는 방법
② 재사용 용기 무료 증정 행사
③ 재사용 용기의 사용 증진을 위한 행사
④ 비닐 감축을 위한 계획 발표

16 위 글의 ㉠에 들어갈 내용인 것은?

① 개인 반찬 용기에 100g의 반찬을 담으면 20g을 더 주는 것을 말한다
② 개인 반찬 용기를 가져오면 새로운 재사용 용기를 증정해 주는 것을 말한다
③ 개인 반찬 용기에 반찬을 담아 만 원이 나오면 이천 원을 할인해 주는 것을 말한다
④ 개인 반찬 용기를 가져오지 않으면 100g의 반찬을 80g으로 덜 주는 것을 말한다

[17~36] 다음 물음에 맞는 답을 고르시오.

17 다음은 한글 대한 설명이다. ㉠과 ㉡에 들어갈 알맞은 것끼리 짝지어 놓은 것은?

> 우리가 쓰고 있는 글자의 이름을 한글이라고 한다. (㉠)이 처음 글자를 만들고 (㉡)이라는 이름을 붙였는데 이것이 바로 오늘날의 한글이다.

① ㉠ 세종대왕　　㉡ 훈민정음

② ㉠ 세종대왕　　㉡ 모음

③ ㉠ 이순신　　　㉡ 훈민정음

④ ㉠ 이순신　　　㉡ 자음

18 한국의 직장에 대한 내용으로 맞는 것은?

① 한국은 휴게시간을 제외하고 주 52시간 근무를 기준으로 하고 있다.

② 결근은 근무해야 할 날에 출근하지 않고 빠지는 것을 말한다.

③ 급여는 직장에서 노동의 대가로 1년 동안 받는 월급의 총액이다.

④ 승진은 회사를 그만두고 다른 회사로 옮기는 것을 말한다.

19 다음 중 국민행복카드에 대한 설명으로 옳지 <u>않은</u> 것은?

① 정부에서 지원하는 국가바우처를 공동으로 이용할 수 있는 통합카드이다.

② 카드 발급 후, 별도로 바우처 서비스를 신청할 필요가 없다.

③ 국민 누구나 카드를 발급받을 수 있다.

④ 보육료와 유아 학비를 지원해 준다.

20 한국에서 죽은 사람을 위로하기 위해 찾는 장례식장에 갈 때 흔히 준비해 가는 돈은?

① 축의금   ② 조의금   ③ 상여금   ④ 계약금

21 한국 설날에 하는 놀이가 <u>아닌</u> 것은?

① 윷놀이는 나무를 깎아 만든 윷가락을 던져서 윷판을 한 바퀴 먼저 돌아 나오는 편이 이기는 놀이다.
② 연날리기는 바람이 부는 언덕에 올라가 실을 맨 연을 날리는 놀이다.
③ 널뛰기는 긴 널빤지의 중간에 둥근 짚단을 받치고, 양쪽에서 서로 균형을 잡아 가며 발로 굴러서 서로 올라가고 내려가는 것을 반복하는 놀이다.
④ 쥐불놀이는 빈 깡통에 불을 피워서 돌리다가 논두렁과 밭두렁에 불을 질러서 마른 풀을 태우는 놀이다.

22 〈보기〉의 내용과 관계 깊은 주택 임대 방법은?

> **〈보기〉**
> • 우리나라에서 고유하게 발달한 임대 형태이다.
> • 다달이 돈을 내지 않아서 돈을 모을 수 있다.
> • 대부분 2년 단위로 계약하며, 집에 들어갈 때 일정한 돈을 맡겼다가 나갈 때 그 돈을 다시 찾아가는 방식이다.

① 월세   ② 전세   ③ 반전세   ④ 매매

23 다음은 대한민국 정치에 대한 내용이다. (   ) 안에 들어갈 말은 무엇인가?

> (   )은/는 국가의 권력을 입법부, 사법부, 행정부로 나눠 서로 견제
> 하며 균형 있는 정치를 할 수 있도록 하기 위해 만든 제도이다.

① 삼권분립   ② 다수결의 원칙
③ 관혼상제   ④ 의원내각제

24 다음 내용과 관계가 있는 선거 원칙은?

> 일정한 나이가 되면 차별 없이 누구에게나 선거권을 부여한다.

① 보통선거   ② 평등선거   ③ 직접선거   ④ 비밀선거

25 국가 간 상품의 자유로운 이동을 위해 모든 무역 장벽을 완화하거나 제거하는 협정은?

① WHO   ② OECD   ③ FTA   ④ 한강의 기적

26 다음 중 한국은행에 대한 설명으로 옳지 <u>않은</u> 것은?

① 대한민국의 중앙은행이다.
② 은행의 경영 상태를 분석한다.
③ 정부가 지정한 목적에 맞게 화폐, 은행권, 복권 등을 제조한다.
④ 금융기관을 상대로 예금을 받고 대출을 해 준다.

27 다음과 관계가 있는 곳은?

> 의료법에 따라 100개 이상의 병상과 7개 또는 9개 이상의 진료과목, 각 진료과목에 전속하는 전문의를 갖춘 제2차 의료급여기관을 말한다.

① 의원   ② 보건소
③ 종합병원   ④ 상급종합병원

28 다음 중 귀화에 의한 국적 취득에 대한 설명으로 옳지 <u>않은</u> 것은?

① 귀화는 일반귀화, 간이귀화, 특별귀화 세 종류가 있다.
② 대한민국 국적을 취득한 사실이 없는 외국인이 법무부장관의 귀화허가를 받아야 한다.
③ 귀화허가를 받은 자는 법무부장관이 허가를 한 지 1주일 후에 대한민국 국적을 취득한다.
④ 신청절차와 심사 등에 관하여 필요한 사항은 대통령령으로 정한다.

29 다음 중 특별귀화 요건으로 맞지 <u>않는</u> 것은?

① 아버지가 대한민국 국적이고 대한민국에 3년 동안 거주한 자
② 대한민국에 특별한 공로가 있는 미성년자
③ 체육 분야에서 매우 우수한 능력을 보유한 자
④ 양자로서 대한민국 민법상 성년이 된 후 입양된 자

30 고용정책과 근로 관련 사무를 총괄하는 부처는 어디인가?

① 고용노동부   ② 기획재정부
③ 행정안전부   ④ 산업통상자원부

31 단군신화가 기록된 책은 무엇인가?

① 삼국유사 ② 삼국사기
③ 목민심서 ④ 경국대전

32 〈보기〉의 내용이 가리키는 인물은?

┌─〈보기〉─────────────────────────────────┐
│ • 왕권 강화를 위해 임진왜란 때 소실된 경복궁을 중건하였다.   │
│ • 서양의 배가 조선의 항구에 와서 통상을 요구하는 일이 잦아지자, 척화비를 건립하 │
│   고 이를 거부하였다.   │
└───────────────────────────────────────┘

① 이성계 ② 세종
③ 정조 ④ 흥선대원군

33 대한민국 임시정부의 주석으로, 독립운동을 위해 활발히 활동한 사람은?

① 유관순 ② 안중근
③ 김구 ④ 안창호

34 한반도 남쪽에 위치한 섬으로 한국에서 가장 큰 섬은?

① 제주도 ② 울산
③ 독도 ④ 울릉도

35 버스의 신속·정확한 운행을 위해 버스만 다닐 수 있도록 지정한 차로는?

① 고속도로   ② 버스전용차로

③ 자전거전용도로   ④ 고가도로

36 〈보기〉에서 설명하고 있는 국경일은?

〈보기〉
- 우리 민족 최초의 국가인 고조선 건국을 기념하기 위해 제정되었다.
- 문화민족으로서 새로운 탄생을 경축하며 하늘에 감사하는 우리 민족 고유의 전통적 명절이라 할 수 있다.

① 개천절   ② 한글날

③ 광복절   ④ 3·1절

[37~40 : 작문형] 다음 내용을 포함하여 '<u>내가 좋아하는 계절</u>'이라는 제목으로 답안지에 200자 내로 글을 쓰시오.

※ 작문 시험 시간은 10분이며, 답안지에는 제목을 쓰지 말고 본문만 쓰시오.

- 가장 좋아하는 계절은 언제입니까?
- 그 계절의 날씨는 어떻습니까?
- 그 계절의 바깥 풍경은 어떻습니까?
- 그 계절을 좋아하는 이유는 무엇입니까?

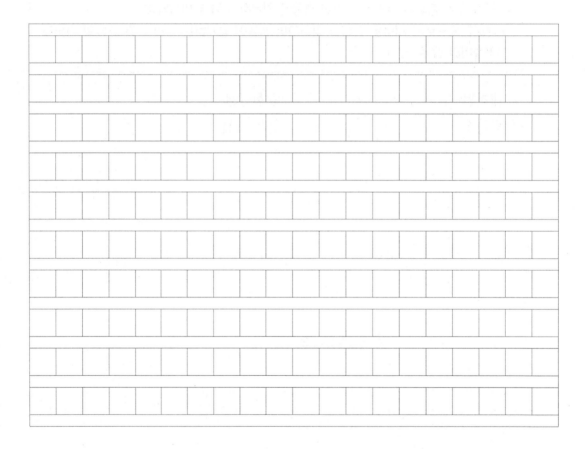

사회통합프로그램 영주용 종합평가

구술시험 실전모의고사 5회

※ 질문 내용은 제외한 지문만 수험생에게 제공됨(질문 내용은 견본과 비슷한 유형으로 변경 가능하며 평가 감독관에게만 제공됨)

[01~03 : 구술형] 다음 글을 읽고 구술감독관의 질문에 답하여 주시기 바랍니다.

> 여러 사실이나 자료 중 목적에 맞게 가공된 것들이 바로 정보이고, 이렇게 정보가 산업과 사회 발전의 중심이 되어 가는 것을 정보화라고 한다. 이런 정보화로 인해 우리의 생활은 너무나도 편리해졌다. 굳이 기차역에 직접 가지 않아도 예매를 하거나 표를 살 수 있고, 은행이나 관공서 업무도 쉽고 빠르게 처리할 수 있다. 인터넷의 발달로 다양한 사람들 사이의 의견 교환과 토론이 쉬워져 민주주의 발전에도 도움이 되고 있다.
>
> 하지만 수많은 정보 중에 사람들에게 해가 되는 나쁜 정보나 거짓 정보도 있기 때문에 정보를 받아들일 때 신중하게 판단해야 한다. 또한 인터넷에 너무 의존하다 보면 인터넷을 하지 않으면 불안해지는 인터넷 중독 현상도 발생하고, 나의 개인 정보가 모르는 사이에 여기저기 이용될 수도 있으니 주의해야 한다.

01 정보화란 무엇인가요?

02 정보화로 인해 좋아진 점과 나빠진 점을 각각 하나씩 말해 보세요.

03 ○○ 씨 나라에서는 인터넷으로 주로 무엇을 하나요?

04 ○○ 씨 나라의 국가 상징에는 무엇이 있는지 이야기해 보세요.

05 한국의 전통 의상인 한복의 장점과 단점에 대해 말해 보세요.

CHAPTER 06

사회통합프로그램 영주용 종합평가
실전모의고사 6회

[01~10] 다음 ( )에 가장 알맞은 것을 고르시오.

01

> 장마가 시작되면 사람들은 발이 젖는 것을 방지하기 위해 ( )을/를 신는다.

① 장갑   ② 장화   ③ 양말   ④ 비닐

02

> 세종대왕은 한글을 창제하고 반포하는 등 큰 ( )을/를 남겼다.

① 행사   ② 발견   ③ 생산   ④ 업적

03

> 신입이라 아직은 회사생활에 ( ) 못하였지만, 동료들이 잘 챙겨주고 있다.

① 적응하지   ② 즐겁지   ③ 마음에 들지   ④ 만나지

04

> 연말에는 비행기 티켓을 구하기 어려울 테니 미리 ( )?

① 바쁠까요   ② 예매할까요   ③ 구경할까요   ④ 탑승할까요

05

가 : 에릭 씨 오늘이 업무 마지막 날이라고 들었어요.

나 : 네. (　　　　　　) 감사했습니다. 일 많이 배우고 갑니다.

① 그때 　　　　　　② 예전에 　　　　　　③ 그동안 　　　　　　④ 아무리

06

가 : 어제 이사는 잘했어요?

나 : 네, 밤늦게까지 (　　　　　　　　　) 너무 힘들었어요.

① 정리하느라고 　　　　　　　② 정리하고서

③ 정리하더니 　　　　　　　④ 정리하자마자

07

가 : 오늘 프로젝트 발표는 누가해요?

나 : 발표는 스찬 씨가 한다고 세리 씨한테 (　　　　　　　　).

① 들었어요 　　　　　　　② 들었을걸요

③ 들었네요 　　　　　　　④ 들으라고 해요

08

가 : 수건이 없어서 손을 씻고 물기를 못 닦았어.

나 : 조심해. 젖은 손으로 가전제품을 만지면 감전 사고가 (　　　　　　　).

① 날 수가 없어 　　　　　　② 날 수도 있어

③ 나는 척했어 　　　　　　④ 나고 말았어

09

레오 씨한테 들었는데, 쿤 씨 다음 주에 스페인으로 (　　　　　)?

① 여행을 가느라고요　　　　　② 여행을 갈 예정이에요

③ 여행을 갔으면 좋겠어요　　　④ 여행을 간다면서요

10

이번 주에 부모님 생신이니까 우리가 직접 미역국을 (　　　　　)?

① 끓이고 있을까　　　　　② 끓여야 해

③ 끓이는 게 어때　　　　　④ 끓는 셈이야

[11~12] 다음을 한 문장으로 알맞게 연결한 것을 고르시오.

11

안전벨트를 매다 / 가벼운 상처만 입었다

① 안전벨트를 맨 덕분에 가벼운 상처만 입었다.

② 안전벨트를 맸음에도 가벼운 상처만 입었다.

③ 안전벨트를 맬 뿐 가벼운 상처만 입었다.

④ 안전벨트를 맨다면 가벼운 상처만 입었다.

12

잠을 자다 / 무서운 꿈을 꾸다

① 잠을 자다시피 무서운 꿈을 꾸었다.

② 잠을 자다가 무서운 꿈을 꾸었다.

③ 잠을 자려고 무서운 꿈을 꾸었다.

④ 잠을 자던데 무서운 꿈을 꾸었다.

13

> 한국철도(코레일)가 여름 휴가철을 맞아 오는 20일부터 다음 달 10일까지 운행하는 KTX를 대상으로 '반값' 이벤트를 진행합니다. 가족과 친구 등 2명이 함께 타면 1명 운임만 자동으로 결제되는 방식입니다. 열차별 할인 좌석이 한정된 만큼 일정이 정해지면 (   ).

① 친구와 함께 예약해야 합니다

② 서둘러 예매해야 합니다

③ 할인권을 받으시기 바랍니다

④ 많은 참석 부탁드립니다

14

> 친환경 업체인 △△업체는 저소득 가정의 출산을 축하하고 건강한 육아를 응원하기 위해 출산 축하용품 전달식을 가졌다. 출산 축하용품은 기저귀와 물티슈, 젖병, 핸디부스터 등 (   )(으)로 구성됐다. 구성품은 국내 기업 생산품을 우선적으로 구매해 의미를 더했다. 이는 올해부터 3년 동안 차상위·다문화 가정에 전달될 계획이다.

① 다양한 출산장려정책   ② 심각한 저출산 흐름

③ 육아에 필요한 육아용품   ④ 출산을 응원하는 분위기

PART 01

PART 02

PART 03

[15~16] 다음을 읽고 물음에 답하시오.

어린이보호구역(스쿨존) 내 차량 운행을 원활하게 하고 사고를 줄일 수 있는 방향으로 내비게이션의 업데이트를 진행하였다. 이번 업데이트를 통해 앱으로만 이용할 수 있었던 스쿨존 경고 안내와 회피경로 탐색 기능을 차량용 내비게이션에서도 이용할 수 있게 되었다. 스쿨존 회피경로를 설정하면 경로 탐색 시 스쿨존을 (㉠). 스쿨존 경고 안내도 강화해 스쿨존 진입 전후 음성 및 화면으로 알림을 표시하고, 속도가 30km/h를 넘기면 붉은색 과속 알림창을 띄우고 경고음을 내 운전자가 더욱 주의하여 운전할 수 있도록 했다.

15 위 글의 제목으로 가장 알맞은 것을 고르시오.

① 스쿨존 사고를 예방하는 내비게이션 업데이트
② 스쿨존을 알려 주는 앱의 업데이트
③ 스쿨존 진입 시 알림 음성의 중요성
④ 과속을 방지하는 여러 방안

16 위 글의 ㉠에 들어갈 내용으로 적절하지 <u>않은</u> 것을 고르시오.

① 최대한 비켜가는 길을 알려 주는 방식이다
② 최대한 멀리 길을 알려 주는 방식이다
③ 최대한 피해가는 길을 알려 주는 방식이다
④ 최대한 지나가는 길을 알려 주는 방식이다

[17~36] 다음 물음에 맞는 답을 고르시오.

17 다음은 한국의 국토에 대한 설명이다. ㉠과 ㉡에 들어갈 알맞은 것끼리 짝지어 놓은 것은?

> (㉠)은/는 한 국가의 주권이 미치는 땅의 범위로 한반도와 그 부속도서까지이다.
> (㉡)은/는 주권을 행사할 수 있는 바다의 범위이다.

① ㉠ 영토 ㉡ 영해　　　　　② ㉠ 영토 ㉡ 영공

③ ㉠ 영해 ㉡ 영토　　　　　④ ㉠ 영해 ㉡ 영공

18 한국의 사회보험에 대한 설명으로 맞는 것은?

① 건강보험은 회사에서 근무 중 사고가 나서 다쳤을 때 그 피해를 보상받는 제도이다.

② 고용보험은 병원에서 치료를 받을 때 의료비의 일부를 지원받는 제도이다.

③ 국민연금은 노인이 되어 더는 일하기 어려울 때 매달 일정 금액의 생활비를 받는 제도이다.

④ 산업재해보상보험은 회사에서 해고된 후 구직활동을 할 때 금전적인 지원을 받는 제도이다.

19 한국의 교육에 대한 설명으로 맞는 것은?

① 초등학교만 초등교육기관에 해당한다.

② 중학교만 중등교육기관에 해당한다.

③ 어린이집은 만 3세부터 초등학교 입학 전까지의 아동을 교육하는 기관이다.

④ 대학원은 고등학교 3학년 학생들도 지원할 수 있다.

20 한국에서 60번째 맞이하는 생일을 뜻하는 말이 <u>아닌</u> 것은?

① 환갑　　　　　② 고희　　　　　③ 주갑　　　　　④ 회갑

21 한국의 일반적인 생활 예절에 해당하지 <u>않는</u> 것은?

① 자신보다 윗사람에게 존댓말을 쓴다.

② 어른 앞에서 담배를 피우지 않는다.

③ 먼저 자리에 앉아 어른이 앉을 곳을 준비한다.

④ 공공장소에서 휴대폰은 진동 모드로 한다.

22 〈보기〉의 내용과 관계 깊은 한국의 주택은?

> **〈보기〉**
> • 3층 이하의 건물이다.
> • 여러 가구가 각각의 독립적인 공간을 차지하여 살 수 있다.
> • 전체에 대한 소유권은 집주인에게 있다.

① 오피스텔　　　　　　　　　② 아파트

③ 다가구주택　　　　　　　　④ 연립주택

23 다음 활동을 하는 기관은?

> 국민의 생명 · 재산 보호, 범죄 예방 · 진압 · 수사, 교통 단속 · 위해 방지 등을 위해 활동한다.

① 경찰　　　　　② 검찰　　　　　③ 대법원　　　　　④ 지방 법원

24 다음 내용과 관계가 있는 사람은?

> 대통령의 국정 운영을 보좌하고 대통령의 명을 받아 행정 각부를 거느리고 관할하는 직무를 맡는다.

① 국회의원　　　② 국무총리　　　③ 장관　　　④ 대법원장

25 한국 시장경제체제의 특징으로 옳지 <u>않은</u> 것은?

① 자신이 원하는 직업을 자유롭게 선택할 수 있다.
② 사유재산이 보장되어 노동의 대가가 자신에게 돌아온다.
③ 정부에서 독과점을 규제한다.
④ 빈부격차가 심하게 나타나지 않는다.

26 다음 중 지방은행에 대한 설명으로 옳지 <u>않은</u> 것은?

① 전국이 아닌 특정 지역 내에서만 주로 영업한다.
② 금융업무의 지역 분산과 지역경제의 발전을 목적으로 한다.
③ 현재 6개의 지방은행이 영업 중이다.
④ 농협, 우체국, 수협 등이 지방은행에 해당한다.

27 다음과 관계가 있는 대중교통수단은?

> 도심지의 일부 또는 전부가 지하의 전용차선으로 운행되는 전철로, 대한민국에는 현재 서울특별시, 부산 · 대구 · 인천 · 광주 · 대전광역시 등 6개 도시에 노선이 마련되어 있다.

① SRT　　　② 지하철　　　③ 광역버스　　　④ KTX

28 다음 중 대한민국의 영주자격을 취득할 수 있는 사람은?

① 5년 이상 대한민국에 체류하고 있는 만 17세의 사람

② 대한민국 국민과 결혼한 배우자로서 대한민국에 1년 이상 체류하고 있는 사람

③ 대한민국 영주자격을 가진 사람의 미성년 자녀로서 대한민국에 2년 이상 체류하고 있는 사람

④ 미화 50만 달러를 투자한 외국인투자가로서 3명 이상의 국민을 고용하고 있는 사람

29 다음 중 대한민국에 90일 넘게 체류할 수 있는 사람은?

① 관광을 목적으로 입국한 마야

② 일시적인 취재를 하기 위해 온 레브

③ 판소리 연구를 위해 온 코타나

④ 시장 조사를 위해 방문한 엘리

30 〈보기〉의 역할을 하는 기관은?

┌─〈보기〉─────────────────────────────┐
│ • 헌법과 국민의 뜻에 따라 법을 만든다.   │
│ • 국가의 예산을 심사하고, 예산이 제대로 쓰였는지 감시한다.   │
│ • 정부의 행정을 감사하고, 필요한 경우 잘못된 부분을 직접 조사한다.   │
└─────────────────────────────────────┘

① 대법원　　　　② 기획재정부　　　　③ 국무총리실　　　　④ 국회

31 백제의 제13대 왕으로 백제의 전성기를 이끌었으며, 왜왕에게 칠지도를 하사하기도 한 사람은?

① 광개토대왕　　　② 근초고왕　　　③ 무령왕　　　④ 진흥왕

32 〈보기〉의 내용이 가리키는 유물은?

> **〈보기〉**
> • 몽골이 고려를 침입했을 때 부처의 힘으로 몽골군을 물리치기 위해 만든 불교 경전
> 이다.
> • 16년에 걸쳐 완성되었으며, 8만여 개의 판으로 이루어져 있다.
> • 현재 국보 제32호이며, 이것이 보관된 해인사 장경판전은 유네스코 세계문화유산으
> 로 지정되어 있다.

① 팔만대장경 ② 직지심체요절 ③ 조선왕조실록 ④ 경국대전

33 통일신라 말기 궁예가 세운 나라로 이후 고려의 태조 왕건에 의해 멸망당한 나라는?

① 부여 ② 후고구려 ③ 발해 ④ 백제

34 충청북도와 충청남도, 대전광역시를 통틀어 이르는 말은?

① 관서지방 ② 호남지방 ③ 영서지방 ④ 호서지방

35 인구 집중으로 인한 도시의 교통 문제를 해결하기 위한 방안으로 적절하지 <u>않은</u> 것은?

① 자가용 주차장 확충 ② 지하철 노선 추가
③ 버스 노선 추가 ④ 수상 택시의 운행

36 〈보기〉의 관광지가 속해 있는 지역은?

> **〈보기〉**
> • 경포해변　　• 정동진　　• 사천해수욕장

① 춘천시　　② 원주시　　③ 강릉시　　④ 양평시

[37~40 : 작문형] 다음 내용을 포함하여 '내가 사는 지역'이라는 제목으로 답안지에 200자 내로 글을 쓰시오.

※ 작문 시험 시간은 10분이며, 답안지에는 제목을 쓰지 말고 본문만 쓰시오.

- 내가 사는 지역은 어디입니까?
- 우리 지역의 특징은 무엇입니까?
- 우리 지역을 대표하는 관광명소가 있습니까?
- 우리 지역의 특산물은 무엇입니까?

사회통합프로그램 영주용 종합평가
구술시험 실전모의고사 6회

※ 질문 내용은 제외한 지문만 수험생에게 제공됨(질문 내용은 견본과 비슷한 유형으로 변경 가능하며 평가 감독관에게만 제공됨)

[01~03 : 구술형] 다음 글을 읽고 구술면접관의 질문에 답하여 주시기 바랍니다.

> 비상저감조치란 고농도 미세먼지가 장기간 지속되는 경우 단기간에 미세먼지를 줄여 대기 질을 개선하고 국민건강을 보호하기 위해 차량 부제, 사업장 조업 단축 등을 실시하는 것을 말한다. 이는 국내 내부 발생요인을 최대한 줄여 중국 등으로부터 고농도 미세먼지 유입 시, 급격히 상승하는 미세먼지를 완화시키기 위한 취지로 시행되고 있다. 지자체는 미세먼지 관리 종합대책을 마련해 자동차 운행 제한과 대기오염물질 배출시설 가동시간 조정, 학교 휴업 권고 등의 조치를 할 수 있다. 또 시·도지사나 시장·군수·구청장이 어린이나 노인 등이 이용하는 시설이 많은 지역을 '미세먼지 집중관리구역'으로 지정해 미세먼지 저감사업을 확대할 수 있도록 했다.

01 비상저감조치란 무엇인가요?

02 비상저감조치를 실시할 경우 예시는 무엇이 있나요?

03 ○○ 씨 나라의 환경 관련 정책을 이야기해 보세요.

04 스마트폰이 사람들에게 주는 긍정적인 면과 부정적인 면이 무엇인지 이야기해 보세요.

05 카메라 등을 이용한 디지털 성범죄를 해결하기 위해 정부는 어떤 노력을 해야 한다고 생각하는지 말해 보세요.

|PART|

03

종합평가 실전모의고사
정답 및 해설

CHAPTER 01

| 귀화용 종합평가
실전모의고사 1회 정답 및 해설

CHAPTER 02

| 귀화용 종합평가
실전모의고사 2회 정답 및 해설

CHAPTER 03

| 귀화용 종합평가
실전모의고사 3회 정답 및 해설

CHAPTER 04

| 귀화용 종합평가
실전모의고사 4회 정답 및 해설

CHAPTER 05

| 영주용 종합평가
실전모의고사 5회 정답 및 해설

CHAPTER 06

| 영주용 종합평가
실전모의고사 6회 정답 및 해설

사회통합프로그램 귀화용 종합평가
실전모의고사 1회 정답 및 해설

[객관식 정답 및 해설]

01	02	03	04	05	06	07	08	09	10	11	12	13	14	15	16	17	18	19	20
①	③	④	④	①	②	④	①	④	③	②	②	②	②	③	④	③	①	①	③

21	22	23	24	25	26	27	28	29	30	31	32	33	34	35	36
①	②	①	①	③	③	①	③	①	④	④	①	③	①	②

01 '반드시'는 '틀림없이, 꼭'이라는 뜻이다. 유통기한 이내라도 개봉 후에는 냉장보관을 꼭 하라는 의미인 '반드시'가 가장 적절하다.

  • 유통기한 : 식품이 시중에 유통될 수 있는 기한
    예 우유를 살 때에는 <u>유통기한</u>을 확인하고 구매하세요.
  • 개봉 : 봉하여 두었던 것을 떼거나 여는 것
    예 음료수는 <u>개봉</u>하면 되도록 빨리 마셔야 한다.

[오답해설]
② 굳이 : 고집을 부려 구태여
③ 매우 : 보통 정도보다 훨씬 더
④ 심지어 : 더욱 심하다 못하여 나중에는

02 '불다'는 입을 오므리고 날숨을 내어보내어, 입김을 내거나 바람을 일으키는 것을 말한다. 상처에 바람을 일으키면서 약을 발랐다는 의미이므로 '불어'가 가장 적절하다.

[오답해설]
① 느끼다 : 감각 기관을 통하여 어떤 자극을 깨닫다.
    예 11월이 되니 추위를 <u>느끼기</u> 시작했다.
② 정리하다 : 흐트러지거나 혼란스러운 상태에 있는 것을 한데 모으거나 치워서 질서 있는 상태가 되게 하다.
    예 그동안 치우지 못한 방을 <u>정리하려고</u> 한다.
④ 등장하다 : 무대나 연단 따위에 나오다.
    예 사장님이 <u>등장하시자</u> 주위가 조용해졌다.

03 '가뿐하다'는 '몸의 상태가 가볍고 상쾌하다'라는 의미이다. 목표로 한 만큼 운동을 끝냈으므로 '가뿐한' 기분이 드는 것이 자연스럽다.

- 목표 : 어떠한 행동을 하여 이루려고 하는 최후의 대상

  예 올해 우리 팀의 <u>목표</u>는 전국체전 우승이다.

[오답해설]

① 적당하다 : 정도에 알맞다.

　　예 국에 들어갈 채소는 <u>적당한</u> 크기로 썰어 주세요.

② 애매하다 : 희미하여 분명하지 않다.

　　예 확실한 증거라고 보기에는 조금 <u>애매한</u> 부분이 있었다.

③ 우울하다 : 근심스럽거나 답답하여 활기가 없다.

　　예 며칠째 집안에만 있었더니 <u>우울한</u> 기분이다.

04 '-게'는 형용사의 어간 뒤에 붙어 동사를 꾸며 주는 부사형으로 만드는 연결 어미이다. 주로 뒤에 오는 상태나 행동의 정도, 방식을 나타낸다. 형용사 '짧다'가 동사 '줄이다'를 꾸며 주고 있으므로 어간 '짧-'에 '-게'를 붙여 부사형 '짧게'로 써야 한다.

[오답해설]

① -고 : 두 가지 이상의 사실을 대등하게 벌여 놓을 때 쓰는 연결 어미

　　예 오늘 하늘은 정말 <u>높고</u> 푸르렀다.

② -은 : 앞말이 명사를 꾸며 주는 역할을 하게 하고 현재의 상태를 나타내는 어미

　　예 그가 <u>입은</u> 하얀 셔츠가 눈에 들어왔다.

③ -아 : 까닭이나 근거를 나타낼 때 쓰는 연결 어미

　　예 팔이 <u>짧아</u> 선반에 닿지 않았다.

05 '-ㄴ 김에'는 '앞의 말이 어떤 일의 기회나 계기가 됨'을 뜻할 때 쓰는 말이다. 자신의 기차표를 예매한 것이 동생의 기차표를 예매한 기회 혹은 계기가 되었다는 의미이므로 '제 기차표를 예매하는 김에'가 들어가는 것이 가장 자연스럽다.

- 예매 : 정해진 때가 되기 전에 미리 물건을 사 두는 것

  예 내일 볼 영화표를 <u>예매</u>해 두었어.

[오답해설]

② -ㄴ 채로 : '이미 있는 상태 그대로 있다'라는 뜻

　　예 그는 옷을 <u>입은 채로</u> 물에 첨벙첨벙 들어갔다.

③ -기 위해 : 뒷말에서 일어난 일의 의도 혹은 목적을 나타낼 때 쓰는 말

　　예 우리는 불을 <u>피우기 위해</u> 마른 나뭇가지를 모으기 시작했다.

④ -ㄹ까 봐 : 앞말이 뜻하는 상황이 될까 걱정하거나 두려워함을 나타내는 말

　　예 혹시라도 기계가 고장 <u>날까 봐</u> 건드리지도 않았어요.

06 '-ㄴ'은 앞말이 관형어 구실을 하게 하고 현재의 상태를 나타내는 어미로, 따뜻한 상태인 죽을 먹겠다는 의미이다.

[오답해설]

① -ㄹ : 앞말이 관형어 구실을 하게 하고 추측, 예정, 의지, 가능성 등 확정된 현실이 아님을 나타내는 어미

⑩ 날이 흐린 것을 보니 곧 비가 내릴 것 같다.

③ -도 : 양보하여도 마찬가지로 허용됨을 나타내는 보조사

⑩ 아침에 귀찮아도 꼭 밥을 챙겨 먹어라.

④ -고 : 두 가지 이상의 사실을 대등하게 벌여 놓는 연결 어미

⑩ 영화를 보고 밥을 먹으러 갈까?

07 '-면'은 불확실하거나 아직 이루어지지 않은 사실을 가정하여 말할 때 쓰는 연결 어미로 쓰인다. 새로운 게임이 아직 출시되지 않았지만 출시가 된다면 바로 살 것이라는 의미이다.

• 출시되다 : 상품이 시중에 나오다.

⑩ A브랜드의 옷은 출시된 지 3일 만에 품절이 났다.

[오답해설]

① -채 : 어떤 상태나 동작이 다 되거나 이루어졌다고 할 만한 정도에 아직 이르지 못한 상태를 이르는 말

⑩ 신발은 신은 채로 들어오세요.

① -느라 : 앞 절의 사태가 뒤 절의 사태에 목적이나 원인이 됨을 나타내는 연결 어미

⑩ 급하게 출발하느라 핸드폰을 두고 왔다.

① -고 : 두 가지 이상의 사실을 대등하게 벌여 놓는 연결 어미

⑩ 퇴근하고 마트에 가기로 했다.

08 '-ㄹ 걸 그랬다'는 지난 행동을 후회하면서 하지 않은 일을 가정할 때 사용하는 말이다. 일이 생각보다 오래 걸리는 것을 보며 일을 미리 시작하지 않은 것을 후회하고 있으므로 '시작할 걸 그랬다'가 들어가는 것이 가장 자연스럽다.

[오답해설]

② -(으)려던 참이다 : 어떤 일을 하는 경우나 때를 뜻하는 말

⑩ 저도 자리에서 일어나려던 참입니다.

③ -ㄹ 줄 모르다 : 앞말의 사건을 예상하거나 추측하지 못했음을 나타내는 말

⑩ 저도 이렇게 사람이 많을 줄 몰랐어요.

④ -ㄹ 만하다 : 앞말이 뜻하는 행동을 할 타당한 이유가 있음을 나타내는 말

⑩ 키교 씨가 화낼 만했어요. 장난도 적당히 쳤어야죠.

09 주어진 영수증의 상품부분을 보면 구입한 물건의 종류를 알 수 있다. 따라서 닭가슴살이 아닌 닭다리살을 구입하였음을 알 수 있다.

- 교환 : 서로 바꿈

  예 이 옷은 한 사이즈 큰 걸로 <u>교환</u>해야 겠다.
- 환불 : 이미 지불한 돈을 되돌려줌

  예 <u>환불</u>은 구매 후 30일까지 가능합니다.
- 부가세 : 생산 및 유통의 각 단계에서 생성되는 부가가치에 대해 부과되는 조세(부가가치세)

  예 <u>부가세</u>는 별도로 계산해주세요.

10 USB는 스마트폰과 자료를 주고 받을 수 없지만 클라우드는 가능하다.

- USB : 이동형 데이터 기억 장치

  예 이번에 32GB <u>USB</u>를 구입했다.
- 강점 : 남보다 우세하거나 더 뛰어난 점

  예 저의 <u>강점</u>은 성실함입니다.
- 매체 : 어떤 작용을 한 쪽에서 다른 쪽으로 전달하는 물체 또는 그런 수단

  예 대중 <u>매체</u>의 긍정적인 면이 있다.
- 대용량 : 아주 큰 용량

  예 <u>대용량</u> 제품을 저렴하게 살 수 있다.

11 애국가는 1907년 만들어진 것으로 보이며, 이 당시의 애국가에는 스코틀랜드의 민요 '올드 랭 사인(Auld Lang Syne)'의 곡조가 붙여져 있었다. 그러나 1935년 작곡가 안익태가 오늘날 우리가 부르고 있는 애국가를 작곡하였고, 1948년 대한민국 정부 수립 이후 실질적인 국가로 자리잡게 되었다.

- 지다 : 꽃이나 잎 등이 시들어 떨어지다.

  예 여름이 되자 봄에 피었던 꽃들이 하나둘 <u>지기</u> 시작했다.
- 곡조 : 음악적 통일을 이루는 음의 연속

  예 이 노래는 <u>곡조</u>가 정말 아름답다.

12 부부 사이는 촌수를 따지지 않는다. 흔히 '0촌(무촌)'이라고도 하는데, 1촌보다 더 가까운 사이라는 의미를 가지고 있으면서 동시에 피가 섞이지 않은 남으로서 헤어지면 남과 다를 바 없는 사이라는 상반된 의미를 가지고 있다.

13 ㄴ. 고위공직자로서 개인보다 나라의 이익을 먼저 생각한다.

ㄷ. 국회가 열리는 회기 중에는 국회의 동의가 없어도 체포되지 않는다.

- 총선거 : 국회의원 전부를 한꺼번에 선출하는 선거

  예 올해는 국회의원 <u>총선거</u>를 실시한다.

- 선출 : 여럿 가운데서 골라냄

  <u>예</u> 이번에 <u>선출</u>된 반장은 일을 잘한다.
- 공직자 : 공무원, 국회의원 따위의 공직에 종사하는 사람

  <u>예</u> <u>공직자</u>는 누구보다 정직해야 한다.
- 회기 : 개회로부터 폐회까지의 기간

  <u>예</u> 정기 국회의 <u>회기</u>는 100일을 초과할 수 없다.
- 체포 : 형법에서, 사람의 신체에 대하여 직접적이고 현실적인 구속을 가하여 행동의 자유를 빼앗는 일

  <u>예</u> 용의자를 긴급 <u>체포</u>했다.

14 • 주정차 : 주차와 정차

  <u>예</u> 이 골목은 <u>주정차</u> 단속이 심하다.
- 과태료 : 법률 공법에서, 의무 이행을 태만히 한 사람에게 벌로 물게 하는 돈. 벌금과 달리 형벌의 성질을 가지지 않는 법령 위반에 대하여 부과한다.

  <u>예</u> 과속 운전으로 교통경찰에게 적발되어 <u>과태료</u>를 물었다.

[오답해설]

① 어린이보호구역은 원칙적으로 주정차가 금지된 구역으로 규정되나, 통학용 차량만이 지정된 곳에 정차할 수 있다.

③ 만 13세 미만 어린이시설 주변 도로 중 일정구간을 보호구역으로 지정한다.

④ 어린이보호구역에서 교통사고를 일으켰을 경우 형사처분을 받게 된다.

15 단오는 모내기를 끝낸 후 풍년을 기원하는 제사이며, 과거에는 설날, 추석과 함께 우리나라에서 가장 큰 명절로 여겨졌다. 단오의 주요 풍속 및 행사로는 창포물에 머리 감기, 쑥과 익모초 뜯기, 그네뛰기, 활쏘기, 씨름 등이 있다.
- 풍년 : 농사가 잘되고 곡식이 잘 자라서 수확이 많은 해

  <u>예</u> 우리 마을 가을 농사는 <u>풍년</u>이구나.
- 기원하다 : 기대하고 바라다 또는 바라는 일이 이루어지기를 빌다.

  <u>예</u> 나는 우리 가족들이 아프지 않고 건강하기를 <u>기원했</u>다.
- 햇곡식 : 그 해에 새로 난 곡식

  <u>예</u> 초가을에 <u>햇곡식</u>으로 새로 빚은 맑은 술을 신청주라 한다.
- 쑤다 : 곡식의 알이나 가루를 물에 끓여 익혀 죽이나 메주 등을 만들다.

  <u>예</u> 아침에 일어나 보니 어머니께서 아픈 날 위해 죽을 <u>쑤</u>고 계셨어요.

[오답해설]

① 다 같이 떡국을 먹는 것은 설날의 풍습이다.

② 송편은 추석 때 먹는 대표적인 음식이다.

④ 붉은 팥으로 팥죽을 쑤어 먹는 것은 동짓날의 풍습이다.

16 너와집은 강원도나 함경도 등의 산지에서 많이 지어진 집이다. 이는 초가집 혹은 기와집을 짓는 데 필요한 볏짚이나 기와를 산지에서는 구하기 어려웠기 때문에 산지에 풍부한 나무로 이를 대체한 것이다.

- 엮다 : 노끈이나 새끼 등의 여러 가닥을 얽거나 이리저리 어긋매어 어떤 물건을 만들다.
  예 과거에는 짚을 엮어 만든 짚신을 많이 신었다.
- 교체하다 : 사람이나 사물을 다른 사람이나 사물로 대신하다.
  예 지금까지 쓰던 컴퓨터를 오늘 새 컴퓨터로 교체했어요.
- 뼈대 : 건물 등과 같은 구조물의 골자
  예 뼈대만 겨우 세워진 상태로 공사가 중단되었다.
- 올리다 : 위쪽으로 높게 하거나 세우다.
  예 돌과 모래, 흙 등을 섞어 담벼락을 쌓아 올렸다.
- 산지 : 들이 적고 산이 많은 지대
  예 강원도는 산지가 많아 농업이 발달하기가 어려웠다.

[오답해설]
① 초가집은 볏짚이나 밀짚 등으로 지붕을 엮어 만든 집으로 과거 양반과 평민을 가리지 않고 살던 대중적인 집이었다. 그러나 기와의 보급 이후 양반층의 집이 기와집으로 바뀌면서 주로 평민이 사는 집으로 자리 잡게 되었다.
② 기와집은 6개월여마다 지붕을 교체해 주어야 했던 초가집의 단점을 보완하여 지붕을 반영구적인 기와로 대체한 것이다.
③ 한옥은 주로 나무와 흙, 돌, 짚 등을 이용하여 만들어졌다. 나무와 짚으로 뼈대를 만들고 황토를 발라 벽을 만든 뒤 이것이 굳으면 한지를 붙여 마무리하는 방식이다.

17 안중근 의사는 1909년 10월 26일 만주의 하얼빈에서 이토 히로부미를 암살하고 체포되어 1910년 3월 26일 순국한 독립운동가이다.

- 체포하다 : 경찰 등이 사람에 대해 직접적이고 현실적인 구속을 하여 행동의 자유를 빼앗다.
  예 죄 없는 사람들이 많이 체포되었다.
- 순국하다 : 나라를 위하여 목숨을 바치다.
  예 일제강점기 당시 수많은 독립운동가들이 순국하였다.

[오답해설]
① 이봉창 의사는 한인애국단에 가입하여 일왕 히로히토에게 수류탄을 던졌으나 실패하고 체포된 후 사형당한 독립운동가이다.
② 유관순 열사는 3·1운동에 참여해 만세 운동을 주도하다 일제에 체포되었다. 모진 고문 끝에 19세의 나이로 옥중에서 순국하였다.
④ 이순신 장군은 조선시대의 장군으로 삼도수군통제사로서 임진왜란에서 활약하였으며, 임진왜란을 끝내는 데 결정적인 역할을 한 장군이다.

18 2020년 공직선거법이 개정되어 투표를 할 수 있는 나이가 만 18세로 변경되었다. 이처럼 일정한 나이가 된 모든 국민에게 선거권을 주는 원칙을 '보통선거'라 한다. 보통선거는 '평등선거', '직접선거', '비밀선거'와 함께 우리나라의 4대 선거 원칙에 해당한다.

- 선거 : 선거권을 가진 사람이 공직에 임할 사람을 투표로 뽑는 일
  - 예 <u>선거</u>는 민주주의 시민의 권리이자 의무이다.
- 제도 : 관습이나 도덕, 법률 등의 규범이나 사회 구조의 체계
  - 예 우리나라에는 다양한 사회 복지 <u>제도</u>가 있다.
- 개정 : 주로 문서의 내용 등을 고쳐 바르게 함
  - 예 이 법은 오늘날 현실과 맞지 않는 부분이 많아 <u>개정</u>이 필요합니다.

[오답해설]
② 평등선거 : 재산, 신분, 성별, 교육 정도, 종교, 문화 등 어떤 조건의 영향을 받지 않고 모든 사람이 동일한 수준의 선거권을 갖는 것
③ 직접선거 : 선거권을 가진 사람이 직접 투표를 하여야 한다는 원칙으로서, 자신의 선거권을 다른 사람에게 대신 행사하도록 할 수 없다는 원칙
④ 비밀선거 : 선거권을 가진 유권자가 누구에게 투표했는지 다른 사람이 알지 못하도록 비밀이 보장되어야 한다는 원칙

19 생산 수단을 국가가 소유하여 운영하는 것은 계획경제체제이다. 계획경제체제에서는 생산과 소비, 분배 등이 중앙 정부의 통제를 받는다. 반면 우리나라의 경제체제는 시장경제체제로, 생산 수단도 각 개인이 소유할 수 있으며, 생산과 소비, 분배 등은 가능한 시장이 결정하도록 한다.

- 사유재산 : 개인 또는 사법인이 자유의사에 따라 관리 · 사용 · 처분할 수 있는 재산
  - 예 이 건물은 <u>사유재산</u>으로 관계자 외의 출입을 금지합니다.
- 대가 : 일을 하고 그에 대한 값으로 받는 보수
  - 예 어려운 일에는 그만큼 큰 <u>대가</u>가 주어져야 한다.
- 발휘하다 : 재능, 능력 등을 떨쳐 나타내다.
  - 예 아이들이 자신의 재능을 충분히 <u>발휘</u>할 수 있는 환경을 만들어 주어야 해요.
- 통제 : 일정한 방침이나 목적에 따라 행위를 제한하거나 제약하는 것
  - 예 모든 훈련병들은 조교의 <u>통제</u>를 받아 생활한다.

20 '금융실명제'는 금융기관, 즉 은행 등과 거래를 할 때 가명이나 다른 사람의 이름이 아닌 본인의 실제 이름(실명)으로 거래해야 하는 제도이다. 1997년 김영삼 정부 당시 도입된 제도로서 불법적인 금융 거래를 막고, 세금을 더 명확하게 걷을 수 있게 되었다.

- 거래하다 : 물건 등을 주고받거나 사고팔다.
  - 예 우리 회사는 지난달부터 ○○공업과 <u>거래</u>하고 있다.
- 금융 : 돈을 돌려쓰는 일. 특히 이자를 붙여 돈을 빌려주는 일과 그 돈을 다시 받는 일을 이른다.
  - 예 <u>금융</u> 거래를 하려면 은행에 가야 한다.

- 가명 : 실제의 자기 이름이 아닌 이름
  - 예 가명으로 글을 쓸 수 있는 게시판이 있다.
- 차명 : 남의 이름을 빌려 씀. 또는 그 이름
  - 예 우리나라는 차명으로 금융 거래를 하지 못하게 되어 있다.
- 실명 : 실제의 이름
  - 예 계약서에는 반드시 본인의 실명을 적어야 한다.

21 대한민국에서 취업을 하고자 할 때에는 취업을 할 수 있는 체류자격을 소지하여야 하며, 지정된 근무장소에서만 근무하여야 한다.
- 취업 : 일정한 직업을 잡아 직장에 나감
  - 예 이번에 취업이 되어 너무 기쁘다.
- 체류 : 객지에 가서 머물러 있음
  - 예 남편의 해외 체류 기간은 길지 않을 것이다.
- 소지하다 : 물건을 지니고 있다.
  - 예 소지하고 있던 물건은 가방 안에 넣어주세요.
- 사유 : 대상을 두루 생각하는 일
  - 예 결격 사유에 해당하는지 확인해주세요.

[오답해설]
② 근무장소 변경이 발생할 경우 출입국에 말해야 한다.
③ 대한민국에 입국한 날부터 90일을 초과하여 체류하려는 외국인은 외국인등록을 해야 한다.
④ 여권 번호의 변경이 있을 경우 사유가 발생한 날로부터 15일 이내에 변경 신고를 해야 한다.

22 민법은 일반적으로 서로 대등한 개인 사이에 존재하는 법률관계(재산관계와 가족관계)를 규율하는 법이다. 개인 간 권리에 대한 다툼이 발생했을 때 이를 해결하기 위한 법적인 근거를 제공한다.
- 대등하다 : 서로 견주어 높고 낮음이나 낫고 못함이 없이 비슷하다.
  - 예 피나는 노력 끝에 하나 씨는 링웬 씨와 대등한 실력을 갖게 되었어요.
- 권리 : 어떤 일을 행하거나 타인에 대하여 당연히 요구할 수 있는 힘이나 자격
  - 예 인간이 태어날 때부터 가지고 있는 기본적인 권리를 기본권이라 한다.
- 규율하다 : 질서나 제도를 좇아 다스리다.
  - 예 군법은 군대를 규율한다.
- 공동체 : 생활이나 행동 또는 목적 등을 같이하는 집단
  - 예 회사는 하나의 공동체이다.

[오답해설]
① 형법에 대한 설명이다.
③ 상법에 대한 설명이다.
④ 나라의 최상위법인 헌법에 대한 설명이다.

23 주몽은 물의 신 화백의 딸인 유화와 천신의 아들 해모수 사이에서 태어난 아들이며 알에서 태어난 것으로 전해진다. 본래 부여의 왕인 금와왕의 아들로서 살았으나 형제들의 위협에 남쪽으로 도망쳐 고구려를 건국하고 '고'를 자신의 성으로 삼았다.

- 이복 : 아버지는 같고 어머니가 다름
  - 예 나와 형은 <u>이복</u> 형제이지만 사이가 매우 좋다.
- 위협 : 힘으로 으르고 협박함. 또는 두려움이나 위험을 느끼게 함
  - 예 토끼는 사자를 보고 생명의 <u>위협</u>을 느꼈다.
- 여기다 : 마음속으로 그러하다고 인정하거나 생각하다.
  - 예 그는 그것을 틀림없는 사실로 <u>여겼다</u>.
- 건국하다 : 나라를 세우다.
  - 예 단군왕검은 고조선을 <u>건국하였다</u>.

[오답해설]

② 온조왕은 고구려를 세운 동명성왕, 즉 주몽의 아들로 이복형인 유리왕이 동명성왕의 왕위를 잇자 남쪽으로 내려가 백제를 건국하였다.

③ 박혁거세는 알에서 태어난 뒤 지금의 경주 지역에서 태어난 여섯 촌장의 지지를 받아 신라를 건국한 신라의 시조이다.

④ 수로왕은 금관가야의 시조이다. 하늘에서 내려온 금빛 그릇 안에 담겨 있던 황금색 알 6개 중 가장 먼저 알을 깨고 태어났다는 신화가 전해진다.

24 〈보기〉의 내용과 관련이 있는 국가는 고구려이다. 광개토대왕은 고구려의 전성기를 이끌었던 왕으로서 고구려의 영토를 가장 크게 확장한 왕이다. 천리장성은 고구려 말기 서부 국경의 방어를 위해 1,000리(약 400km)에 걸쳐 쌓은 장성이다. 살수대첩은 고구려의 장수 을지문덕이 수나라의 30만 대군을 살수에서 맞아 전부 몰살시킴으로써 강대했던 수나라를 멸망에 이르게 한 전쟁이다.

- 전성기 : 형세나 세력 등이 한창 왕성한 시기
  - 예 그 선수는 부상에서 돌아와 다시 <u>전성기</u>를 맞고 있다.
- 확장하다 : 범위, 규모, 세력 등을 늘려서 넓히다.
  - 예 우리 회사는 식품 분야까지 사업을 <u>확장했다</u>.
- 몰살하다 : 모조리 다 죽거나 죽이다.
  - 예 적군의 공격으로 부대원이 모두 <u>몰살하였다</u>.
- 강대하다 : 나라나 조직 등의 역량이 강하고 크다.
  - 예 우리나라는 전 세계적으로도 <u>강대한</u> 나라이다.
- 멸망하다 : 망하여 없어지다.
  - 예 일제에 의해 조선은 <u>멸망하였다</u>.

25 1990년대 이후 여성의 사회 진출이 증가함에 따라 평균 결혼 연령은 점차 높아지고 있다. 1990년 기준 여성의 결혼 연령은 24.78세였으나 2022년에는 31.26세까지 높아졌다.
- 확대하다 : 모양이나 규모 등을 더 크게 하다.
  예 기업이 고용을 <u>확대했다</u>.
- 접어들다 : 일정한 때나 기간에 이르다.
  예 어느덧 가을에 <u>접어들었다</u>.

[오답해설]
① 정부는 저출산 문제를 해결하고자 진료비와 출산비 등을 지원하고 있으며, 어린이집 등 보육에 필요한 비용도 지원하고 있다. 이러한 정부의 지원은 계속해서 확대되고 있다.
② UN이 정한 고령 사회는 65세 이상 인구가 전체 인구에서 차지하는 비율이 14% 이상인 경우이다. 우리나라의 65세 이상 인구 비율은 2022년 기준 17.4%에 달한다.
④ 2022년 기준 대한민국의 출산율은 0.78명이다.

26 제주도는 우리나라 최대의 섬이자 화산의 폭발로 인해 만들어진 화산섬이다. 예로부터 돌과 바람, 여자가 많다고 하여 '삼다도'로 불렸으며, 과거에는 '탐라' 혹은 '탐라도'라고도 불렸다. 성산일출봉, 섭지코지 등 다양한 관광지가 많고 풍경도 아름다워 많은 이들이 찾는 여행지이다.
- 특산품 : 어떤 지역에서 특별히 생산되는 물품
  예 강릉의 <u>특산품</u>은 오징어이다.
- 풍부하다 : 넉넉하고 많다.
  예 태국은 각종 해산물이 매우 <u>풍부하다</u>.
- 풍경 : 산이나 들, 강, 바다 등의 자연이나 지역의 모습
  예 제 고향은 정말 아름다운 <u>풍경</u>을 가지고 있어요.
- 방문하다 : 어떤 사람이나 장소를 찾아가 만나거나 보다.
  예 오랜만에 선생님 댁을 <u>방문했다</u>.

[오답해설]
① 울릉도는 동해에 위치한 화산섬으로 아름다운 관광지이지만 교통편이 좋지 않아 방문이 쉽지는 않다. 최근 독도와 함께 방문하는 이들이 많다.
② 우도는 제주도의 동쪽에 위치한 작은 섬으로 '작은 제주도'라 불린다. 제주도를 방문한 이들이 함께 방문하는 관광지이다.
④ 영종도는 인천광역시에 속한 섬으로 현재는 인천국제공항이 건설되어 세계로 통하는 관문의 역할을 하고 있다.

27 평등권은 모든 국민이 법 앞에 평등하며, 누구든지 성별, 종교 또는 사회적 신분에 의하여 차별받지 않을 권리를 말한다. 이는 대한민국 헌법 제11조에서 규정하고 있다. '개인의 자유를 침해받지 않을 권리'는 자유권이며, 대한민국 헌법 제12조 및 제14조~제21조에서 규정하고 있다.

- 규정하다 : 규칙으로 정하다 또는 정하여 두다
  - 예 법에서 <u>규정한</u> 원칙대로 죄를 지은 사람은 그에 맞는 벌을 받게 된다.
- 침해하다 : 침범하여 해를 끼치다.
  - 예 이것은 사유재산권을 <u>침해하는</u> 행위이다.
- 보장하다 : 어떤 일이 어려움 없이 이루어지도록 조건을 마련하여 보증하거나 보호하다.
  - 예 우리나라는 언론의 자유가 <u>보장되어</u> 있다.

[오답해설]
② 사회권은 인간다운 삶을 살 권리, 삶의 질을 높일 권리, 교육을 받을 권리 등을 말한다. 대한민국 헌법 제31조, 제33조~제35조에서 규정하고 있다.
③ 참정권은 정치에 참여할 수 있는 권리로서 대한민국 헌법 제24조와 제25조에서 규정하고 있다.
④ 청구권은 평등권과 자유권, 사회권, 참정권을 보장하기 위해 절차를 규정한 권리이다. 대한민국 헌법 제26조와 제29조에서 규정하고 있다.

28 혼인 전부터 각자 소유하고 있던 재산은 부부 일방의 특유재산이라고 하여 원칙적으로 재산분할의 대상이 될 수 없다. 다만 다른 일방이 상대의 특유재산의 유지 혹은 증가를 위해 기여하였을 경우, 그 증가분은 재산분할의 대상으로 포함시킬 수 있다.

- 일방 : 어느 한쪽. 또는 어느 한편. 두 가지 상황을 말할 땐 한 상황을 말한 다음, 다른 상황을 말할 때 쓰는 말
  - 예 이 약속은 당사자 <u>일방</u>이 거부하면 무효가 된다.
- 부정하다 : 부부가 서로의 정조를 지키지 않다.
  - 예 그는 남편의 <u>부정한</u> 행위를 목격했다.
- 합의하다 : 서로 의견이 일치하다.
  - 예 쑹웬 씨의 방법대로 일을 진행하기로 <u>합의했어요</u>.
- 분할하다 : 나누어 쪼개다.
  - 예 그는 밀가루 반죽을 세 덩이로 <u>분할했다</u>.
- 지급하다 : 돈이나 물품 등을 정해진 몫만큼 내주다.
  - 예 이번달 월급이 <u>지급되었다</u>.

29 박정희는 대한민국의 제5~9대 대통령이다. 군사정변을 일으켜 정권을 잡은 뒤 대통령의 자리에 올랐다. 유신헌법을 선포하여 국회를 해산시키는 등 독재를 시도하였으나 1979년 10월 26일 중앙정보부장 김재규에 의해 암살당했다.

- 군사 : 예전에 군인이나 군대를 이르던 말
  - 예 그 사람은 <u>군사</u>를 이끌고 훈련을 하였다.
- 정변 : 혁명이나 쿠데타 등의 비합법적인 수단으로 생긴 정치상의 큰 변동
  - 예 1960년대에 살던 사람들은 큰 정치적 <u>정변</u>을 겪었다.
- 독재 : 특정한 개인, 단체 등이 어떤 분야에서 모든 권력을 차지하여 모든 일을 독단으로 처리함
  - 예 자유를 외치던 국민은 <u>독재</u> 정치에 맞서 싸우기 시작했다.
- 내란 : 나라 안에서 정권을 차지할 목적으로 벌어지는 큰 싸움
  - 예 끊임없는 <u>내란</u>은 한 나라의 경제를 무너트린다.
- 정권 : 정치상의 권력
  - 예 평화로운 방법으로 <u>정권</u>을 교체하였다.
- 선포하다 : 세상에 널리 알리다.
  - 예 3·1운동을 통해 조선의 독립 의지를 <u>선포하였다</u>.
- 사살하다 : 활이나 총 등으로 쏘아 죽이다.
  - 예 그는 도망치는 적의 등에 총을 쏘아 <u>사살하였다</u>.

[오답해설]
① 이승만은 대한민국 초대 대통령이었으나 부정선거를 자행하다 4·19 혁명을 통해 대통령 자리에서 물러났다.
③ 노태우는 대한민국 제13대 대통령이었으나 내란 혐의로 전두환과 함께 징역형을 선고받았다.
④ 김대중은 대한민국 제15대 대통령으로 한국인 최초의 노벨평화상 수상자이다.

30 KTX(Korea Train eXpress)는 2004년 4월 1일 개통된 대한민국의 고속철도로 최고 305km/h의 속도로 운행이 가능해 서울에서 부산까지의 이동거리를 획기적으로 줄여 주었다. 부산 외에도 천안과 대전, 대구, 울산 등 주요 도시를 운행하며, 2018년 평창동계올림픽에 대비하기 위해 강릉선이 신설되어 2017년 12월 개통되었다.
- 개통하다 : 길, 다리, 철로, 전화, 전신 등을 완성하거나 이어 통하게 하다.
  - 예 서울에서 춘천을 연결하는 춘천고속국도가 <u>개통되었다</u>.
- 운행하다 : 차량 등이 정해진 도로나 목적지를 오고가다.
  - 예 서울지하철 5호선은 동쪽으로는 상일동역에서 서쪽으로는 방화역까지 <u>운행한다</u>.
- 획기적 : 어떤 과정이나 분야에서 전혀 새로운 시기를 열어 놓을 만큼 뚜렷이 구분되는 것
  - 예 상대성이론은 그야말로 <u>획기적</u>인 이론이었다.
- 개발하다 : 새로운 물건을 만들거나 새로운 생각을 내어놓다.
  - 예 우리별 2호는 우리나라에서 <u>개발한</u> 최초의 인공위성이다.

① SRT : 2016년 12월 개통된 고속열차로 수서 ↔ 부산, 수서 ↔ 목포 등의 구간을 운행한다. SRT는 'Super Rapid Train'의 약자이다.

② ITX : 새마을호를 대체하는 특급열차로 'Intercity Train eXpress'의 줄임말이다.

④ TGV : 떼제베(TGV)는 프랑스의 고속철도이다. 대한민국의 KTX는 프랑스의 TGV를 바탕으로 개발되었으나, 현재 우리 자체의 기술력으로 차량을 생산하고 있다.

31 사전투표제도는 선거 당일 투표가 어려운 사람들을 위해 미리 투표를 할 수 있도록 하는 제도이다. 2013년 상반기 재·보궐선거에서 처음 실시되었으며, 2014년 6월 4일 지방선거에서는 전국 단위 선거 최초로 사전투표가 실시되었다.

- 재선거 : 다시 실시하는 선거
  - 예 그 사람은 재선거를 통해 당선된 대통령이다.
- 보궐선거 : 의원의 임기 중에 사망, 자격 상실 등의 이유로 빈자리가 생겼을 때 그 자리를 보충하기 위하여 실시하는 임시 선거
  - 예 국회에 빈자리가 생겨서 보궐선거를 실시한다.
- 부재자 신고 : 어떤 이유로 주소지를 떠나 있는 선거인이 투표를 하기 위해 신고하는 것
  - 예 외국에서 공부 중인 학생은 부재자 신고를 해야 한다.
- 부재자 투표 : 일정한 사유로 인하여 그의 주소지를 떠난 사람이 선거일에 그 주소지의 투표소에 가지 않고 우편으로 행하는 투표
  - 예 군대에 가 있는 남동생은 부재자 투표로 선거에 참여했다.
- 유권자 : 선거할 권리를 가진 사람
  - 예 그 후보는 많은 유권자의 지지를 받고 당선되었다.
- 실시하다 : 실제로 시행하다.
  - 예 변경된 제도는 다음 달 1일부터 실시됩니다.
- 신고하다 : 국민이 법령의 규정에 따라 행정 관청에 일정한 사실을 진술·보고하다.
  - 예 결혼을 한 부부는 행정 관청에 혼인 사실을 신고해야 한다.
- 주소지 : 법률상 등록된 행정 구역이 있는 장소
  - 예 그는 이사를 한 후 주소지 변경 신고를 하였다.
- 속하다 : 관계되어 딸리다.
  - 예 강원도 일부 구역은 북한에 속한다.
- 선거구 : 의원을 선출하는 단위 구역
  - 예 우리 지역은 종로 가 선거구에 속한다.

① 선거일 기준 5일 전 2일간 실시된다. 선거일이 수요일로 고정되어 있으므로 사전투표일은 그 전 주 금요일 및 토요일이다.

② 부재자투표제도와 달리 사전투표를 할 때는 별도의 부재자 신고를 할 필요가 없다.

③ 유권자의 주소지와 상관없이 투표소가 설치된 지역이라면 어디서나 투표할 수 있다.

32 헌법 재판은 우리나라의 법률이나 국가의 활동이 헌법에 위배되는 것이 아닌지를 판단하기 위한 재판으로 헌법재판소에서 실시한다. 헌법재판소에서 위헌으로 판결한 법률은 그 효력을 잃게 된다.
   • 위배되다 : 법률, 명령, 약속 따위가 지켜지지 않고 어겨지다.
     예 당신이 한 행동은 법률에 위배되는 아주 위험한 행동입니다.
   • 판결하다 : 법원이 소송 사건에 대하여 판단하고 결정하는 재판을 하다.
     예 판사는 죄의 유무를 판결하는 사람이다.
   • 판단하다 : 사물을 인식하여 논리나 기준 등에 따라 판정을 내리다.
     예 누가 잘못한 것인지 판단하기가 어렵다.

[오답해설]
② 개인과 개인 사이의 다툼은 민사 재판을 통해 해결한다.
③ 누군가의 범죄 여부, 그리고 그 범죄에 대한 형벌을 결정하는 것은 형사 재판이다.
④ 국가나 지방자치단체의 활동으로 인한 피해를 입은 국민이 국가를 상대로 거는 재판은 행정 재판이다.

33 임대차계약서는 당사자의 일방인 임대인(물건을 빌려주는 사람)이 상대방인 임차인(물건을 빌리는 사람)에게 자산이나 부동산 등을 사용할 수 있게 하고, 그 대가로서 임차인이 임대인에게 대금을 지급할 것을 내용으로 하는 계약서이다. 부동산 계약서가 대표적인 임대차계약서이다.
   • 자산 : 개인이나 법인이 소유하고 있는 경제적 가치가 있는 유ㆍ무형의 재산
     예 빌 게이츠는 세계에서 가장 많은 자산을 가지고 있는 사람 중 한 명이다.
   • 일방 : 어느 한쪽. 또는 어느 한편
     예 일방의 주장만 듣고 상황을 판단할 수는 없다.
   • 임대 : 돈을 받고 자기의 물건을 남에게 빌려줌
     예 내가 창고로 쓰던 옥탑방을 정리해 임대하기로 했다.
   • 임차 : 돈을 내고 남의 물건을 빌려 씀
     예 학교 맞은편에 있는 오피스텔을 임차할 생각이다.
   • 대금 : 물건의 값으로 치르는 돈
     예 원자재에 대한 대금을 치렀다.

[오답해설]
② 등기부등본 : 등기, 즉 부동산에 관한 일정한 권리관계를 모두 적어 놓은 문서
③ 혼인신고서 : 혼인 당사자의 혼인 사실을 해당 관청에 신고하기 위해 제출하는 문서
④ 보험증서 : 보험회사가 보험 계약의 내용을 적어 보험 계약자에게 줌으로써 보험 계약이 성립되었음을 증명하는 문서

34 기업의 주식을 사거나 판매하는 것은 증권 회사의 업무이다. 은행은 돈을 맡아 주고 이자를 주는 예금, 돈을 빌려 주는 대출, 돈을 보내 주는 송금, 다른 나라의 돈을 바꿔 주는 환전, 각종 공과금의 수납, 귀중품 보관 등의 업무를 한다.
- 공과금 : 국가나 공공단체가 국민에게 부과하는 금전적인 부담

  예 자동차세, 전기요금, 수도요금 등은 공과금에 해당한다.
- 주식 : 주식회사의 자본을 구성하는 단위

  예 콴 씨는 주식 투자로 큰 돈을 벌었어요.
- 수납 : 돈이나 물품 등을 받아 거두어들이는 것

  예 공과금 수납은 3번 창구에서 도와드리겠습니다.

35 세종대왕의 한글 반포를 기념하고 한글의 연구, 보급을 장려하기 위하여 정한 날로 양력 10월 9일이다.
- 창제 : 전에 없던 것을 처음으로 만듦

  예 새로운 문화 양식을 창제하다.
- 펴내다 : 널리 퍼뜨리다.

  예 신작 소설을 펴냈다.

36 근로기준법은 기본적으로 외국인 근로자에게도 적용된다. 따라서 근로기준법을 잘 살펴보고, 부당한 대우를 받지 않도록 해야 한다.
- 작성 : 서류, 원고 등을 만듦

  예 링링 씨, 자기소개서 작성을 같이 해 볼까요?
- 체불 : 마땅히 지급하여야 할 것을 지급하지 못하고 미룸

  예 고용노동부를 통해 체불 임금을 받을 수 있다.
- 부당하다 : 이치에 맞지 않다.

  예 그녀는 부당한 요구를 받았지만 끝내 거절했다.
- 대우 : 어떤 사회적 관계나 태도로 대하는 일

  예 브라이언 씨는 다른 사람보다 특별한 대우를 받습니다.
- 처우 : 제기된 문제나 일을 잘 처리하여 대우함

  예 그렉 씨는 외국인 노동자의 처우를 개선해달라고 요구했다.

[오답해설]

① 근로계약서는 노동자의 기본적인 권리를 지키기 위해 반드시 필요한 문서이며, 따라서 근로계약서 작성을 거부하는 곳에서는 일하지 않아야 한다.

③ 사업자 등록을 하지 않은 업체는 관련 법이 적용되지 않을 수 있으며, 따라서 여러 부당한 대우를 받을 가능성이 높다. 사업자등록번호 등을 확인하여 정식 등록된 업체인지 확인해야 한다.

④ 고용노동부는 고용정책과 근로에 관한 업무를 관장하는 행정기관으로, 임금 체불 등 부당한 처우를 당했을 때 도움을 요청할 수 있는 기관이다.

[작문형 예시 답안]

제가 좋아하는 운동은 수영입니다. 그 이유는 다른 운동에 비해 무릎에 큰 무리가 없기 때문입니다. 수영을 가족이나 친구와 함께 다녀보진 못했지만, 같이 다닌다면 경쟁하면서 즐겁게 운동할 수 있을 것 같습니다. 이 운동은 저처럼 무릎이 불편하신 분이나 살을 빼고 싶은 신 분들에게 추천합니다.

[구술시험 예시 답안]

01 블라인드 채용은 신입 사원을 채용할 때 출신 학교나 성별, 어학 점수와 같은 '스펙'을 보지 않고 업무 적합성만을 고려해 채용하는 제도입니다.

02 실제로는 자신의 스펙을 교묘히 드러내는 것이 가능한 것이 문제입니다. 또한 스펙도 그 사람이 노력한 결과인 만큼 이것을 무시하는 것이 정당한 일인지도 논란이 될 수 있습니다.

03 태국은 한국과 달리 공개 채용이라는 개념이 없이, 그때그때 필요한 사람을 채용합니다. 그래서 바로 업무를 할 수 있는 경력직을 주로 채용하려고 하고, 이 때문에 학교를 막 졸업한 사람들은 취업이 더 어렵습니다.

04 3·1절은 3·1 운동을 기념하여 지정된 국경일입니다. 3·1 운동은 1919년 3월 1일에 일제의 식민지 지배에 저항하기 위해 전국에서 일어났던 독립운동입니다. 이 운동은 대한민국은 물론 동아시아 전체에도 많은 영향을 미친 운동이었습니다.

05 산업재해보상보험은 직장에서 일하는 근로자를 보호하기 위한 보험 제도입니다. 직장에서 일을 하다 다쳤을 경우 필요한 치료비를 보험금으로 지급하고, 근로자가 사망했을 때는 남은 가족에게 보상금을 지급하기도 합니다.

- 입사 : 회사 따위에 취직하여 들어감
  예 오늘은 <u>입사</u> 첫날이다.
- 적합성 : 일이나 조건 따위에 꼭 알맞은 성질
  예 제품은 품질 검사를 통과하여 <u>적합성</u>을 인정받았다.
- 차별 : 둘 이상의 대상을 각각 등급이나 수준 따위의 차이를 두어서 구별함
  예 우리 아이들은 <u>차별</u>없이 키웠다.
- 허점 : 불충분하거나 허술한 점
  예 이 제도의 <u>허점</u>이 드러나고 있다.
- 평등 : 권리, 의무, 자격 등이 차별 없이 고르고 한결같음
  예 <u>평등</u>이 보장되는 회사이길 바랍니다.

사회통합프로그램 귀화용 종합평가
실전모의고사 2회 정답 및 해설

[객관식 정답 및 해설]

01	02	03	04	05	06	07	08	09	10	11	12	13	14	15	16	17	18	19	20
①	①	②	③	③	③	④	③	②	②	③	③	③	①	④	①	④	③	③	①

21	22	23	24	25	26	27	28	29	30	31	32	33	34	35	36
③	④	③	②	③	①	②	②	④	④	④	④	③	④	②	④

01 '자취'는 '손수 밥을 지어 먹으면서 생활함'이라는 의미이다. 주로 가족과 떨어져 혼자 사는 경우를 가리킨다.

[오답해설]

② 합숙 : 여러 사람이 한곳에서 집단적으로 묵음

　예 다음주부터 전국체전 대비 합숙 훈련이 있다.

③ 근무 : 직장에 소속되어 맡은 일에 종사함

　예 오늘부터 이 지점에서 근무하게 되었습니다.

④ 영업 : 이익을 목적으로 하는 사업 또는 행위

　예 저희 식당은 주말엔 쉬고 월요일부터 토요일까지 영업해요.

02 '주장하다'는 '자기의 의견이나 주의를 굳게 내세우다'라는 의미이다. 정당한 권리를 누려야 한다는 의견을 내세운 것이므로 '주장했다'가 들어가야 한다.

• 정당하다 : 이치에 맞아 올바르고 마땅하다.

　예 사람을 고용해서 일을 시켰으면 그에 맞는 대가를 주는 것이 정당한 일이다.

• 누리다 : 생활 속에서 마음껏 즐기거나 맛보다.

　예 그는 돈이 많아 넉넉한 생활을 누리며 살았다.

[오답해설]

② 망설이다 : 이리저리 생각만 하고 태도를 결정하지 못하다.

　예 그는 자리를 떠날지 말지 망설였다.

③ 구분하다 : 일정한 기준에 따라 전체를 몇 개로 갈라 나누다.

　예 게는 배 부분의 모양에 따라 암컷과 수컷으로 구분한다.

④ 대비하다 : 앞으로 일어날지도 모르는 어떤 일에 대응하기 위해 미리 준비하다.

　예 우리는 항상 혹시 있을지도 모르는 위험에 대비한다.

03 '복잡하다'는 '일이나 감정 등이 갈피를 잡기 어려울 만큼 여러 가지가 얽혀 있다'라는 의미이다. 할 일도 많고 준비할 자료도 많다고 하였으므로 '일이 여러 가지로 얽혀 있다'라는 의미의 '복잡한'이 들어가야 한다.

- 보험 : 사고나 재해 등이 일어날 경우에 대비하여 일정한 돈을 적립해 두었다가 사고를 당했을 때 일정 금액을 받아 손해를 보상받는 것
  🔲 올해 해충 때문에 피해가 컸지만 다행히 가입해 둔 <u>보험</u>이 있어 보상을 받았어요.
- 자료 : 연구나 조사 등의 바탕이 되는 재료
  🔲 이번 실험 결과는 중요한 연구 <u>자료</u>로 활용될 것이다.

[오답해설]
① 유용하다 : 쓸모가 있다.
  🔲 다른 사람에게는 잡동사니로 여겨졌지만, 나에겐 정말 <u>유용한</u> 물건이었다.
③ 새초롬하다 : 조금 쌀쌀맞게 시치미를 떼는 태도가 있다.
  🔲 그는 아무것도 모른다는 듯 <u>새초롬한</u> 얼굴로 나를 쳐다보았다.
④ 쾌활하다 : 명랑하고 활발하다.
  🔲 꼬마는 아무 걱정도 없다는 듯 <u>쾌활한</u> 표정을 지어 보였다.

04 '-어'는 까닭이나 근거를 나타낼 때 쓰는 연결 어미이다. 눈이 따갑기 때문에 앞을 볼 수 없었다는 의미이므로 '-어'를 사용해야 한다. 이때, '따갑다'는 어간 '따갑-'의 받침 'ㅂ'이 모음으로 시작되는 어미(-아, -어 등) 앞에서 '오' 혹은 '우'로 바뀌는 'ㅂ 불규칙용언'이다. 따라서 '따갑어'가 아닌 '따가워'로 쓴다.

[오답해설]
① -게 : 형용사의 어간 뒤에 붙어 동사를 꾸며 주는 부사형으로 만드는 연결 어미
  🔲 시간은 정말 <u>빠르게</u> 흘러갔다.
② -은 : 앞말이 명사를 꾸며 주는 역할을 하게 하고 현재의 상태를 나타내는 어미
  🔲 <u>따가운</u> 햇살이 내리쬐고 있었다.
④ -도록 : 앞의 내용이 뒤에서 가리키는 일의 목적이나 결과, 방식, 정도 등이 됨을 나타내는 연결 어미
  🔲 나무가 잘 <u>자라도록</u> 물과 거름을 열심히 주었다.

05 '-기(가) 무섭게'는 '그렇게 하자마자 곧바로'의 뜻이다. 널어 놓은 빨래를 걷자마자 비가 오기 시작했다는 의미이므로 '빨래를 걷기가 무섭게'가 들어가야 한다.

[오답해설]
① -ㄹ 테니까 : 앞말의 일을 추측하면서 그것이 뒷말에 대한 근거나 원인이 됨을 나타낼 때 쓰는 말
  🔲 오늘은 집에 손님이 <u>오실 테니까</u> 집에 일찍 돌아오렴.
② -(으)ㄹ 정도로 : 앞말의 행동이나 사건이 일어날 만한 수준임을 나타낼 때 쓰는 말

예 수면에 비친 햇빛은 눈이 <u>부실</u> 정도로 밝았다.

④ −ㄹ 뿐 아니라 : 앞말의 일에 더하여 뒷말의 일이 일어남을 나타낼 때 쓰는 말

예 그는 <u>친절할 뿐 아니라</u> 일도 잘하여 모두에게 인기가 있었다.

06 '−래요'는 '−라고 해요'가 줄어든 말로 다른 사람에게 들어 알고 있는 사실을 상대에게 전하는 뜻을 나타내는 말이다. 뒤에서 '우연히 듣고 알게 됐다'고 하였으므로 '출신이래요'가 들어가는 것이 가장 적절하다.

- 출신 : 태어나고 자란 지역이나 졸업한 학교, 다녔던 직장 등을 의미하는 말

  예 저는 서울에서 20년 동안 살았지만 <u>출신</u>은 부산이에요.

- 우연히 : 어떤 일이 뜻하지 않게 저절로 이루어져 공교롭게

  예 나는 <u>우연히</u> 그곳을 지나갔을 뿐인데 이런 사고에 휩쓸리게 되었어요.

[오답해설]

① −ㄹ까 : 어떤 일에 대한 물음이나 추측을 나타내는 말

  예 여기에선 물고기가 많이 <u>잡힐까요?</u>

② −ㄹ걸 : 말하는 사람이 추측하는 내용이 상대방이 이미 알고 있는 것이나 기대하고 있는 것과는 다른 것임을 나타내는 말

  예 그 사람은 이미 <u>떠났을걸.</u>

④ −ㄹ 뻔하다 : 앞말이 뜻하는 상황이 실제로 일어나진 않았지만 그럴 가능성이 매우 높았음을 나타내는 말

  예 마유 씨가 잡아 주지 않았다면 크게 <u>다칠 뻔했어요.</u>

07 '−ㄴ 데다'는 앞말과 관련되어 뒤의 내용이 덧붙을 때 사용하는 말이다. 등산 코스가 가파르고 거기에 더하여 위험한 구간도 많다는 의미이므로 '가파른 데다'라고 해야 한다.

- 코스 : 어떤 목적에 따라 정해진 길

  예 이 길은 내가 좋아하는 산책 <u>코스</u>이다.

- 가파르다 : 산이나 길이 몹시 기울어져 있다.

  예 이런 <u>가파른</u> 언덕길을 자전거로 올라가는 것은 무리이다.

- 구간 : 어떤 지점과 다른 지점과의 사이

  예 여기서부터는 공사 <u>구간</u>이라 다른 길로 돌아가야 해.

[오답해설]

① −ㄹ까 봐 : 앞말이 뜻하는 상황이 될까 걱정하거나 두려워함을 나타내는 말

  예 앉으면 <u>잠들까 봐</u> 서 있는 거니까 신경 쓰지 말아요.

② −ㄴ 김에 : 앞의 말이 어떤 일의 기회나 계기가 됨을 뜻하는 말

  예 컴퓨터를 <u>켠 김에</u> 인터넷 쇼핑을 하기로 했다.

③ −기가 무섭게 : '그렇게 하자마자 곧바로'의 뜻

  예 밖으로 <u>나가기가 무섭게</u> 한여름의 열기가 느껴졌다.

08 '-기는 틀렸다'는 바라거나 하려는 일이 순조롭게 되지 못함을 나타내는 말이다. 날씨가 너무 추운 탓에 한강에 놀러 갈 수 없게 되었음을 이야기하고 있으므로 '놀러 가기는 틀렸다'가 들어가는 것이 적절하다.

- 순조롭다 : 일 따위가 아무 말썽 없이 예정대로 잘되어 가는 상태에 있다.
  예 많은 사람의 걱정과는 다르게 두 사람의 결혼생활은 <u>순조로웠다</u>.

[오답해설]
① -(으)라고 하다 : 다른 곳에서 들은 명령을 상대방에게 전달할 때 쓰는 말
  예 과장님께서 이 일을 오늘까지 <u>끝내라고</u> 했어요.
② -게 하다 : 앞말의 행동을 시키거나 앞말이 뜻하는 상태가 되도록 함을 나타내는 말
  예 그 사람은 내게 이쪽 복도를 <u>청소하게</u> 했다.
④ -ㄹ지도 모르다 : 어떤 일이 일어날 것을 추측할 때 사용하는 말
  예 이제 장마철이 시작되었으니 내일부터 비가 <u>올지도 몰라</u>.

09 위축지역에서 청약통장의 가입 기간은 1개월만 지나도 가능하므로 6개월인 사람은 1순위에 해당한다.

- 민영주택 : 개인이나 사법인이, 100호 이상 또는 100가구 이상이 들 수 있게 지은 주택
  예 서울 근교의 <u>민영주택</u> 분양에 청약자가 많이 모였다.
- 청약 : 일정한 내용의 계약을 체결할 것을 목적으로 하는 일방적#확정적 의사 표시
  예 신혼부부는 주택 <u>청약</u>을 시도해보는 것이 좋다.
- 투기 : 시세 변동을 예상하여 차익을 얻기 위하여 하는 매매 거래
  예 땅의 <u>투기</u>는 경제에 심각한 타격을 줄 수 있다.
- 과열 : 지나치게 활기를 띰
  예 사교육 <u>과열</u> 현상으로 인해 교육비 부담이 커지고 있다.
- 위축 : 마르거나 시들어서 우그러지고 쭈그러듦
  예 면접에서 대답을 못해도 <u>위축</u>될 필요는 없다.

10 기존의 세금 부과 방식은 맥주의 원가에 새금이 매겨지는 방식이므로 비싼 재료를 쓸수록 세금을 더 많이 냈고, 반대로 가격이 싼 재료를 쓸수록 세금을 더 적게 냈다.

- 수출하다 : 국내의 상품이나 기술을 외국으로 팔아 내보내다.
  예 우리나라는 매년 엄청난 수의 자동차를 외국으로 <u>수출한다</u>.
- 체계 : 일정한 원리에 따라 하나하나의 부분이 짜임새 있게 조직되어 통일된 전체
  예 군대에서 명령 <u>체계</u>는 특히 더 중요하다.
- 매기다 : 일정한 기준에 따라 사물의 값이나 등수 등을 정하다.
  예 과일은 그 모양과 맛 등에 따라 등급이 <u>매겨진다</u>.
- 원가 : 상품을 만들거나 파는 등의 행위에 든 돈과 노동력 등을 단위에 따라 계산한 가격
  예 이 상품은 <u>원가</u>가 너무 높아 팔아도 이윤이 많이 남지 않는다.

- 대규모 : 넓고 큰 범위나 크기

  예 올해 학교에서 대규모의 행사가 열릴 예정이다.
- 부여하다 : 사람에게 권리, 명예, 임무 등을 지니게 하거나, 사물이나 일에 가치 · 의의 등을 붙여 주다.

  예 친구들은 지난 여행에 특별한 의미를 부여했다.
- 생산하다 : 인간이 생활하는 데 필요한 각종 물건을 만들어 내다.

  예 매일 1만 장의 마스크를 생산하고 있다.
- 저렴하다 : 물건 등의 값이 싸다.

  예 음식의 맛도 좋고 양도 많았는데 가격도 매우 저렴했다.
- 부담하다 : 어떠한 의무나 책임을 지다.

  예 이번 여행 경비는 회사에서 모두 부담한다.
- 유리하다 : 이익이 있다(=이롭다).

  예 동남아 지역은 덥고 비가 많이 와 벼농사에 특히 유리하다.

[오답해설]
① 기존 방식은 소규모 양조장이 부담해야 하는 세금이 더 높았다.
③ 원재료의 가격에 따라 세금이 매겨지는 것은 기존의 방식이다. 변경된 방식에서는 최종 맥주 생산량에 따라 내야 하는 세금이 달라진다.
④ 변경된 방식은 원가와 무관하게 실제 맥주가 생산되는 양에 따라 세금이 매겨지므로 소규모 양조장에 더 유리하다.

11 애국가에 '한강'은 등장하지 않는다. '밝은 달'과 '가을 하늘'은 3절에, '백두산'은 1절에 등장한다.
- 등장하다 : 연극, 영화, 소설, 가사 등에 어떤 인물이나 사물이 나타나다.

  예 그의 소설에는 살인자가 자주 등장한다.

12 우리나라는 미국이나 유럽 등과 달리 자녀가 결혼하기 전까지는 독립하지 않고 부모와 함께 생활하는 경우가 대부분이다. 미혼인 자녀가 부모와 떨어져 지내는 경우는 대부분 학교나 직장 등의 문제 때문이다.
- 미혼 : 아직 결혼하지 않음. 또는 그런 사람

  예 우리 선생님은 아직 미혼이시다.
- 독립하다 : 다른 사람 등에게 의존하지 않는 상태가 되다.

  예 올해 겨우 부모님으로부터 독립했다.
- 성향 : 성질에 따른 경향

  예 오징어는 밝은 빛이 있는 곳으로 모이는 성향이 있다.
- 모시다 : 웃어른이나 존경하는 사람을 가까이에서 받들다.

  예 우리 집은 둘째 누나가 부모님을 모시고 산다.

13 ㄱ. 국민건강보험제도는 법적 요건이 충족되면 본인의 의사와 관계없이 강제적으로 보험에
    가입해야 한다.
  ㄷ. 모든 사업장의 근로자 및 사용자, 공무원, 교직원 등은 직장가입자가 된다.
  • 요건 : 필요한 조건
    예 이 계획을 진행하기 위해서는 세 가지 요건이 갖추어져야 한다.
  • 강제적 : 권력이나 위력으로 남의 자유의사를 억눌러 원하지 않는 일을 억지로 시키는 것
    예 자녀에게 강제적으로 공부를 시키는 것은 오히려 학습 효율을 떨어트릴 수 있다.

14 일반고등학교의 선발 방법은 평준화 지역과 비평준화 지역으로 나뉘는데, 평준화 지역의 경
    우 먼저 가고자 하는 고등학교를 복수로 지원하고 그 범위 내에서 추첨을 하여 배정되는 방
    식이다. 비평준화 지역의 경우 중학교 내신 성적, 선발고사, 추천서 및 면접 등 다양한 방식을
    통해 배정이 이루어진다.
  • 평준화 : 수준이나 능력이 서로 차이 없이 고르게 됨
    예 정부는 농촌과 도시의 교육 수준을 평준화하기 위해 다양한 노력을 하고 있다.
  • 선발하다 : 많은 가운데서 골라 뽑다.
    예 키류 씨가 이번 프로젝트 멤버로 선발되었어요.
  • 마치다 : 어떤 일이나 과정, 절차 등을 끝내다.
    예 3개월의 입원 생활을 마치고 드디어 집으로 돌아간다.
  • 지원하다 : 어떤 일이나 조직에 뜻을 두어 한 구성원이 되기를 바라다.
    예 이번 공개채용에 구매 업무로 지원했습니다.

  [오답해설]
  ③ 초 · 중등교육법 시행령 제82조에 따르면 외국 또는 군사분계선이북지역에서 9년 이상의
    학교교육을 이수하거나, 초등학교 및 중학교에 해당하는 학교교육과정을 이수한 자는 입
    학전형을 할 수 있다.
  ④ 초 · 중등교육법 시행령 제85조에 따르면 전기학교의 신입생으로 선발된 자는 후기학교에
    입학할 수 없다.

15 종이가 너풀거리는 쇠붙이 등을 발로 차는 놀이는 제기차기이다. 쥐불놀이는 논밭둑에 불을
    놓는 놀이로 해충의 피해를 방지하기 위해 행했던 풍년 기원의 민속놀이이다.
  • 풍년 : 곡식이 잘 자라고 잘 여물어 평소보다 수확이 많은 해
    예 올해는 비도 적당히 오고 날씨도 좋아 풍년이다.
  • 행하다 : 어떤 일을 실제로 해 나가다.
    예 사야 씨는 계획된 대로 행해 주세요.
  • 너풀거리다 : 엷은 물체가 바람에 날려 가볍게 자꾸 움직이다.
    예 깃발이 바람에 너풀거렸다.

16 두루마기는 '두루 막혔다'는 의미에서 붙여진 이름이며, 한자로는 '주의'라고 한다.

- 걸치다 : 옷이나 착용구 등을 아무렇게나 입거나 덮다.

   예 날씨가 쌀쌀한데도 그는 얇은 코트 한 장만 걸치고 있었다.

- 짓다 : 재료를 들여 밥이나 옷, 집 등을 만들다.

   예 어머니께서는 옷을 지어 주셨다.

- 경향 : 현상이나 사상, 행동 등이 어떤 방향으로 기울어짐

   예 우리나라 사람들은 뭐든지 빨리 하려는 경향이 있어요.

- 대신하다 : 어떤 대상의 자리나 구실을 바꾸어서 새로 맡다.

   예 오늘부터 제가 그 역할을 대신하게 되었습니다.

- 간수하다 : 물건 등을 잘 보호하거나 보관하다.

   예 네 물건 좀 아무데나 두지 말고 잘 간수하라고 했지?

[오답해설]

② 저고리 위에 덧입는 덧옷인 '마고자'에 대한 설명이다. 중국 청나라의 '마괘'가 변하여 입게 된 옷으로 여겨진다.

③ 한복의 가장 기본적인 상의는 '저고리'이다. 저고리, 특히 여성의 저고리는 점차 짧아지는 경향을 보여 조선시대 중기·후기에는 가슴을 다 가릴 수 없을 정도가 되었다.

④ 배자를 대신해 저고리 위에 덧입는 옷은 '조끼'이다. 조끼는 1900년 전후 서양의 옷을 받아들이면서 나타난 옷으로 여겨진다.

17 남한과 북한은 치열한 전투 끝에 1953년 7월 27일 종전 협정이 아닌 '휴전 협정'을 체결하였다. 즉 6·25 전쟁은 아직 완전히 끝나지 않았으며, 대한민국은 아직 전쟁 중에 있는 나라이다.

- 침략 : 정당한 이유 없이 남의 나라에 쳐들어감

   예 우리나라는 일본을 비롯한 주변국의 침략을 많이 받았다.

- 발발하다 : 전쟁이나 큰 사건 등이 갑자기 일어나다.

   예 독일이 프랑스를 침략하면서 제2차 세계대전이 발발하였다.

- 탈환하다 : 빼앗겼던 것을 도로 빼앗아 찾다.

   예 치열한 전투 끝에 서울을 다시 탈환했다.

- 개입하다 : 자신과 직접적인 관계가 없는 일에 끼어들다.

   예 다른 사람의 개인적인 일에 함부로 개입해서는 안 된다.

- 협정 : 행정부가 다른 나라의 정부와 약정을 맺음

   예 서로 각자의 영토를 침범하지 않기로 협정을 맺었다.

- 체결하다 : 계약이나 조약 등을 공식적으로 맺다.

   예 필요한 전기 부품을 공급해 주기로 계약을 체결하였다.

[오답해설]
① 북한의 남침으로 전쟁이 발발하였다.
② 낙동강 근처까지 후퇴하던 국군은 국제연합군과 함께 맥아더 장군의 지휘 아래 인천상륙
작전을 실시, 6 · 25 전쟁의 전세를 완전히 뒤바꿨다.
③ 인천상륙작전으로 서울을 탈환한 한국군과 국제연합군은 압록강과 두만간 근처까지 진출
하였으나, 1950년 10월 중공군이 전쟁에 참전, 1월 4일에는 다시 서울을 북한군과 중공군
에 내주게 되었다.

18 지방선거는 광역자치단체 단위 및 기초자치단체 단위를 바탕으로 하여 지방자치를 담당하는
공직자(지방의회 의원, 지방자치단체장, 교육감 등)를 선출하는 선거이다.
- 지방자치 : 지방의 행정을 지방 주민이 선출한 기관을 통하여 처리하는 제도
  예 지역 주민들의 많은 관심과 노력이 있어야 지방자치를 제대로 실현할 수 있다.
- 임명하다 : 일정한 지위나 임무를 남에게 맡기다.
  예 투표 결과에 따라 야라 씨를 우리 반 대표로 임명하겠어요.
- 선출하다 : 여럿 가운데서 골라내다.
  예 그들은 대표자 여섯 명을 선출했다.

[오답해설]
① 지방자치단체는 크게 광역자치단체와 기초자치단체로 구분한다.
② 지방자치단체 의회(지방의회)의 의원과 지방자치단체장은 모두 선거를 통해 선출한다.
④ 본래 외국인에게는 선거권이 없다. 그러나 영주권을 얻은 지 3년이 지난 18세 이상의 외국
인의 경우 지방선거에 한하여 선거권이 인정된다.

19 〈보기〉에서 설명하는 산업은 중화학공업이다. 우리나라의 중화학공업은 정부의 적극적인 투
자를 통해 1970년대 급격하게 발달하였으며 오늘날까지도 제조업의 대부분을 중화학공업이
차지하고 있다. 중화학공업의 대표적인 상품으로는 배, 자동차, 철강, 기계 등이 있다.
- 투자하다 : 이익을 얻기 위해 어떤 일이나 사업에 자본을 대거나 시간이나 정성을 쏟다.
  예 그는 상당히 많은 금액을 주식에 투자하였다.
- 비중 : 다른 것과 비교할 때 차지하는 중요도
  예 오늘날 스마트폰이 우리 생활에서 차지하는 비중은 매우 높다.
- 중시하다 : 가볍게 여길 수 없을 만큼 매우 크고 중요하게 여기다.
  예 저는 무엇보다 시간약속을 잘 지키는 것을 중시해요.
- 성과 : 이루어 낸 결실
  예 이번 최종 영업이익은 우리 팀 모두가 만들어 낸 성과입니다.
- 발달하다 : 학문, 기술, 문명, 사회 등의 현상이 보다 높은 수준에 이르다.
  예 짧은 기간 동안 우리나라의 산업은 크게 발달하였다.

① 경제개발계획을 통해 가장 먼저 발달한 공업은 경공업이다.

② 농업에 대한 설명이다. 예로부터 우리나라는 농업을 중시하던 국가였다.

④ 첨단산업에 대한 설명이다. 첨단산업은 반도체, 항공기, 우주 개발, 원자력 등 첨단 기술을 핵심으로 하는 산업이며, 우리나라가 많은 분야에서 좋은 성과를 내고 있다.

20 외화를 관리하고 외화의 거래가 안정적으로 이루어지도록 관리·조절하는 것은 시중은행이 아닌 중앙은행, 즉 한국은행의 역할이다.
- 외화 : 외국의 돈

  예 전국의 은행에서 외화를 우리나라 돈으로 바꿀 수 있다.
- 관리하다 : 어떤 일의 사무를 맡아 처리하다.

  예 물품 구매는 레비 씨가 관리해요.
- 조절하다 : 균형이 맞도록 바로잡다. 또는 적당히 맞추어 나가다.

  예 온도와 습도를 잘 조절해 주세요.
- 대출 : 돈이나 물건 등을 빌려주거나 빌림

  예 대학 등록금을 내기 위해 대출을 받았다.
- 자금 : 사업을 경영하는 데 쓰는 돈

  예 회사의 자금 부족으로 많은 사람들이 일자리를 잃었다.

21 출입국관리법 제36조에 따르면 외국인등록을 한 외국인이 체류지를 변경하였을 때에는 전입한 날부터 15일 이내에 새로운 체류지의 시·군·구 또는 읍·면·동의 장이나 그 체류지를 관할하는 지방출입국·외국인관서의 장에게 전입신고를 하여야 한다.
- 변경하다 : 다르게 바꾸어 새롭게 고치다.

  예 새 사업을 시작하면서 회사의 이름을 변경하였다.
- 관할하다 : 일정한 권한을 가지고 통제하거나 지배하다.

  예 이 하천의 관리 업무는 분당구청이 관할한다.

22 형사재판은 사회 질서를 어지럽히는 범죄행위를 처벌하기 위한 재판으로, 경찰의 수사 결과에 따라 검사가 소송을 제기하여 열리고 판사는 범죄 행위에 대한 형벌을 형법에 근거하여 부과한다.

- 수사 : 찾아서 조사함

  예 강도 사건에 대한 수사가 계속되었다.

- 소송 : 재판에 의해 원고와 피고 사이의 권리나 의무 등의 법률관계를 확정해 줄 것을 법원에 요구하는 것

  예 지급되지 않은 임금을 받기 위해 소송을 제기하였다.

- 제기하다 : 소송을 일으키다.

  예 소유권 반환 소송을 제기하였다.

- 위반하다 : 법률, 명령, 약속 등을 지키지 않고 어기다.

  예 메이 씨는 회사의 규율을 위반했어요.

- 효력 : 법률이나 규칙 등의 작용

  예 법의 일부가 헌법에 위반되었다는 판결에 따라 그 법은 효력을 잃었다.

- 상실하다 : 어떤 것을 아주 잃거나 사라지게 하다.

  예 레브 씨는 교통사고로 최근 며칠 동안의 기억을 상실했어요.

[오답해설]
① 민사재판 : 개인과 개인 사이에서 발생한 문제를 해결하기 위한 재판
② 헌법재판 : 의회에서 만들어진 법률이 헌법에 위반되는지를 심사하고, 위헌으로 판단될 경우 해당 법률의 효력을 상실시키거나 적용을 거부하는 재판 제도
③ 행정소송 : 행정기관의 처분에 대하여 국민이 이의를 제기하여 그 처분의 취소 혹은 변경 등을 요구하는 소송

23 〈보기〉에서 설명하는 인물은 조선의 제3대 왕인 태종 이방원이다. 이방원은 조선의 건국 과정에서 많은 공을 세웠으나 정도전 등에 의해 견제되었고, 두 차례의 걸친 왕자의 난을 통해 경쟁자들을 모두 숙청함으로써 왕위에 오를 수 있었다.

- 제거하다 : 없애 버리다.

  예 묵은 때를 제거했다.

- 충신 : 나라와 임금을 위해 충성을 다하는 신하

  예 조선에는 많은 충신들이 있었다.

- 숙청하다 : 정치 단체나 비밀 단체의 내부 또는 독재 국가 등에서 반대파의 인물을 처단하거나 제거하다.

  예 스탈린은 정권을 유지하기 위해 많은 사람들을 숙청하였다.

[오답해설]
① 이성계는 조선을 건국한 왕이다.

② 이도는 조선의 제4대 왕인 세종대왕의 이름이다.

④ 이지란은 본래 여진족이었으나 주원장이 명나라를 건국하자 부하를 이끌고 고려에 귀화한 인물이다. 이후 이성계를 도와 조선 건국에 큰 도움을 주었다.

24 〈보기〉는 삼국 중 신라에 관한 내용이다. 신라는 박혁거세가 건국하였으며 삼국 중 가장 늦게 발전하였으나 중국의 당나라와 연합하여 백제와 고구려를 멸망시키고 한반도를 통일하였다. 신라에는 골품제라는 신분제가 있었는데, 왕족인 성골과 진골이 있고 그 아래로 6두품이 이어지는 제도이다. 각 신분에 따라 진출할 수 있는 관직에 한계가 있었다.

- 점령하다 : 군대가 적국의 영토에 들어가 그 지역을 군사적 지배하에 두다.
  예 북한군은 곧 서울을 점령하였다.
- 인재 : 어떤 일을 할 수 있는 학식이나 능력을 갖춘 사람
  예 회사에서는 인재를 필요로 한다.
- 양성 : 가르쳐서 유능한 사람을 길러 냄
  예 교육은 인재의 양성을 위한 가장 기본적인 행위이다.
- 현존하다 : 현재에 있다.
  예 직지심체요절은 현존하는 금속 활자로 인쇄된 책 가운데 가장 오래된 것이다.
- 제약 : 조건을 붙여 내용을 제한함
  예 일을 진행하는 데 많은 제약이 있었다.
- 가하다 : 어떤 행위를 하거나 영향을 미치다.
  예 그는 그 사실이 알려지지 않도록 기자들에게 압력을 가했다.

[오답해설]

①, ③ 삼국 중 백제에 관한 설명이다.

④ 고구려에 관한 설명이다.

25 인구가 도시에 집중되면서 대중교통 노선이 복잡해지고 그 수도 많아졌다.

[오답해설]

① 인구는 늘어났으나 주택의 공급이 이를 따라가지 못하면서 주택의 가격이 크게 올랐다.

② 많은 사람들이 자가용을 가지고 다니면서 주차 공간이 부족해졌다.

④ 도시의 인구와 차량이 늘어나면서 교통체증 등 교통 문제가 심각해졌다.

26 대한민국은 동쪽이 높고 서쪽이 낮은 지형으로, 동쪽은 태백산맥을 중심으로 높은 산지가 펼쳐져 있고 남서쪽은 금강 등의 큰 강을 중심으로 넓은 평야가 펼쳐져 있다.

- 지형 : 땅의 생긴 모양이나 형세
  - 예 <u>지형</u>이 험하니 조심해야 한다.
- 국토 : 나라의 땅
  - 예 정부는 <u>국토</u>를 고르게 개발하려고 노력하고 있다.
- 둘러싸다 : 둥글게 에워싸다.
  - 예 경찰이 시위대를 <u>둘러쌌다</u>.

27 대한민국 헌법의 전문은 "유구한 역사와 전통에 빛나는 우리 대한국민은 3·1운동으로 건립된 대한민국임시정부의 법통과 불의에 항거한 4·19민주이념을 계승하고..."라고 밝히고 있다.

- 건립하다 : 기관, 조직체 등을 새로 조직하다.
  - 예 태조 이성계는 위화도 회군을 통해 새로운 나라를 <u>건립하였다</u>.
- 항거하다 : 순종하지 아니하고 맞서서 반항하다.
  - 예 몽골의 침략에 고려는 오랫동안 <u>항거하였다</u>.

28 한국소비자원은 소비자의 권리와 이익을 보호하기 위해 설립된 기관이다. 소비자 불만의 처리 및 피해의 구제 등의 업무를 담당하며, 물건의 구매 혹은 서비스의 이용 과정에서 불편함을 겪거나 부당한 대우를 받은 경우 상담을 받을 수 있다.

- 부당하다 : 이치에 맞지 않다.
  - 예 열심히 일했는데도 <u>부당한</u> 처우를 받았다.
- 정상적 : 상태가 특별한 변동이나 탈이 없이 제대로인 것
  - 예 기계는 <u>정상적</u>으로 작동하고 있다.
- 구제하다 : 자연적인 재해나 사회적인 피해를 당하여 어려운 처지에 있는 사람을 도와주다.
  - 예 태풍으로 집을 잃은 사람들을 <u>구제하였다</u>.
- 증진하다 : 기운이나 세력 등을 점점 더 늘려 가고 나아가게 하다.
  - 예 이 제품은 기억력을 <u>증진하는</u> 데 도움을 줄 수 있다.
- 부패하다 : 정치, 사상, 의식 등이 타락하다.
  - 예 독재자는 반드시 <u>부패한다</u>.
- 심의하다 : 심사하고 토의하다.
  - 예 제출된 법안을 <u>심의한다</u>.

[오답해설]
① 국가인권위원회 : 모든 개인이 가지는 기본적 인권을 보호하고 증진하여 인간으로서의 존엄과 가치를 구현하기 위하여 설립된 국가기관
③ 국민권익위원회 : 해결하기 어려운 민원을 처리하고 부패 방지 및 국민의 권리 보호를 위해 설립된 기관

③ 공정거래위원회 : 독점이나 불공정거래에 관한 사안을 심의하고 의논하기 위해 설립된 중앙행정기관

29 1·4 후퇴는 인천상륙작전의 성공으로 수도 서울을 탈환한 국군과 국제연합군이 북진하던 중공군의 개입으로 다시 서울을 포기하고 퇴각한 사건이다.

- 수복하다 : 잃었던 땅이나 권리 등을 되찾다.

  예 치열한 전투 끝에 과거의 영토를 <u>수복하였다</u>.

- 후퇴하다 : 뒤로 물러나다(=퇴각하다).

  예 어려운 상황임을 파악하고 한 걸음 <u>후퇴하였다</u>.

- 탈환하다 : 빼앗겼던 것을 도로 빼앗아 찾다.

  예 고구려는 백제로부터 수도를 <u>탈환하는</u> 데 성공했다.

- 북진하다 : 북쪽으로 진출하거나 진격하다.

  예 마을 주민들은 <u>북진하는</u> 군인들을 피해 산속으로 숨었다.

- 퇴각하다 : 뒤로 물러가다.

  예 적의 군대는 싸움에 승산이 없다는 것을 깨닫고 <u>퇴각하고</u> 있었다.

- 철수하다 : 진출하였던 곳에서 시설이나 장비 따위를 거두어 가지고 물러나다.

  예 경찰들은 광장에서 시위하던 사람들이 사라지자 <u>철수하였다</u>.

[오답해설]

① 9.28 서울 수복 : 인천상륙작전의 성공 이후 북진하여 9월 28일 서울을 되찾은 사건

② 장진호 전투 : 함경남도 장진군 지역에서 벌어진 치열한 전투로, 미군이 중공군에 의해 큰 피해를 입었던 전투

③ 흥남 철수 : 흥남에서 미군 10군단과 대한민국군 1군단, 그리고 피란민 10만여 명이 철수한 작전

30 대한민국의 인터넷 속도와 보급률은 세계 최고 수준이며, 전자정부의 발달도 다른 나라와 비교하기 어려울 정도로 높은 수준이어서 누구나 큰 어려움 없이 인터넷을 통해 각종 증명서를 발급받을 수 있다. 또한 인터넷의 속도와 안정성이 높아 동영상을 통한 동영상 강의가 활발하게 이용되고 있다. 그러나 다른 선진국과 비교했을 때 인터넷에 대한 규제와 검열이 있는 편이며, 일부 웹사이트는 접속이 차단되기도 하는 등 개인의 권리 침해에 대한 논란이 존재한다.

- 보급 : 널리 펴서 많은 사람들에게 골고루 미치게 하여 누리게 함

  예 대한민국의 스마트폰 <u>보급</u>은 상당히 급격하게 이루어졌다.

- 발급하다 : 증명서 등을 발행하여 주다.

  예 주민등록등본 등 다양한 증명서를 무인 기기를 통해 <u>발급받</u>을 수 있다.

- 활발하다 : 생기 있고 힘차며 시원스럽다.

  예 다른 나라와의 문화적 교류가 <u>활발하게</u> 이루어지고 있다.

- 검열 : 언론, 출판, 보도, 연극, 영화, 우편물 등의 내용을 사전에 심사하여 그 발표를 통제하는 일

  예 출판물의 검열은 국민의 기본권을 침해하는 행위이다.

- 접속하다 : 컴퓨터와 컴퓨터, 컴퓨터와 인터넷 사이트 등에 물리적 또는 전자회로적으로 연결하다.

  예 과제는 학교 홈페이지에 접속해서 확인하세요.

31 대한민국은 행정부와 입법부, 사법부가 서로를 견제하는 삼권분립의 원칙에 따라 권력을 분산시키고 있다. 대법원장은 행정부가 입법부, 즉 국회의 동의를 얻어 임명할 수 있으며, 이는 사법부에 대한 행정부의 견제 장치가 된다.

- 견제하다 : 일정한 작용을 가함으로써 상대편이 지나치게 세력을 펴거나 자유롭게 행동하지 못하게 억누르다

  예 뛰어난 축구선수인 민호 씨는 상대팀을 견제하면서 골을 넣었다.

- 위배하다 : 법률, 명령, 약속 등을 지키지 않고 어기다.

  예 과속은 교통 법규에 위배되는 행동이다.

32 한국에서 인척은 혈연 관계가 없는 가족으로서, 자기의 혈족(혈연 관계의 가족)의 배우자, 배우자의 혈족, 배우자의 혈족의 배우자를 말한다. 처제와 장인어른은 자신의 배우자의 여동생, 아버지를 말하는 것이므로 인척에 해당한다.

- 처제 : 아내의 여자 동생

  예 나와 처제는 5살 차이가 난다.

- 외조부모 : 외할아버지, 외할머니를 아울러 이르는 말

  예 명절에는 외조부모님을 찾아간다.

- 장인어른 : 아내의 아버지를 이르는 말

  예 장인어른과의 대화가 즐겁다.

33 법무부는 법률에 관한 사무를 맡는 중앙 행정 기관이다. 검찰, 인권 보호, 교정, 보호 관찰, 소년 보호, 출입국 관리 등의 업무를 책임진다. 국내에 체류하는 외국인들을 보호하고 관리하는 것 또한 법무부의 업무 중 하나이다.

- 치안 : 국가 사회의 안녕과 질서를 유지 · 보전함

  예 대한민국의 치안은 전 세계적으로도 높은 수준이다.

- 단속 : 규칙이나 법령, 명령 등을 지키도록 통제함

  예 연말이면 음주운전 단속이 활발해진다.

[오답해설]

① 경찰의 업무 중 하나이다.

② 국회의 업무 중 하나이다.

④ 헌법재판소의 업무 중 하나이다.

34 예금자보호법은 금융기관이 영업정지나 파산 등으로 인해 고객의 예금을 지급하지 못하게 될 경우, 미리 마련해 둔 예금보험기금을 이용하여 예금자 1인당 원금과 이자를 합해 5,000만 원까지 지급을 보장하도록 규정한 법이다.

- 파산 : 재산을 모두 잃고 망함

  예 그의 아버지는 IMF 외환위기 때 파산하였다.
- 원금 : 본전, 즉 꾸어 주거나 맡긴 돈에 이자를 붙이지 않은 돈을 전문적으로 이르는 말

  예 주식 투자는 원금까지 잃을 수 있어 주의해야 한다.

35 2021년부터 고등학교 전 학년을 대상으로 관련 교육비를 국가가 전액 지원한다.

- 과도하다 : 정도에 지나치다.

  예 작은 실수에 대한 처벌이라기에는 과도합니다.
- 선진국 : 다른 나라보다 정치·경제·문화 등의 발달이 앞선 나라

  예 북유럽 국가들은 대표적인 선진국으로 여겨졌다.
- 입시 : 입학생을 선발하기 위해 입학 지원자들에게 치르도록 하는 시험. 주로 대학에 입학하기 위한 시험 혹은 그 시험을 준비하는 행위 등을 가리킨다.

  예 대한민국의 교육은 과도하게 입시 위주로 되어 있다.

[오답해설]

① 높은 교육열로 인해 사교육에 과도한 비용을 쓰고, 또 학생들은 과도한 교육으로 스트레스를 받는 등 다양한 사회적 문제가 발생하고 있다.

③ '기러기아빠'는 아이들과 엄마를 외국으로 유학 보내고 자신은 홀로 한국에 남아 교육비만 외국으로 보내 주는 사람들을 가리키는 말이다. 기러기아빠의 증가는 과도한 입시 경쟁으로 인해 발생하는 대표적인 사회적 문제로 꼽힌다.

④ 대한민국 청소년의 자살률은 OECD 국가들 중에서도 높은 편에 속하는데, 그 이유 중 가장 중요한 것으로 꼽히는 것이 과도한 입시 경쟁과 그로 인해 발생하는 높은 스트레스이다.

36 수사 과정에서 피의자에게 고문이나 폭행 등을 가해서는 안 된다. 그리고 이러한 방법을 이용하여 자백을 받음으로써 해당 자백이 피고인의 자유의사로 인한 것이 아니라고 인정될 경우 이는 법정에서 유효한 증거로 사용될 수 없다.

- 피의자 : 범죄의 혐의가 있어 정식으로 사건이 성립하였으나 아직 재판이 청구되지는 않은 사람

  예 A 씨는 이번 살인미수사건의 <u>피의자</u>로서 경찰에 체포되었다.
- 선임하다 : 여러 사람 가운데 어떤 직무나 임무를 맡을 사람을 골라내다.

  예 야라 씨도 변호사를 <u>선임하세요</u>.
- 발부하다 : 증명서 등을 발행하여 주다.

  예 세금 고지서가 <u>발부되었다</u>.
- 진술 : 일이나 상황에 대하여 자세히 이야기함. 또는 그런 이야기

  예 어제 있었던 일에 대한 <u>진술</u>이 이어졌다.
- 자백 : 자신이 저지른 죄나 자기의 허물을 남들 앞에서 스스로 고백함. 또는 그런 고백

  예 A 씨는 자신이 저지른 모든 죄를 <u>자백</u>했다.

[오답해설]

① 미란다 원칙에 대한 내용이다. 대한민국 헌법 제12조제5항에서 미란다 원칙에 대한 내용을 규정하고 있다.

② 만일 피고인 스스로 변호인을 구할 수 없다면 국가가 변호인을 붙여 주어야 한다.

③ 피고인이 현행범이거나 3년 이상의 형에 해당하는 죄를 범하고 도망치거나 증거를 없앨 우려가 있는 경우에 한하여 사후에 영장을 청구할 수 있다.

[작문형 예시 답안]

한국의 음식 문화 중 가장 기억에 남는 것은 배달 음식 문화입니다. 한강으로 놀러 갔을 때 배달 음식 문화를 처음 느껴 보았습니다. 처음 본 문화인 데다가 어디든 빠르게 배달해 주는 것을 보고 정말 편리하다고 느껴 기억에 남습니다. 고향인 태국은 외식 문화가 발달했는데, 식당에서 먹는 것보다 포장해 와서 집이나 사무실에서 먹는 음식 문화가 있습니다.

[구술시험 예시 답안]

01 합계출산율은 한 여성이 평생 동안 낳을 것으로 예상되는 아이의 수를 말합니다.

02 선진국 및 동유럽권 국가들의 경우 저출산 현상으로 인해 그 수치가 매우 낮게 나타나며, 개발도상국들의 경우 상대적으로 높게 나타납니다.

03 일본의 출산율은 1.3명으로 지난 30여년간 대체로 1.3~1.5명을 유지하고 있습니다. 그러나 2022년 신생아 수는 인구조사를 시작한 이후 처음으로 80만 명을 밑돌게 되면서 저출산 대책을 계속 수정 · 보완하고 있습니다.

04 동지는 일 년 중 밤이 가장 길고 낮이 가장 짧은 날입니다. 동지는 '작은 설날'이라고 불렸는데, 이날에는 붉은 팥으로 팥죽을 쑤어 먹고, 또 문 근처에 팥죽을 뿌리기도 합니다. 여기에는 붉은 팥이 나쁜 귀신을 쫓는다는 믿음이 담겨 있습니다.

05 한국은 4년에 한 번 지방자치단체장과 지방자치단체의원을 뽑는 지방선거를 실시합니다. 선거 당일에 시간을 내기 어려운 사람은 사전투표를 통해 미리 투표를 할 수도 있습니다. 그리고 국회의원 선거나 대통령 선거와 다르게, 지방선거는 일정한 자격을 갖추면 외국인도 투표를 할 수 있습니다.

- 지표 : 방향이나 목적, 기준 따위를 나타내는 표지
  예 흡수성은 로션을 고르는 하나의 지표이다.
- 평생 : 세상에 태어나서 죽을 때까지의 동안
  예 이렇게 예쁜 곳은 평생 처음이다.
- 예측 : 미리 헤아려 짐작함
  예 예측하지 못한 상황이다.
- 선진국 : 다른 나라보다 정치 · 경제 · 문화 따위의 발달이 앞선 나라
  예 선진국의 기술 수준을 따라잡다.
- 개발도상국 : 산업의 근대화와 경제 개발이 선진국에 비하여 뒤떨어진 나라
  예 그 나라는 개발도상국에서 선진국으로 성장했다.
- 수치 : 계산하여 얻은 값
  예 미세먼지가 기준 수치를 넘어서고 있다.
- 산아 : 아이를 낳음
  예 산아 제한 정책으로 인구 격감이 발생했다.
- 억제 : 정도나 한도를 넘어서 나아가려는 것을 억눌러 그치게 함
  예 환경 오염 물질의 억제를 위해 정책이 필요하다.

사회통합프로그램 귀화용 종합평가
실전모의고사 3회 정답 및 해설

[객관식 정답 및 해설]																			
01	02	03	04	05	06	07	08	09	10	11	12	13	14	15	16	17	18	19	20
②	②	③	②	②	④	②	②	④	④	①	①	②	④	②	③	②	②	③	④
21	22	23	24	25	26	27	28	29	30	31	32	33	34	35	36				
②	①	④	①	②	②	③	①	①	②	①	③	②	②	③	③				

01 '훈련'은 '어떠한 행동 등을 가르쳐서 익히게 함'이라는 의미이다. 화장실을 사용하는 방법을 가르치고 있다고 하였으므로 빈칸에는 '훈련'이 들어가야 한다.

[오답해설]

① 분양 : 토지나 건물 등을 나누어서 팖

예 이 아파트는 지난달 분양이 모두 끝났다.

③ 놀이 : 여러 사람이 모여서 즐겁게 노는 일

예 명절이면 온 가족이 모여 전통 놀이를 하고 논다.

④ 간호 : 다쳤거나 앓고 있는 환자나 노약자를 보살피고 돌봄

예 어머니께서는 할아버지를 몇 달째 간호하고 계신다.

02 '가르치다'는 '지식이나 기능, 이치 등을 깨닫게 하거나 익히게 한다'는 의미이다. 학생들에게 영어라는 지식을 익히게 하고 있으므로 '가르친다'가 들어가야 한다.

[오답해설]

① 지시하다 : 일러서 시키다.

예 그는 신입 직원에게 저 서류를 오늘까지 정리하라고 지시했다.

③ 가리키다 : 손가락 등으로 어떤 방향이나 대상을 집어서 보이거나 말하거나 알리다.

예 그는 저 멀리 보이는 자동차 한 대를 가리켰다.

④ 치료하다 : 병이나 상처 등을 잘 다스려 낫게 하다.

예 의사 선생님께서는 수많은 사람들의 병을 치료한다.

03 '무지하다'는 '아는 것이 없다'는 의미이다. 하나부터 열까지 모든 것을 알려주어야 할 만큼 이쪽 분야에 대해 아는 것이 없다는 의미이므로 '무지한'이 들어가야 한다.

• 분야 : 여러 갈래로 나누어진 범위나 부분

예 교수님께서는 외교 분야에서 많은 업적을 이루신 분이다.

[오답해설]

① 유능하다 : 어떤 일을 남들보다 잘하는 능력이 있다.

　　예 최 팀장님은 정말 <u>유능한</u> 사람이라서, 회사에서도 큰 신임을 얻고 있다.

② 수월하다 : 까다롭거나 힘들지 않아 하기가 쉽다.

　　예 부품의 교체 방식을 바꾸었더니 예전보다 <u>수월한</u> 작업이 되었다.

④ 감개무량하다 : 마음속에서 느끼는 감동이나 느낌이 끝이 없다.

　　예 많은 어려움을 겪고 고향에 돌아오니 모든 것이 <u>감개무량하였다</u>.

04 '-어도'는 가정이나 양보의 뜻을 나타내는 연결 어미이다. 그 사람이 아무리 예쁘다고 한들 마음이 곱지 않으면 내 이상형이 아니라는 의미이므로, 형용사 '예쁘다'의 어간 '예쁘-'에 '-어도'가 결합한 '예뻐도'가 들어가야 한다.

[오답해설]

① -지만 : 어떤 사실이나 내용을 말하면서 그에 반대되는 내용을 말하거나 조건을 붙여 말할 때 쓰는 연결 어미

　　예 그 사람은 <u>잘생겼지만</u> 남자로서 매력은 없는 것 같아요.

③ -ㄹ수록 : 앞말의 일의 정도가 더하여 가는 것이 뒷말의 일의 정도가 더하거나 덜하게 되는 조건이 됨을 나타내는 연결 어미

　　예 비가 적게 <u>올수록</u> 과일의 당도는 높아진다.

④ -ㄴ데 : 뒷말을 끌어내기 위해 관련될 만한 사실을 먼저 제시할 때 쓰는 연결 어미로, 흔히 앞말의 내용과 뒷말의 내용이 대립되도록 이어 줌

　　예 기계의 성능은 <u>좋은데</u> 가격이 너무 비싸다.

05 '-는 바람에'는 뒷말의 이유나 원인을 나타낼 때 쓰는 말이다. 버스로 갈아타게 된 원인은 지하철이 고장 난 것이므로 '지하철이 고장 나는 바람에'가 들어가야 한다.

　•갈아타다 : 타고 가던 것에서 내려 다른 것으로 바꾸어 타다.

　　예 그 섬에 가기 위해서는 배를 두 번이나 <u>갈아타야</u> 했다.

[오답해설]

① -ㄹ 겸 : 두 가지 이상의 행동을 아울러 함을 나타내는 말

　　예 거래처도 <u>방문할 겸</u> 친구도 볼까 해서 왔어요.

③ -든지 : 실제 일어날 수 있는 여러 가지 일 중 어느 것이 일어나도 뒤에 이어지는 내용이 성립하는 데 아무런 상관이 없음을 나타내는 연결 어미로, '간에' 혹은 '상관없이' 등이 뒤따르는 경우가 많음

　　예 네가 집에 <u>가든지 말든지</u> 간에 나는 여기 있을 테니까 그렇게 알아.

④ -ㄴ데도 : 앞말의 상황에 관계없이 뒷말의 상황이 일어남을 나타내는 말

　　예 그렇게 세게 <u>밀었는데도</u> 문은 꿈쩍하지 않았다.

06 '–다니요'는 뜻밖의 사실에 놀라거나 반문하는 뜻을 나타내는 말로 주로 구어체에 쓰인다. 사무실이 춥다는 '가'의 말에 놀라 반문하고 있으므로 '춥다니요'가 들어가는 것이 자연스럽다.

- 쌀쌀하다 : 날씨 바람 따위가 음산하고 상당히 차갑다.

  예 겨울이 되자 금세 쌀쌀한 기운이 몰려왔다.

[오답해설]

① –(으)ㄹ래요 : 자신의 의지를 표현하거나 상대방의 의사를 물을 때 쓰는 말

  예 저 이 일 그만둘래요.

  예 주말에 같이 바다에 갈래요?

② –잖아요 : 당연히 그러하다는 의미를 나타내는 말

  예 조금만 노력하니까 결과가 좋게 나오잖아.

③ –다면서요 : 들어서 아는 사실을 확인하여 물을 때 쓰는 말

  예 둘이 그렇게 사이가 좋다면서요?

07 '–ㄹ 테니'는 '–ㄹ 터이니'가 준 말로 어떤 일을 추측하거나 어떤 일을 하고자 하는 의지를 나타내면서 그것이 뒷말에 대한 이유나 원인이 됨을 나타내는 말이다. 내일 아침에 연락이 온다는 사실이 조금만 참고 기다려야 하는 이유가 되므로 '연락이 올 테니(까)'라고 써야 한다.

[오답해설]

① –ㄹ 정도로 : 앞말의 행동이나 사건이 일어날 만한 수준임을 나타낼 때 쓰는 말

  예 김연아 선수의 연기는 모든 관객들이 탄성을 내뱉을 정도로 아름다웠다.

③ –는 바람에 : 뒷말의 이유나 원인을 나타내는 말

  예 어제 비가 많이 오는 바람에 놀러 나가지 못했다.

④ –기 위해 : 뒷말에서 일어난 일의 의도 혹은 목적을 나타낼 때 쓰는 말

  예 그는 목적을 이루기 위해 무슨 일이든 할 수 있는 사람이에요.

08 '–ㄹ 수밖에 없다'는 앞말이 의미하는 것 말고는 다른 방법이나 가능성이 없음을 나타내는 말이다. 배가 고픈 상황에서 음식을 시켜서 먹는 것 말고는 다른 방법이 없는 상황이다. 따라서 '시켜 먹을 수밖에 없었다'가 들어가야 한다.

[오답해설]

① –려야 : '–려고 하여야'가 줄어든 말로 어떤 일을 할 의도는 있으나 결국 그렇게 하지 못함을 나타내는 말

  예 일만 하려고 하면 사라져서 보이질 않으니 일을 시키려야 시킬 수가 없다.

③ –ㄴ 셈이다 : 어떤 형편이나 결과를 나타내는 말

  예 피자 여덟 조각 중 여섯 조각을 네가 먹었으니 네가 피자를 다 먹은 셈이다.

④ –ㄹ 리가 없다 : 앞말이 나타내는 행동 등이 일어나는 이유나 이치 등이 없음을 나타내는 말

  예 택배가 이 시간에 올 리가 없다.

09 '회사 구내식당이 있다.'에 체크되어 있지 않으므로 회사 안에는 식당이 없다.

- 구내식당 : 학교, 직장, 역 따위의 안에 있는 식당
  예 구내식당의 메뉴는 매일 바뀐다.
- 탕비실 : 사무실에서 물을 끓이거나 그릇을 세척할 수 있도록 마련된 조그만 방
  예 사무실에 마련된 탕비실에서 커피나 차를 타 먹으면 된다.

[오답해설]
① 환승을 하지 않고 출퇴근할 수 있으므로 교통이 좋다.
② 햇빛이 잘 들어오므로 회사 안이 밝다.
③ 회사 주변 환경에 해당하는 CCTV가 설치되어 있다.

10 첫 번째 문단에서 도심 속 텃밭이 인기를 끌고 있다는 사실을 밝힌 후에, 두 번째 문단에서 도심 속 텃밭이 인기를 끌고 있는 이유 두 가지를 설명하였다. 내용을 고려했을 때 '도심 속 텃밭이 유행하는 이유'가 이 글의 중심 내용이다.

- 지자체 : 지방자치단체(특별시, 광역시, 도, 시, 군 등과 같이 일정 구역 내에서 법이 인정하는 한도의 지배권을 소유하는 단체)의 줄임말
  예 이번 지원사업 신청은 각 지자체를 통해 할 수 있다.
- 퇴직하다 : 현재 직장을 그만두고 물러나다.
  예 아버지께서 올해를 마지막으로 다니시던 직장에서 퇴직하셨다.
- 요인 : 사물이나 사건이 성립되는 이유 또는 조건이 되는 요소
  예 이번 실패 요인은 부실한 자료 조사이다.
- 평안 : 걱정이나 탈이 없음. 또는 무사히 잘 있음
  예 그의 한 마디에 나는 마음의 평안을 잃어 버렸다.
- 소일거리 : 그럭저럭 세월을 보내기 위하여 심심풀이로 하는 일
  예 어머니께서는 퇴직 후 소일거리 삼아 봉사활동을 다니신다.
- 정서 : 사람의 마음에 일어나는 여러 가지 감정
  예 아이들이 폭력적인 영화를 보는 것은 정서에 좋지 않다.
- 현황 : 현재의 상황
  예 이번 신제품의 판매 현황이 상당히 좋다.

[오답해설]
① 도심 속 텃밭이 유행하는 이유 중 하나가 '마음의 평안을 얻을 수 있기 때문'이라고 하였지만, 글 전체가 마음의 평안을 얻기 위한 방법을 소개하고 있는 것은 아니다.
② 도심 속 텃밭이 아이들에게 교육적으로 좋은 것 같다고 이야기하기는 하였으나, 실제 교육적 효과가 어떤 것이 있는지는 이야기하고 있지 않다.
③ 많은 지자체에서 도심 속 텃밭을 운영하고 있다고는 말했으나, 실제 그 현황에 대한 것은 글에 나타나 있지 않다.

11 국기에 대한 맹세를 할 때는 오른손을 펴서 왼쪽 가슴에 대고, 국기를 향해 서서 맹세를 해야 한다.

- 맹세 : 일정한 약속이나 목표를 꼭 실천하겠다고 다짐함

  예 이번엔 지난번처럼 포기하지 않기로 지금 이 자리에서 맹세할게요.

- 낭독하다 : 글을 소리 내어 읽다.

  예 그 남자는 조용한 숲 한가운데서 시를 낭독했다.

- 정식 : 정당한 격식이나 의식

  예 그는 정식 교육을 받지 못했다.

  ※ 약식 : 정식으로 절차를 갖추지 않고 간추린 의식이나 양식(↔ 정식)

[오답해설]

② 모자를 썼을 경우 오른손으로 모자를 벗어 모자를 왼쪽 가슴에 대고 맹세를 해야 한다.

③ 맹세를 할 때 눈을 감아야 하는지 떠야 하는지에 대해서는 달리 정해진 것이 없으므로 각자 경건한 마음을 갖고 맹세를 하면 된다.

④ 정식으로 맹세를 할 때는 맹세문을 낭독하고, 약식일 경우 낭독하지 않는다.

12 ①에서 설명하는 가족의 형태는 '대가족'으로, 과거 대한민국 가족의 대부분을 차지하고 있는 가족의 형태였으나 오늘날에는 그 수가 크게 줄어들고 있다.

[오답해설]

② 여성의 사회 진출이 늘어나고 동시에 생활에 들어가는 비용이 늘어나면서 부부 모두 일을 하는 '맞벌이 가족'이 늘어나고 있다.

③ 배우자나 자녀가 없이 혼자 사는 '일인 가구' 혹은 '일인 가족'이 늘어나고 있다.

④ 한국은 극심한 저출산 사회로, 결혼을 한 후에도 자녀 없이 부부만 사는 가족이 늘어나고 있다.

13 장기요양인정을 신청하는 사람은 서류를 준비하여 국민건강보험공단에 제출해야 한다.

- 유효기간 : 그 상품의 효력이나 효과를 정상적으로 사용할 수 있는 기간

  예 할인권의 유효기간은 12월 말까지이다.

- 제출하다 : 문안이나 의견, 법안 따위를 내다.

  예 보고서는 내일 오전까지 제출하세요.

14 아이들은 한국 나이로 8세부터, 즉 만 6세부터 초등학교에 다닐 수 있다. 초등학교는 6년 과정의 의무교육이며 무상교육으로서, 부모가 자녀를 초등학교에 보내지 않을 경우 과태료가 부과될 수 있다.

- 의무교육 : 국가에서 제정한 법률에 따라 일정한 연령에 이른 아동이 의무적으로 받아야 하는 보통 교육

  예 2021년 고등학교 3학년까지 의무교육이 확대된다.

- 무상교육 : 교육을 받는 학생에게 일체의 경제적 부담을 주지 않고 무료로 실시하는 교육

  📵 생활 보호 대상자의 자녀들에게 <u>무상교육</u>을 실시한다.

- 과태료 : 법을 어긴 사람에게 벌로 물게 하는 돈

  📵 과속 운전으로 경찰에게 걸려 <u>과태료</u>를 물었다.

15 민간에서는 동지를 흔히 아세 또는 작은설이라고 한다. 그래서 '동지를 지나야 한 살 더 먹는다'거나 '동지팥죽을 먹어야 진짜 나이를 한 살 더 먹는다'라는 말을 하였다.

- 민간 : 관청이나 정부 기관이 아닌 일반 시민들 혹은 시민들 사이

  📵 이것은 궁이 아닌 <u>민간</u>에서만 행해지던 놀이이다.

- 뿌리다 : 곳곳에 흩어지도록 던지거나 떨어지게 하다.

  📵 마당에 물을 <u>뿌려</u> 열을 식혔다.

[오답해설]

① 동지는 일 년 중 밤이 가장 길고 낮이 가장 짧은 날이다.

③ 붉은 팥에 귀신을 쫓는 힘이 있다고 믿어, 붉은 팥으로 팥죽을 쑤어 대문이나 문 근처의 벽에 뿌렸다.

④ 그네뛰기는 단오에 여성들이 즐겨하던 민속놀이이다.

16 온돌은 구들을 데우는 데 드는 시간이 길어 연료를 많이 사용해야 했다는 것이 단점이었다.

- 때다 : 아궁이 등에 불을 지피어 타게 하다.

  📵 할머니께서는 손님이 왔다고 아궁이에 장작을 계속 <u>때셨다</u>.

- 데우다 : 식었거나 찬 것을 덥게 하다.

  📵 잠이 안 올 때는 우유를 <u>데워</u> 마시면 도움이 된다.

- 경제적 : 돈이나 시간, 노력을 적게 들이는 것

  📵 빨래는 가능한 많은 양을 한 번에 하는 게 <u>경제적</u>이다.

- 좌식 : 방과 마루 등의 바닥에서 일하게 된 방식

  📵 우리나라는 <u>좌식</u> 생활을 한다.

- 미치다 : 영향이나 작용 등이 대상에 가해지다.

  📵 세탁기의 개발이 여성의 사회 진출에 영향을 <u>미쳤다는</u> 견해도 있다.

[오답해설]

② 아궁이에서 불을 피울 때 그 불 위에 솥을 얹어 요리를 하고, 그 불에서 나온 연기가 방바닥 밑으로 지나가도록 하여 난방을 하였다.

④ 17세기에 온돌이 대다수의 가정에 보급되면서, 서구권과 같이 실내에서 신발을 신고 생활하는 입식 문화에서 오늘날과 같이 신발을 벗고 바닥에 앉아 생활하는 좌식 문화로 전환되었다.

17 4 · 19 혁명은 이승만 대통령과 자유당의 부정선거에 맞서 학생들이 중심이 되어 시민들과 함께 이루어 낸 민주화 혁명이다. 이승만 정권은 총칼을 앞세워 시민을 탄압하였으나 시민들의 완강한 투쟁 끝에 결국 이승만은 대통령직에서 하야하였다.

- 자행하다 : 제멋대로 해 나가다.

  📖 이승만 정권은 민간인을 대상으로 끔찍한 학살을 자행했다.

- 독재 : 민주적인 절차를 부정하고 통치자의 독단으로 행하는 정치

  📖 당시 정권은 시민을 탄압하고 독재를 자행했다.

- 타도하다 : 어떤 대상이나 세력을 쳐서 거꾸러뜨리다.

  📖 시민들은 탄압과 독재를 자행하는 신군부를 타도했다.

- 일으키다 : 어떤 사태나 일을 벌이거나 터뜨리다.

  📖 미국은 이라크를 상대로 전쟁을 일으켰다.

- 하야하다 : 관직이나 정계에서 물러나다.

  📖 이승만은 결국 대통령직에서 하야하였다.

[오답해설]
① 5 · 18 민주화운동 : 광주와 전남 일원에서 신군부의 집권 음모를 규탄하고 민주주의의 실현을 요구하며 전개된 민중항쟁
③ 6월 민주항쟁 : 전두환 군사정권의 장기집권을 저지하기 위해 일어난 범국민적 민주화 운동
④ 3 · 1운동 : 일제강점기 당시 한민족이 일제의 식민통치에 항거하고 독립선언서를 발표하여 한국의 독립 의사를 세계에 알린 비폭력 운동

18 대한민국의 정치 체제는 대통령제이다. 대통령제는 행정부가 입법부로부터 완전히 독립되어 입법부와 행정부가 서로 견제할 수 있도록 함으로써 국민의 자유와 권리를 보장하고자 하는 형태이다.

- 임기 : 임무를 맡아보는 일정한 기간

  📖 국회의원의 임기는 4년이다.

- 총괄하다 : 모든 일을 한데 묶어 관할하다.

  📖 니부어 씨는 이번 작업을 총괄하고 있습니다.

- 조약 : 국가 간의 권리와 의무를 국가 간의 합의에 따라 법적 구속을 받도록 규정하는 행위

  📖 굴욕적인 강화 조약을 맺었다.

- 견제하다 : 일정한 작용을 가해 상대방이 지나치게 세력을 펴거나 자유롭게 행동하지 못하도록 억누르다.

  📖 우리나라는 입법부와 사법부, 행정부가 서로를 견제하는 삼권분립의 원칙에 따라 운영된다.

[오답해설]
① 대한민국 행정부의 최고 대표자는 대통령으로, 5년의 임기를 가진다.
③ 국무총리는 대통령의 명을 받아 행정 각부를 관리하는 대통령의 제1위 보좌기관이다.
④ 대통령에게는 국가의 대표자로서 외국과 조약을 체결할 수 있는 권한이 있다.

> ※ **대통령의 권한**
> • 국군을 지휘하는 권한
> • 공무원을 임명하는 권한
> • 외국과 조약을 체결할 수 있는 권한
> • 국회가 만든 법률을 거부할 수 있는 권한
> • 법률안을 제출하고 공포하는 권한
> • 범죄자에 대한 형의 면제, 감형, 복권 등을 할 수 있는 권한

19 2022년 기준, 대한민국의 명목 GDP를 바탕으로 계산한 경제 규모는 1조 6,733억 달러로 세계 13위 수준이다. 한국보다 상위에 위치한 나라는 1위부터 미국, 중국, 일본, 독일, 영국, 인도, 프랑스, 캐나다, 러시아, 이탈리아, 브라질, 호주이다.
• 원조 : 물품이나 돈 등으로 도와주는 것
  예 우리나라는 전쟁 직후 <u>원조</u>를 받던 국가에서 이제 <u>원조</u>를 해 주는 국가가 되었다.
• 급격하다 : 변화의 움직임 등이 급하고 격렬하다.
  예 최근 성장률이 <u>급격하게</u> 떨어지고 있다.
• 구제 : 자연적인 재해나 사회적인 피해를 당해 어려운 처지에 있는 사람을 도와줌
  예 굶주림으로 죽어 가는 어린이들을 위한 <u>구제</u>가 필요하다.
• 인하다 : 어떤 사실로 말미암다.
  예 산업 현장에서 일어나는 사고의 대부분은 안전 부주의로 <u>인한</u> 것이다.

[오답해설]
① 6·25 전쟁 직후에는 미국의 여러 대외원조기구 등을 통해 많은 물자를 무상으로 들여왔고, 이를 바탕으로 경제를 발전시켰다.
② 1950년대 전쟁 직후부터 1997년 외환위기 직전까지 약 50여 년간의 급격한 경제 성장을 일컬어 '한강의 기적'이라고 한다. 이는 2차 세계대전 직후 패전국인 서독이 선진국으로 빠르게 도약한 것을 일컬었던 '라인강의 기적'에 빗대어 표현한 말이다.
④ IMF에 구제 금융을 신청한 것은 1997년이다. 2008년에는 세계적 금융위기로 또 한 번 어려움을 겪었다.

20 보험은 예측할 수 없는 재난이나 사고의 위험에 대비하기 위해 만들어진 제도이자 상품이다. 보상하는 사고의 종류에 따라 화재보험, 생명보험, 상해보험 등 다양한 형태로 구분된다.

- 재산 : 재화와 자산을 통틀어 이르는 말. 개인이나 단체, 국가 등이 소유하는 토지나 가옥, 귀금속 등 금전적인 가치가 있는 것을 말함
  - 예 그는 이번 사고로 모든 재산을 잃었다.
- 금전적 : 경제적 또는 경제적 이익과 관련되는 것
  - 예 금전적인 보상으로도 해결되지 않는 일이 있다.
- 보상 : 어떤 것에 대한 대가로 갚음
  - 예 그동안 열심히 일한 것에 대해 보상을 받았다.
- 예측하다 : 미리 헤아려 짐작하다.
  - 예 기상청은 올해 여름이 무척 더울 것으로 예측하였다.

[오답해설]
① 정기예금 : 일정 기간 동안 일정한 금액을 예치하고, 그 기간이 지나기 전까지는 원칙적으로 환급을 받지 않고 이자를 지급받는 저축 상품
② 정기적금 : 정해진 기간 동안 일정한 금액을 매월 적립하고 만기익에 약정된 금액을 지급받는 상품
③ 보통예금 : 수시로 입금과 출금을 할 수 있는 예금 상품

21 출입국관리법 제17조 제2항에 따르면 대한민국에 체류하는 외국인은 출입국관리법이나 다른 법률에서 정하는 경우를 제외하고는 정치활동을 해서는 안 된다. 따라서 대통령 선거에 참여하여 투표할 수 없다. 다만 지방선거의 경우 영주권을 얻은 지 3년이 지난 18세 이상의 외국인에 한하여 선거권이 인정된다.

- 난민 : 전쟁이나 재난 등을 당하여 곤경에 빠진 사람
  - 예 중동 지역의 전쟁으로 난민이 된 사람들이 늘고 있다.
- 이의 : 민법에서, 타인의 행위에 대하여 반대 또는 불복의 의사를 표시하는 일
  - 예 그는 재판 결과에 대해 이의를 제기하였다.
- 신청하다 : 국가 기관이나 법원 또는 공공 단체 기관에 대해 특정한 행위를 요구하기 위한 의사 표시를 하다.
  - 예 대한민국 국적을 취득하려면 귀화를 신청해야 한다.
- 조세 : 국가 또는 지방 공공 단체가 필요한 경비로 사용하기 위해 국민이나 주민으로부터 강제로 거두어들이는 금전(=세금)
  - 예 조세를 피하기 위한 가짜 회사를 세웠다.
- 감면하다 : 매겨야 할 부담 등을 덜어 주거나 면제하다.
  - 예 스스로 신고할 경우 내야 할 벌금이 감면된다.
- 철회하다 : 이미 제출하였던 것이나 주장하였던 것을 다시 회수하거나 번복하다.
  - 예 그는 자신의 주장을 철회하였다.

- 적용하다 : 알맞게 이용하거나 맞추어 쓰다.
  - 예 새로운 생산 방식이 적용되었다.

[오답해설]
① '외국인근로자의 고용 등에 관한 법률'에 따라 외국인도 직장가입자로서 국민건강보험에 가입할 수 있다.
③ 난민법 제21조에서 난민인정이 취소되거나 철회된 자에 대하여 이의를 신청할 권리를 인정하고 있다.
④ 외국인투자 촉진법 제3조제3항에 따라 대한민국 국민이나 대한민국 법인 또는 기업에 적용되는 조세 감면에 관한 규정은 법률에 특별한 규정이 있는 경우 외에는 외국투자가, 외국인투자기업 등에 대해 똑같이 적용된다.

22 헌법과 관련된 분쟁에 대한 재판은 헌법재판소에서 진행한다. 대법원은 사법부의 최고위 기관으로서 3심제도의 가장 마지막 재판을 담당한다.
- 분쟁 : 갈라져 다툼
  - 예 두 사람의 분쟁은 결국 법적 다툼으로 이어졌다.
- 이루다 : 예식이나 계약 등을 진행되게 하다.
  - 예 드디어 두 사람의 혼인이 이루어졌다.
- 다루다 : 일거리를 처리하다.
  - 예 응웬 씨는 무역 업무를 다룹니다.

23 장영실은 노비 출신이었으나 뛰어난 재주로 신분을 뛰어넘어 관직에 오른 조선 세종 시대 최고의 과학자이다. 자동으로 움직이는 물시계인 자격루를 만들었으며, 천체의 운행을 관측하는 혼천의, 조선 최초의 천문관측대인 간의대 등을 만들었다. 이 외에도 많은 발명품을 만들었다.
- 신분 : 개인의 사회적인 위치나 계급
  - 예 그는 신분을 감추고 몰래 건물로 들어갔다.
- 관직 : 공무원 또는 관리가 국가로부터 위임받은 일정한 직무나 직책
  - 예 그는 30여 년의 관직 생활을 마무리하였다.
- 발명하다 : 아직까지 없던 기술이나 물건을 새로 생각하여 만들어 내다.
  - 예 니콜라 테슬라는 최초의 교류유도전동기를 발명하였다.
- 천체 : 우주에 존재하는 모든 물체
  - 예 천문가들은 다양한 방식으로 천체를 관찰한다.
- 관측하다 : 육안이나 기계로 자연 현상, 특히 천체나 기상의 상태, 추이, 변화 등을 관찰하여 측정하다.
  - 예 허블 망원경을 이용해 우주를 더 자세히 관측하였다.

- 보급하다 : 널리 펴서 많은 사람들에게 골고루 미치게 하여 누리게 하다.
  - 例 스마트폰이 널리 보급되었다.

[오답해설]
① 문익점 : 고려 말기의 학자로 중국 원나라에 갔다가 돌아오면서 목화씨를 몰래 가지고 들어와 목화의 보급에 크게 기여하였다.
② 정약용 : 조선 후기의 대표적인 실학자로 거중기를 만들어 수원 화성을 만드는 데 이용하였다.
③ 장보고 : 신라의 무장으로 청해진을 설치하여 당나라와 신라, 일본을 잇는 해상무역을 주도하였다.

24 경국대전은 조선시대 최고의 법전으로 세조 때 최항, 노사신, 강희맹 등이 집필을 시작하여 성종 16년(1485년)에 시행하였다. 당시 정부 체제인 육전체제를 따라 여섯 개의 분야로 구성되었으며, 관리 조직에 대한 것부터 재산의 상속까지 생활 전반에 대한 사항들을 규정하였다.
- 다스리다 : 국가나 사회, 단체, 집안의 일을 보살펴 관리하고 통제하다.
  - 例 임금은 나라를 다스린다.
- 전반 : 어떤 일이나 부문에 대하여 그것에 관계되는 전체
  - 例 진행자로서 행사 전반에 대해 알아 두어야 한다.
- 집필하다 : 직접 글을 쓰다.
  - 例 그는 5년 만에 새로운 소설을 집필하였다.

[오답해설]
② 징비록 : 조선 중기의 문신 유성룡이 임진왜란 동안에 경험한 사실을 기록한 책
③ 목민심서 : 조선 후기의 실학자 다산 정약용이 수령이 지켜야 할 지침을 밝히면서 당시 관리들의 포악한 정치를 비판한 책
④ 육전조례 : 조선 말기 편찬된 법전 '대전회통'에 대하여 실제 사무 처리에 필요한 행정법규와 사례 등을 편집한 행정법전

25 수도권에 있는 관공서나 공기업 등을 지방으로 이전하는 정책의 가장 일차적인 목표는 수도권에 과도하게 집중된 인구를 지방으로 분산시키는 것이다. 따라서 수도권의 교통 발달은 기대할 수 있는 효과로 볼 수 없다.
- 이전하다 : 장소나 주소 등을 다른 데로 옮기다.
  - 例 자주 가던 단골 가게가 옆 동네로 이전했다.
- 분산하다 : 갈라져 흩어지다. 또는 그렇게 되게 하다.
  - 例 적의 병력을 분산시켰다.
- 양질 : 좋은 바탕이나 품질
  - 例 우리 동네 슈퍼에는 양질의 과일이 많이 들어와요.

- 활성화 : 사회나 조직 등의 기능을 활발하게 함
  예 본인 인증을 마치자 계정이 <u>활성화</u>되었다.

[오답해설]
① 해당 공기업 등에서 일하고자 하는 사람이 지방으로 이동하기 때문에 수도권에 집중된 인구가 각 지방으로 분산된다.
③ 관공서나 공기업 등은 비교적 안정적인 양질의 일자리로 여겨진다. 따라서 이러한 공기업 등이 이전한 지방의 사람들은 양질의 일자리를 얻을 기회가 늘어난다.
④ 관공서나 공기업 등의 이전은 해당 공기업 등에서 일하는 사람들이 해당 지역으로 함께 이동하는 효과를 가져오며, 이에 따라 해당 지역의 상권에 도움을 준다.

26 〈보기〉의 관광지가 있는 지역은 강원도이다. 강원도는 관동 지방이라고도 하는데, 본래는 태백산맥의 동쪽 지역을 뜻하는 이름이었으나 오늘날에는 강원도 전체를 통틀어 말한다. 동쪽의 태백산맥을 중심으로 영동지방과 영서지방으로 구분되며, 전체 면적의 약 82%가 산지이다. 이 때문에 태백산, 치악산, 금강산 등 경치가 빼어난 산이 많다.
- 곡창 : 곡식이 많이 생산되는 지방을 비유적으로 이르는 말
  예 호남 평야는 우리나라에서 가장 큰 <u>곡창</u> 지대이다.
- 평야 : 기복이 매우 작고, 지표면이 평평하고 너른 들
  예 한반도 남부에는 <u>평야</u>가 발달해 있다.
- 선정하다 : 여럿 가운데서 어떤 것을 뽑아 정하다.
  예 우리 반에서 가장 우수한 학생을 <u>선정하겠어요</u>.
- 위치하다 : 일정한 곳에 자리를 차지하다.
  예 제 고향 타이는 동남아시아의 중심부에 <u>위치해</u> 있어요.
- 빼어나다 : 여럿 가운데서 두드러지게 뛰어나다.
  예 미오 씨는 이번달에 정말 <u>빼어난</u> 성과를 거두었어요.

[오답해설]
① 전라도에 대한 설명이다. 전라도는 호남 지방이라고도 하는데, 넓은 평야가 발달해 있어 농업이 발달한 지역이다.
③ 경상도에 대한 설명이다. 경상도는 영남 지방이라고도 하며, 우리나라의 유교적 생활 모습과 건축물이 잘 남아 있는 안동 하회 마을이 이곳에 위치해 있다.
④ 충청도에 대한 설명이다. 충청도는 호서 지방이라고도 하며 백제의 역사 유적이 많아 관광 산업이 발달해 있다.

27 대한민국 헌법 제27조 제4항에서는 '형사피고인은 유죄의 판결이 확정될 때까지는 무죄로 추정된다.'고 규정하고 있다. 이를 '무죄 추정의 원칙'이라 하며, 억울하게 형벌을 받는 사람이 나타나지 않게 하기 위한 조항이다.

- 정당 : 정치적인 주의나 주장이 같은 사람들이 정권을 잡고 정치적 이상을 실현하기 위하여 조직한 단체
  - 예 대한민국은 여러 개의 정당이 활동할 수 있다.
- 보장 : 어떤 일이 어려움 없이 이루어지도록 조건을 마련하여 보증하거나 보호함
  - 예 그의 성실함은 내가 보장할게.
- 조력 : 힘을 써 도와줌
  - 예 우리만으로는 어려우니 메이 씨의 조력을 구해야 할 것 같아요.
- 추정하다 : 미루어 생각하여 판정하다.
  - 예 소방 당국은 이번 화재의 원인을 담뱃불로 추정하고 있다.
- 판결 : 시비나 선악을 판단하여 결정함
  - 예 법원은 공정한 판결을 내릴 것이다.
- 침해 : 침범하여 해를 끼침
  - 예 개인의 자유를 침해해서는 안 된다.
- 피해보상 : 재해, 사고 따위로 손해를 입었을 때 규정에 따라 받게 되는 보상
  - 예 가해자에게 피해보상을 요구했다.

[오답해설]

① 대한민국 헌법 제8조에서 규정하고 있다. 이에 따르면 정당의 설립은 자유이며, 복수정당제는 보장된다.

② 대한민국 헌법 제12조제4항에서 규정된 사항이다. 만약 형사피고인이 스스로 변호인을 구하지 못했을 경우 국가가 변호인을 붙여야 한다.

④ 대한민국 헌법 제21조제4항에서 규정하고 있는 사항이다. 모든 국민은 언론·출판의 자유가 있다. 그러나 언론·출판을 통해 타인의 명예나 권리를 침해해서는 안 되며, 만약 침해한 때에는 피해자가 이에 대한 피해의 배상을 청구할 수 있다.

28 학교폭력은 학교 내외에서 학생을 대상으로 가해지는 폭력을 말하는 것으로 신체적인 폭력은 물론 언어적 폭력, 금품의 갈취, 따돌림, 성폭력, 강요, 사이버폭력 등을 모두 포함하는 개념이다.

- 안팎 : 사물이나 영역의 안과 밖
  - 예 새로 지은 건물의 안팎을 구경하다.
- 신고하다 : 국민이 법의 규정에 따라 행정 관청에 일정한 사실을 진술·보고하다.
  - 예 화재가 발생했을 경우 즉시 119에 신고해야 한다.
- 민사소송 : 사법기관이 개인의 요구에 따라 사법적 권리 관계의 다툼을 해결하고 조정하기 위해 행하는 재판 절차
  - 예 개인 간의 권리 다툼은 민사소송을 통해 해결할 수 있다.

- 갈취 : 남의 것을 강제로 빼앗음
  예 그는 골목에서 금품 갈취를 당했다.
- 장 : 어떤 조직체나 부서 단위의 우두머리
  예 한 기관의 장은 책임이 따르는 자리이다.

29 1950년 6월 25일 북한이 선전포고도 하지 않고 기습적으로 남한을 침공하였다. 이렇게 발발한 6 · 25 전쟁은 1953년 7월 27일 정전 협정이 체결되기까지 3년 1개월 동안 이어졌다.
- 기습적 : 적이 생각하지 않았을 때 갑자기 들이쳐 공격하는 것
  예 적의 빈틈을 노려 기습적으로 공격했다.
- 침공하다 : 다른 나라를 침범하여 공격하다.
  예 6 · 25 전쟁은 북한이 침공하여 시작된 전쟁이다.
- 숙청 : 반대파를 처단하거나 제거함
  예 그는 단호하게 반대 세력을 숙청하였다.
- 밀어붙이다 : 여유를 주지 않고 계속 몰아붙이다.
  예 우리 팀은 경기가 끝날 때까지 상대 팀을 밀어붙였다.

[오답해설]
② 광복 직후 38선을 기준으로 북쪽은 소련이, 남쪽은 미국이 관리하였다.
③ 미군정은 일제에 협조하였던 친일파들을 숙청하지 않고 그대로 통치에 활용하였으며, 이는 오늘날까지 이어지는 일제 청산 문제의 원인이 된다.
④ 전쟁 발발 직후 북한군은 압도적인 화력과 물량으로 국군을 낙동강 근처까지 몰아붙였다.

30 우체국에서는 수취인에게 직접 현금을 배달하는 '통화등기제도'가 있다. 통화등기제도는 수취인에게 현금을 배달해주는 제도로 우편물 분실 시에는 송금액을 전액 배상하는 편리한 보험취급 서비스이다.
- 수취인 : 서류나 물건을 받는 사람
  예 수취인의 집에는 아무도 없었다.
- 통화 : 유통 수단이나 지불 수단으로서 기능하는 화폐
  예 정부는 경제 안정을 위해 추가로 통화를 공급했다.
- 분실 : 자기도 모르는 사이에 물건을 잃어버림
  예 신발이 분실되어 큰일이에요.
- 송금액 : 다른 사람이나 기관 따위에 부쳐 보낸 돈의 액수
  예 엄마에게 보낸 송금액이 얼마니?
- 배상 : 남의 권리를 침해한 사람이 그 손해를 물어 주는 일
  예 화재로 인한 배상의 책임은 국가에 있다.
- 취급 : 물건을 사용하거나 소재나 대상으로 삼음
  예 핸드폰은 취급이 간단하고 편리하다.

31 국무회의는 정부의 정책을 심사하고 의논하는 행정부의 최고 심의 기관이다. 국무 회의의 의장은 대통령이고 부의장은 국무총리이다.

- 심사하다 : 자세하게 조사하여 등급이나 당락 등을 결정하다.
  - 예 쿤 씨가 이 업무를 진행할 자격이 있는지 <u>심사하겠습니다</u>.
- 심의 : 심사하고 토의함
  - 예 국회에서 환경문제에 대한 정책을 <u>심의</u>했다.
- 청장 : 중앙 관서의 우두머리
  - 예 <u>청장</u>이 갑자기 회의실에 등장하였다.
- 의논하다 : 어떤 일에 대하여 서로 의견을 주고받다.
  - 예 심사 결과에 대해 관계자들이 <u>의논</u>하고 있어요.

[오답해설]
② 행정부의 최고 책임자는 대통령이다.
③ 국민을 위한 법을 만들고 고치는 것은 입법부, 즉 의회의 역할이다.
④ 행정 각부는 장관이 최고 책임자로서 정책을 펼친다.

32 정부가 사용할 예산안을 검토하거나, 행정 각부에 대한 국정감사를 실시하여 필요한 경우 국정조사를 하기도 하는 것은 국회의 업무이자 권한이다.

※ 대통령의 대표적인 권한
- 나라를 대표해 외교 활동을 한다.
- 전쟁 전 다른 나라에 전쟁할 것을 알리는 '선전포고'를 한다.
- 나라에 위급한 일이 있을 경우 '긴급명령'을 내리고 '계엄'을 선포한다.
- 나라에 중요한 결정을 할 때 '국민투표'를 실시할 수 있다.
- 국회에 법을 제안하거나 국회가 만든 법을 거부할 수 있다.
- 대법원장, 대법관, 헌법재판소 재판관 중 일부를 임명한다.
- 공무원을 임명하고 행정부를 지휘한다.
- 국무회의를 책임지고 맡아 처리한다.
- 국군을 통솔한다.

- 수장 : 장수 가운데 우두머리
  - 예 국회 의장은 국회의 <u>수장</u>이다.
- 검토하다 : 어떤 사실이나 내용을 분석하여 따지다.
  - 예 쑨원 씨가 제출하신 보고서는 잘 <u>검토</u>해 보았어요.
- 국정감사 : 나라의 정세나 형편 전반에 관하여 조사함
  - 예 <u>국정감사</u>에 대한 여당, 야당의 입장이 달랐다.
- 통솔하다 : 무리를 거느려 다스리다.
  - 예 물류팀 인원은 키류 씨가 <u>통솔</u>해 주세요.

33 청소년보호법은 청소년을 유해한 매체나 약물, 폭력 등 위험 요소로부터 보호하기 위해 만들 어진 법이다. 청소년보호법에서는 만 19세 미만의 사람을 청소년으로 규정하고 있다.

- 단독 : 단 하나
  예 2002년 월드컵은 단독 개최가 아닌 공동 개최로 열렸다.
- 형사 처벌 : 법률 위법한 행위를 한 자에게 법률적으로 형법 적용을 받는 사건의 책임을 묻는 일
  예 청소년 학교 폭력 문제가 심각해지면서 형사 처벌을 강화해야 한다는 목소리가 커지고 있다.
- 폐지 : 실시하여 오던 제도나 법규, 일 등을 그만두거나 없앰
  예 즐겨보던 프로그램이 폐지되어 더 이상 볼 수 없다.
- 유해하다 : 해로움이 있다.
  예 해당 식품에서 인체에 유해한 물질이 나왔다.
- 집행하다 : 법률, 명령, 재판, 처분 등의 내용을 실행하다.
  예 우리나라는 1997년 12월에 마지막으로 사형을 집행했다.

[오답해설]
① 민법에서는 만 19세 미만의 미성년자는 유효한 법률 행위를 할 수 없다고 규정하고 있다. 따라서 미성년자가 근로계약을 맺기 위해서는 부모 등 법정 대리인의 동의를 받아야 한다.
③ 형법에서는 만 14세가 되지 않은 사람, 즉 만 13세 이하의 어린이들에게는 형사 처벌을 할 수 없도록 규정하고 있다.
④ 대한민국은 사형제도를 법률상 유지하고 있는 나라이다. 다만 가장 최근의 사형 집행 일자가 1997년 12월 30일로, 10년 이상 사형의 집행이 이루어지지 않아 '실질적 사형폐지국'으로 분류되어 있다.

34 금모으기 운동은 1997년 IMF 구제금융 요청 사태(IMF 금융위기) 당시 대한민국의 부채를 갚기 위해 국민이 자신이 소유한 금을 국가에 자발적으로 내어 놓은 운동이다. 이러한 국민의 노력으로 불과 4년 만에 IMF 구제금융 상황을 벗어났다.

- 극복하다 : 악조건이나 고생 등을 이겨 내다.
  예 대한민국은 그동안 수많은 외세의 침략을 극복했다.
- 돌파하다 : 일정한 기준이나 기록 등을 지나서 넘어서다.
  예 열차의 속력이 300km/h를 돌파했다.
- 개방하다 : 금지하거나 경계하던 것을 풀고 자유롭게 드나들거나 교류하게 하다.
  예 청와대가 일반인에게 개방되었다.
- 부채 : 남에게 빚을 짐. 또는 그 빚
  예 우리나라의 부채 비율은 국내총생산의 38%이다.
- 자발적 : 남이 시키거나 요청하지 않아도 자기 스스로 나아가 행하는 것
  예 그는 자발적으로 앞에 나가 시범을 보였다.

- 불과 : 그 수량에 지나지 아니한 상태임을 이르는 말

  예 이번달 출장 건수가 불과 두 건에 그쳤다.

[오답해설]

① 6·25 전쟁 전에는 공장 등의 생산 시설이 대부분 북한 지역에 위치하여 남한 지역에는 그 수가 매우 적었고, 그나마도 전쟁으로 상당수 파괴되어 국가의 생산력이 매우 떨어지게 되었다.

③ 2022년 기준 한국의 1인당 국민총소득(GNI)은 약 3만 3,000달러이다.

④ IMF의 구제금융을 받는 조건으로 IMF에서 제시하는 경제 정책을 따라야 했다. 이 결과 우리나라의 경제 분야가 상당 부분 외국 자본에 개방되었다.

35 국세청은 대한민국에서 발생한 세금 중 내국세, 즉 관세와 지방세를 제외한 나머지 세금을 징수하는 행정기관으로, 국가의 재원을 조달하는 역할을 하는 중요한 기관이다.

- 납세 : 세금을 냄

  예 올해 모범 납세자로 선정되었습니다.

- 징수하다 : 행정기관이 법에 따라 조세, 수수료, 벌금 등을 국민에게서 거두어들이다.

  예 과속운전으로 과태료를 징수하겠습니다.

- 관장하다 : 일을 맡아서 주관하다.

  예 물품 구매 업무는 히마리 씨가 관장하고 있어요.

- 밀수 : 세관을 거치지 않고 몰래 물건을 사들여 오거나 내다 팖

  예 불법 총기가 밀수를 통해 국내에 들어왔다.

[오답해설]

① 관세청 : 관세, 즉 수출·수입되거나 통과되는 화물에 대하여 부과되는 세금을 부과·감면·징수하고 통관 및 밀수 단속 등에 관한 사무를 관장하는 행정기관

② 조달청 : 정부의 물자 구매·공급 및 관리에 관한 사무와 정부의 주요 시설공사 계약에 관한 사무를 관장하는 행정기관

④ 통계청 : 통계의 기준 설정과 인구조사, 각종 통계에 관한 사무를 관장하는 행정기관

36 혈중알코올농도가 0.08% 이상일 경우 면허가 취소된다.

- 징역 : 죄인을 교도소에 가두어 노동을 시키는 형벌

  예 그는 사기 혐의로 징역을 살고 왔다.

- 할증하다 : 일정한 값에 얼마를 더하다.

  예 이 매장은 부가세로 음식 가격의 10%가 할증된다.

④ 음주운전은 1회 적발 시 10%, 2회 적발 시 20% 보험료가 2년동안 할증된다.

※ 음주운전에 따른 형사처벌 기준

위반 횟수	혈중알코올농도	벌칙
1회	0.2% 이상	2~5년 이하의 징역 / 1,000~2,000만 원 이하 벌금
	0.08%~0.2% 미만	1~2년 이하의 징역 / 500~1,000만 원 이하 벌금
	0.03%~0.08% 미만	1년 이하의 징역 / 500만 원 이하 벌금
	음주 측정 거부	1~5년 이하 징역 / 500~2,000만 원 이하 벌금
2회 이상	0.2% 이상	2~6년 이하의 징역 / 1,000~3,000만 원 이하 벌금
	0.2% 미만	1~5년 이하의 징역 / 500~2,000만 원 이하 벌금
	음주 측정 거부	1~6년 이하 징역 / 500~3,000만 원 이하 벌금

[작문형 예시 답안]

한국의 전통차 중 수정과를 마셔 본 적이 있습니다. 달콤한 차라고 하였는데 처음에 약간 매운 향이 나서 놀랐지만, 달콤한 맛과 독특한 향이 매우 좋았습니다. 저는 평소에는 커피를 자주 마시고, 가끔 국화차 같은 화차도 마십니다. 베트남은 옛날부터 홍차나 보이차가 유명해 사람들이 많이 마십니다. 또, 커피를 생산하는 나라라서 커피도 많이 마십니다.

[구술시험 예시 답안]

01 이번 애완견 안전관리 대책에서는 8개 종의 애완견을 맹견으로 분류하여 외출 시 입마개를 반드시 하도록 하였고, 그 외에 목줄의 길이나 사람을 공격한 애완견에 대한 처벌 방법도 마련하였습니다.

02 대책은 공개되었지만 실제 애완견이나 그 주인들에 대해 단속이 제대로 이루어지지 않고, 또 애완견 주인들의 인식이 크게 달라지지 않아 대책 발표 후에도 여전히 위험이 남아 있다고 여기고 있습니다.

03 독일에서 애완견을 키우기 위해서는 주인이 정해진 시험을 보고 합격해야 합니다. 또 애완견도 훈련소에서 다양한 훈련을 받고 시험에 통과해야 일반인들에게 공개됩니다. 따라서 애완견을 기르기 위해 애완견과 주인 모두 시험을 준비해야 합니다.

04 이순신 장군은 조선 시대 장군으로, 임진왜란 때 조선의 수군을 이끌어 일본의 수군을 무찌른 장군입니다. 열 배가 많은 적을 상대하면서도 아군의 배가 한 척도 침몰당하지 않아 한국과 일본 양쪽 모두에서 전설적인 장군으로 여겨지고 있습니다.

05 대한민국의 입법부는 국회입니다. 입법부는 말 그대로 '법을 만드는 것'이 주된 역할입니다. 입법부는 대통령과 행정부가 일을 잘하고 있는지 감시하는 역할도 하고, 국정 감사를 통해 잘못된 일을 바로잡을 것을 요구하기도 합니다. 또, 한 해 동안 국가가 사용할 예산을 심사하고, 이미 쓴 돈이 제대로 쓰였는지 검사하기도 합니다.

- 목줄 : 개나 고양이의 동물 목에 둘러매는 줄
  예 강아지는 산책할 때 목줄을 반드시 해야 한다.
- 입마개 : 입을 가리는 물건
  예 안전을 위해 큰 개들은 입마개를 하는 것이 좋다.
- 맹견 : 몹시 사나운 개
  예 맹견은 전문 훈련을 통해 행동의 개선이 필요하다.
- 의무적 : 마음이 어떻든 상관없이 해야만 하는 것
  예 출근해서 신체 온도를 측정하는 것은 의무적이다.
- 착용 : 의복, 모자, 신발 등을 입거나 쓰거나 신거나 함
  예 마스크를 꼭 착용하고 대중교통을 이용해야 한다.
- 제한 : 일정한 한도를 정하거나 그 한도를 넘지 못하게 막음
  예 이 도로의 제한 속도는 80km/h입니다.
- 안락사 : 본인 또는 가족의 요구에 따라 고통이 적은 방법으로 생명을 단축하는 방법
  예 애견 보호소가 폐쇄되면서 유기견들이 안락사를 당할 처지가 되었다.
- 단속 : 규칙이나 법령, 명령을 지키도록 통제함
  예 매년 연말에는 음주 단속이 더 철저하게 진행된다.
- 인식 : 사물을 분별하고 판단하여 앎
  예 비혼에 대한 인식이 예전보다 많이 달라졌다.
- 규칙 : 여러 사람이 다 같이 지키기로 작정한 법치
  예 새롭게 바뀐 규칙들을 한번 보세요.
- 위인 : 뛰어나고 훌륭한 사람
  예 어릴 때 위인전을 많이 읽었다.

- 처벌 : 형벌에 처함

  예 그는 음주운전으로 처벌을 받아야 한다.
- 마련하다 : 헤아려서 갖추다.

  예 이번에 집을 마련했다.
- 정하다 : 규칙이나 법의 적용 범위를 결정하다.

  예 정해진 메뉴 중에 골라 밥을 먹었다.
- 수군 : 조선시대 바다에서 국방과 치안을 맡아보던 군대

  예 수군들을 데리고 해상 전투에서 승리하였다.
- 무찌르다 : 적을 쳐서 이기거나 없애다.

  예 적군을 무찌르고 승리를 얻었다.
- 침몰 : 물속에 가라앉음

  예 낚시 배가 큰 파도에 침몰되었지만 해경에 의해 구출되었다.
- 예산 : 필요한 비용을 미리 헤아려 계산함

  예 매년 국가 예산을 책정한다.

[객관식 정답 및 해설]

01	02	03	04	05	06	07	08	09	10	11	12	13	14	15	16	17	18	19	20
②	③	①	①	④	③	③	①	①	①	④	③	④	③	①	②	④	②	①	③

21	22	23	24	25	26	27	28	29	30	31	32	33	34	35	36				
④	③	②	④	④	③	①	④	③	①	④	②	①	④	②					

01 '거래'는 '주고받음, 또는 사고팖'이라는 뜻이다. 앞서 인터넷을 통해 '물건을 사고판다'고 말했으므로 같은 의미의 단어 '거래'가 들어가야 한다.

- 중고 : 이미 사용하였거나 오래됨

  예 차를 처음 구입하는 것이라면 중고보다는 새 차를 사는 것이 좋다.
- 불안하다 : 마음이 편하지 않고 조마조마하다.

  예 이미 늦은 시간인데도 동생이 돌아오지 않아 불안했다.

[오답해설]

① 폐쇄 : 문 등을 닫아걸거나 막아 버림

  예 시설 수리로 이 통로는 폐쇄되었습니다.
③ 취미 : 전문적으로 하는 것이 아니라 즐기기 위해 하는 일

  예 주말마다 자전거를 타는 것이 내 취미입니다.
④ 공부 : 학문이나 기술을 배우고 익힘

  예 나이가 들어도 새로운 것에 대한 공부는 멈추지 말아야 해요.

02 '환영하다'는 '오는 사람을 기쁜 마음으로 반갑게 맞다'라는 뜻이다. 긴 시간 동안 여행을 하고 돌아온 사람에 대한 말이므로 '환영했다'가 들어가는 것이 가장 적절하다.

- 오래 : 때의 지나간 동안이 길게

  예 계속해서 사람이 줄어 이미 동네 상점들도 문을 닫은 지 오래다.
- 여행 : 일이나 유람을 목적으로 다른 고장이나 외국에 가는 일

  예 이번 여름에는 푸켓으로 여행을 가려구요.

[오답해설]

① 주도하다 : 주동적인 처지가 되어 이끌다.

  예 그는 모임을 주도하여 많은 행사를 성공적으로 끝마쳤다.

② 참석하다 : 모임이나 회의 등의 자리에 참여하다.

　　예 이번 미팅에는 새로 입사한 직원들도 참석합니다.

④ 포함하다 : 어떤 사물이나 현상 가운데 함께 들어가게 하거나 함께 넣다.

　　예 이번 세미나 참석자 명단에 나도 포함되어 있었다.

03 '평범하다'는 '뛰어나거나 색다른 점이 없이 보통이다'라는 의미이다. 크게 대단한 것도 없고 모자란 것도 없는 보통의 사람이라고 하였으므로 '평범한' 사람이라고 하는 것이 가장 자연스럽다.

- 대단하다 : 출중하게 뛰어나다.

　　예 올해 그의 성과는 정말 대단했다.

- 모자라다 : 기준이 되는 양이나 정도에 미치지 못하다.

　　예 여기저기 도움을 부탁했지만 일을 해결하기에는 조금 모자랐다.

[오답해설]

② 필요하다 : 반드시 요구되는 바가 있다.

　　예 그는 우리 팀에 꼭 필요한 사람이다.

③ 희미하다 : 분명하지 못하고 어렴풋하다.

　　예 자욱한 안개 때문에 사람들의 모습이 희미했다.

④ 알뜰하다 : 일이나 살림을 정성스럽고 규모 있게 하여 빈틈이 없다.

　　예 그는 알뜰한 사람이라 생각보다 금방 돈을 모았다.

04 '-더라도'는 가정이나 양보의 뜻을 나타내는 연결 어미로 '-어도'보다 그 뜻을 강하게 나타낼 때 쓴다. 대비가 완벽하지만 그렇다고 하여도 만일의 사태에 대비해야 한다는 의미이므로 '있더라도'가 들어가는 것이 자연스럽다.

- 완벽하다 : 결함이 없이 완전하다.

　　예 잘생기고 성격도 좋은, 그야말로 완벽한 사람이에요.

- 만일 : 혹시 있을지도 모르는 뜻밖의 경우

　　예 만일의 경우가 발생하면 미리 정해진 대로 행동해야 해.

- 사태 : 일이 되어 가는 형편이나 상황, 또는 벌어진 일의 상태

　　예 지금은 긴급한 사태이니 그런 규칙은 잠시 무시하자고요.

- 대비하다 : 앞으로 일어날지도 모르는 어떤 일에 대응하기 위해 미리 준비하다.

　　예 IMF 이후 우리는 외환위기에 대비하기 위해 외화를 충분히 보유하고 있다.

05 '−자마자'는 앞말의 동작이 이루어지자 잇따라 곧 뒷말의 사건이나 동작이 일어남을 나타내는 말이다. 일어난 직후에 바로 급하게 준비하고 나왔다는 의미이므로 '일어나자마자'가 들어가야 한다.

- 지각하다 : 정해진 시각보다 늦게 출근하거나 등교하다.
  - 예 타고 가던 버스가 사고가 나는 바람에 지각했다.
- 제시간 : 정한 시간
  - 예 제시간에 출근하고 제시간에 퇴근하는 건 기본이다.

[오답해설]
① −에도 불구하고 : 얽매여 거리끼지 않음을 나타내는 말
  - 예 그는 다리를 심하게 다쳤음에도 불구하고 끝까지 함께했다.
② −든지 : 나열된 동작이나 상태, 대상 중 어느 것이든 선택될 수 있음을 나타내는 연결 어미
  - 예 그렇게 졸지 말고 한숨 자고 오든지 집에 가든지 하세요.
③ −느니 : 앞말의 사태를 선택하기보다는 뒷말의 사태를 선택하겠음을 나타내는 연결 어미로 주로 '차라리' 등과 같이 사용됨
  - 예 너랑 만나느니 차라리 죽을 때까지 혼자 살겠어.

06 '−ㄴ가 보다'는 상황을 미루어 추측할 때 사용하는 말이다. 감기에 걸려서 며칠째 수업에 안 나오고 있어 아픈 상황임을 미루어 추측하고 있다. 따라서 '아픈가 봐요'가 들어가야 한다.

- 병문안 : 아픈 사람을 찾아가 위로하는 일
  - 예 사야 씨가 다쳐서 입원했대요. 같이 병문안을 가면 어떨까요?

[오답해설]
① −ㄹ 리가 없다 : 앞말이 나타내는 행동 등이 일어나는 이유나 이치 등이 없음을 나타내는 말
  - 예 그 사람이 갑자기 돌아갈 리가 없다.
② −ㄴ 셈이다 : 어떤 형편이나 결과를 나타내는 말
  - 예 일이 완전히 멈춘 것은 아니니 그런대로 잘 대처한 셈이다.
④ −기 마련이다 : 당연히 그럴 것임을 나타내는 말로 일반적인 법칙이나 격언 등에 주로 사용됨
  - 예 돈을 너무 쉽게 벌면 그만큼 쉽게 쓰기 마련이다.

07 '−느니'는 앞의 상황보다는 뒤의 상황을 선택하겠다는 뜻을 나타내는 말이다. 야근을 하는 것보다는 월급을 적게 받는 것을 선택하겠다는 뜻을 나타내고 있으므로 '야근을 하느니'를 사용해야 한다.

- 야근 : 퇴근 시간이 지나 밤늦게까지 하는 근무
  - 예 이렇게 며칠씩 야근을 하니 피로가 쌓이지.
- 차라리 : 여러 가지 사실을 말할 때 저렇게 하는 것보다는 이렇게 하는 것이 나음을 뜻하는 말로, 두 가지 사실이 모두 마땅치 않을 때 상대적으로 나음을 나타냄
  - 예 갯벌에 들어가라구요? 차라리 배를 타겠어요.

[오답해설]

① -ㄹ 겸 : 두 가지 이상의 행동을 아울러 함을 나타내는 말

  📵 오랜만에 소식도 들을 겸 연락해 봤어.

② -는 동안 : 어떤 일이 어느 한때에서 다른 한때까지 이어질 때 쓰는 말

  📵 그가 망설이는 동안 그들은 어느새 바로 앞까지 다가왔다.

④ -ㄴ 덕에 : 앞말의 내용이 뒷말의 원인이나 이유가 될 때 사용하는 말로 주로 긍정적인 의미를 나타냄

  📵 남들보다 더 노력한 덕에 이 자리까지 올라올 수 있었다.

08 '-어 버리다'는 앞말이 나타내는 행동이 이미 끝났음을 나타내는 말이다. 이때 그 행동에 대해 말하는 사람이 아쉬운 감정을 느끼거나, 또는 반대로 부담을 덜게 되었음을 나타낼 때 쓴다. 따라서 '이미 끝나 버렸다'가 들어가야 한다.

[오답해설]

② -ㄹ 만하다 : 앞말이 뜻하는 행동을 할 타당한 이유가 있음을 나타내는 말

  📵 그렇게 쉼 없이 일을 했으니 몸이 아플 만하지.

③ -자고 하다 : 다른 사람에게 권한 내용을 상대방에게 알려줄 때 쓰는 말

  📵 어제는 시간이 너무 늦어서 제가 돌아가자고 했어요.

④ -곤 하다 : 어떤 일이 반복적으로 일어날 때 사용하는 말

  📵 매년 이맘때면 우리 가족은 다 같이 등산을 가곤 했다.

09 세 번째 문장에서 키오스크에는 장점 못지 않게 단점도 많다고 이야기한 후, 그 대표적인 사례인 노인 정보 소외 문제에 대해 이야기하고 있다. 특히 글의 마지막에서 '대책 없는 키오스크의 증가는 노인들의 정보 소외 문제를 더욱 심각하게 만들 것'이라고 말하고 있으므로, 이 글의 중심 내용은 '키오스크의 확대가 불러일으키는 노인 정보 소외 문제'이다.

• 단말기 : 중앙 컴퓨터와 통신망으로 연결되어 데이터를 입력하거나 처리 결과를 출력하는 장치

  📵 교통카드를 버스에 있는 단말기에 가져다 대면 자동으로 요금이 지불된다.

• 못지않다 : 일정한 수준이나 정도에 뒤지지 않다.

  📵 메이 씨도 빠르지만 사야 씨도 못지않네요.

• 안내하다 : 어떤 내용을 소개하여 알려 주다.

  📵 이곳에서는 제가 대한민국의 역사에 대해 안내하겠습니다.

• 소외 : 어떤 무리에서 기피하여 따돌리거나 멀리함

  📵 외국인 이민자는 우리 사회에서 오랫동안 소외 계층이었다.

• 불러일으키다 : 어떤 마음, 행동, 상태 등을 일어나게 하다.

  📵 이번 우주비행사 배출이 우리 아이들에게 우주 탐사에 대한 관심을 불러일으킬 것입니다.

② 두 번째와 세 번째 문장에서 키오스크에는 장점과 단점이 있다고 이야기하였다. 그러나 그 장점과 단점이 각각 무엇인지 자세히 설명하고 있지는 않으므로 글의 중심 내용으로 볼 수는 없다.

③ 키오스크의 설치가 증가하는 원인에 대해서는 이야기하고 있지 않다.

④ 키오스크의 무분별한 증가가 노인 정보 소외 문제를 더 심각하게 만들 수 있다고 하였을 뿐, 노인 정보 소외 문제의 해결 방법에 대해서는 이야기하고 있지 않다.

10 훈민정음 해례본은 그동안 전혀 알려져 있지 않았으나, 1940년에 예의와 해례가 모두 실려 있는 훈민정음 정본이 발견되었다.

- 보필하다 : 윗사람의 일을 돕다.
  - 예 그는 오랜 시간 사장님을 보필해 왔다.
- 창제하다 : 전에 없던 것을 처음으로 만들거나 제정하다.
  - 예 한글은 세종대왕이 창제하였다.
- 설명하다 : 어떤 일이나 대상의 내용을 상대가 잘 알 수 있도록 밝혀 말하다.
  - 예 기사님께서 에어컨 사용법에 대해 설명해 주셨다.
- 전하다 : 남기어 물려주다.
  - 예 소중한 문화유산을 우리 아이들에게 잘 전해 주어야 한다.
- 기록하다 : 주로 후일에 남길 목적으로 어떤 사실을 적다.
  - 예 그는 매일 창고에 남은 물건의 수량을 기록해 두었다.
- 추측 : 미루어 생각하여 헤아림
  - 예 우리가 도착하기 직전까지 그 사람이 여기 있었다는 게 내 추측이다.
- 본뜨다 : 이미 있는 대상을 본보기로 삼아 그대로 좇아 만들다.
  - 예 한글의 'ㄱ'은 기역 소리를 낼 때 우리 혀의 모양을 본떠 만들었다.
- 지정하다 : 관공서나 학교, 회사, 개인 등이 어떤 것에 특정한 자격을 주다.
  - 예 매월 마지막 주 수요일은 문화의 날로 지정되었다.
- 등재하다 : 일정한 사항을 장부나 대장에 올리다.
  - 예 아이가 태어났다는 사실을 호적에 등재했다.
- 발견하다 : 아직 알려지지 않은 사물이나 현상, 사실 등을 찾아내다.
  - 예 천문학자들은 망원경을 통해 새로운 별을 발견한다.

② '예의'는 세종대왕이 직접 지은 것이고, '해례'가 집현전 학자들이 지은 것이다.

③ 훈민정음 예의에는 한글을 만든 이유와 한글의 사용법이 간략하게 적혀 있다. 한글이 창제된 원리가 상세히 적혀 있는 것은 훈민정음 해례이다.

④ 훈민정음 해례본은 1962년 12월 국보 제70호로 지정되었고, 유네스코 세계 기록 유산으로 등재된 것은 1997년 10월이다.

11 '조기'는 '조의를 표하기 위하여 깃봉에서 기의 한 폭만큼 내려서 다는 국기'로 우리나라는 현충일과 국장 기간 등 조의를 표하는 날에 조기를 게양한다. 3 · 1절과 제헌절, 광복절, 개천절, 한글날 등의 국경일에는 보통의 방식으로 태극기를 게양한다.

　　• 국경일 : 나라의 경사를 기념하기 위해 국가에서 법률로 정한 경축일
　　　예 우리나라의 5대 <u>국경일</u>은 삼일절, 제헌절, 광복절, 개천절, 한글날이다.
　　• 게양하다 : 깃발 등을 높이 걸다.
　　　예 국경일이 아니어도 태극기는 매일 <u>게양할</u> 수 있다.

12 어머니의 남자 형제를 부를 때는 '외삼촌'이라고 한다. 외숙 혹은 외숙부라고도 한다.

　　[오답해설]
　　① 고모부 : 아버지의 여자 형제의 남편을 부를 때 쓰는 호칭
　　② 바깥사돈 : 딸의 시아버지나 며느리의 친정아버지를 양쪽 사돈집에서 서로 이르거나 부르는 말
　　④ 형님 : 아내가 남편의 누나를 부를 때나 남편의 형의 아내를 부를 때 쓰는 호칭. 또는 남편이 아내의 오빠를 부를 때나 아내의 언니의 남편을 부를 때 쓰는 호칭

13 ㄷ. 보건소에서 운영하는 금연클리닉의 이용금액은 무료이다.
　　ㄹ. 금연구역에서 흡연을 할 경우 흡연자에게 10만 원 이하의 과태료가 부과된다.
　　• 금연 : 담배를 피우는 것을 금함
　　　예 학교는 건물과 운동장을 포함하여 전 구역이 <u>금연</u> 구역이다.
　　• 운영하다 : 조직이나 기구, 사업체 등을 관리하고 운용하다.
　　　예 챠오루 씨는 작은 부품 공장을 <u>운영한다</u>.
　　• 부과하다 : 세금이나 부담금 등을 매기어 부담하게 하다.
　　　예 과속으로 과태료 3만 원이 <u>부과되었다</u>.

14 중학교는 지필평가와 수행평가의 일정한 비율로 성적을 산출한다. 성적 평가 방식으로는 절대평가를 이용한다.
　　• 지필평가 : 종이에 연필로 답을 쓰는 형식의 평가
　　　예 듣기평가는 <u>지필평가</u>로 대체된다.
　　• 수행평가 : 논술형, 구술시험, 실기 시험 등의 평가
　　　예 노래부르기 <u>수행평가</u>를 실시할 예정이다.
　　• 산출 : 계산하여 냄
　　　예 예산안 <u>산출</u>은 오늘까지이다.
　　• 절대평가 : 학습자의 학업 성취도를 절대적인 기준에 따라 평가하는 일
　　　예 평가 방식이 <u>절대평가</u>로 바뀐다.

15 정월대보름은 설날 이후 처음 맞는 보름날, 즉 음력 1월 15일을 말한다. 오곡밥과 묵은 나물, 귀밝이술 등의 전통 음식을 해 먹었으며 부럼 깨 먹기, 용물뜨기, 지신밟기, 쥐불놀이, 달집태우기 등의 민속놀이를 했다.

- 추수 : 가을에 익은 곡식을 거두어들이는 것
  - **예** 황금빛의 들판에는 <u>추수</u>가 한창이었다.
- 부럼 : 정월대보름 새벽에 깨물어 먹는 딱딱한 열매류인 땅콩, 호두, 잣, 밤 등을 통틀어 이르는 말
  - **예** 올해 정월대보름에는 다 같이 <u>부럼</u>을 깨 먹으며 가족의 건강을 빌었다.

[오답해설]
④ '더위팔기'는 아침 일찍 친구를 찾아가 친구의 이름을 불러 친구가 대답을 하면 "내 더위 사 가라!"라고 외치는 놀이이다. 이렇게 더위를 판 사람은 그해 여름에 더위를 먹지 않으리라는 믿음이 있었다.

16 비녀는 부녀자, 즉 결혼을 한 여성이 쪽을 진 머리가 풀어지지 않게 하기 위해 꽂았던 장식품이다. 혼인하지 않은 여성은 머리를 세 가닥으로 땋아 댕기를 드린 댕기머리를 하였다.

- 혼인하다 : 남자와 여자가 부부가 되다.
  - **예** 어느덧 <u>혼인할</u> 나이가 되었다.
- 예복 : 의식을 치르거나 특별히 예절을 차릴 때 입는 옷
  - **예** 결혼을 할 때는 <u>예복</u>을 갖추어 입어야 한다.
- 갖추다 : 지켜야 할 도리나 절차를 따르다.
  - **예** 흐엉 씨의 결혼식은 우리나라 전통 혼례의 절차를 <u>갖추어</u> 진행되었다.
- 상징하다 : 추상적인 개념이나 사물을 구체적인 사물로 나타내다.
  - **예** 태극기는 우리나라를 <u>상징한다</u>.

[오답해설]
① 족두리는 오늘날까지도 신부가 결혼을 마친 후 폐백을 드릴 때 원삼과 함께 사용되고 있다.

17 대한민국 임시정부는 3·1운동 직후인 1919년 4월 11일, 조국의 광복을 위해 중국 상하이에 수립되었다. 이후 대한민국의 광복이 이루어질 때까지 활발한 활동을 하였으며, 현재의 대한민국 정부는 이 대한민국 임시정부의 법통을 계승하였음을 대한민국 헌법 전문에 밝히고 있다.

- 맺다 : 관계나 인연 등을 이루거나 만들다.
  - **예** 대한민국은 미국과 동맹 관계를 <u>맺었다</u>.
- 폐지하다 : 실시해 오던 제도나 법규, 일 등을 그만두거나 없애다.
  - **예** 많은 사람들의 반발에 새로 실시되었던 제도는 <u>폐지되었다</u>.
- 수립하다 : 국가나 정부, 제도, 계획 등을 이룩하여 세우다.
  - **예** 앞으로 10년 동안 해 나갈 성장 계획을 <u>수립하였다</u>.

- 계승하다 : 선임자의 뒤를 이어받다.
  예 왕의 아들이 왕위를 계승하였다.
- 밝히다 : 진리, 가치, 옳고 그름 등을 판단하여 드러내 알리다.
  예 그는 새로운 사실을 밝혀내었다.

[오답해설]
① 강화도 조약은 일제가 강화도 앞바다를 불법으로 점거하고 강제적으로 체결한 조약으로, 조선에 매우 불리한 조건이 대부분이었던 불평등한 조약이다.
② 일제가 조선에 대한 러시아의 영향력을 줄이기 위해 러시아에 우호적이었던 명성황후를 살해한 사건을 을미사변이라 한다.
③ 두 차례의 갑오개혁(1차, 2차)과 그 뒤로 이어진 을미개혁 등을 통해 대한민국이 근대 국가의 모습을 갖추게 되었다.

18 국회의원은 국민이 국회의원총선거(총선)를 통해 직접 선출하며 중임, 즉 여러 번 당선되어 임명되는 것이 가능하다.

[오답해설]
① 우리나라는 국회가 입법부를, 대통령 및 정부기관이 행정부를, 법원이 사법부를 대표한다.
③, ④ 우리나라의 국회의원 정수는 300명으로 지역구 국회의원 254명, 비례대표 국회의원 46명으로 구성된다.

19 현재 대한민국의 주요 수출품은 반도체와 디스플레이, 무선통신기기 등 첨단산업 제품 그리고 자동차, 선박 등의 중화학공업 제품이다.
- 원조 : 물품이나 돈으로 도와줌
  예 이웃 나라에 의료 원조를 해주었다.
- 육성 : 길러 자라게 함
  예 연구 · 개발을 통한 새로운 기술의 육성이 필요하다.

[오답해설]
② 대한민국은 6 · 25전쟁이 끝난 직후 세계 곳곳에서 원조를 받는 국가였으나, 놀라운 경제 성장을 통해 오늘날에는 다른 나라에 원조를 해 주는 국가가 되었다. 이는 전 세계적으로 최초의 사례이다.
③ 2004년 칠레를 시작으로 싱가포르, EFTA, ASEAN, 인도, EU, 페루, 미국, 튀르키예, 호주, 캐나다, 중국, 뉴질랜드, 베트남, 콜롬비아, 중미 등 59개 국가와 FTA가 발효되어 있다.
④ 대한민국은 1960년대 경공업, 1970~1980년대 중화학공업을 주력으로 경제를 발전시켰고 2000년대 이후에는 반도체, 디스플레이 등 첨단산업의 육성에 힘을 쏟고 있다.

20 예측하지 못한 사고를 당한 사람에게 공동의 재산에서 금전적인 보상을 하는 것은 보험이며, 이는 보험회사의 역할이다.

- 발행하다 : 화폐, 증권, 증명서 등을 만들어 세상에 내놓아 널리 쓰도록 하다.
  예 ○○ 백화점에서는 새로운 상품권을 발행하였다.
- 금리 : 빌려준 돈이나 예금 등에 붙는 이자
  예 금리가 높아져 돈을 빌린 사람들의 부담이 더 커졌다.
- 내주다 : 가지고 있던 것을 남에게 넘겨주다.
  예 이번 대회에서 탈락하면서 그는 세계 1위의 자리를 다른 선수에게 내주었다.

[오답해설]
① 한국은행은 우리나라의 화폐를 발행하는 발권 은행이다.
② 한국은행은 시중은행이 대출을 해 줄 때 기준으로 삼을 수 있는 금리, 즉 기준금리를 결정한다.
④ 한국은행은 국민이 정부에 낸 세금 등 정부의 수입을 보관하고, 정부가 이를 필요로 할 때 자금을 내어 주는 정부의 은행 역할을 한다.

21 특별귀화는 부모 중 한 사람이 현재 대한민국의 국민이거나 대한민국에 특별한 공로가 있는 사람 등이 대한민국 국적을 취득하고자 할 경우 신청할 수 있다.

- 취득하다 : 자기 것으로 만들어 가지다.
  예 히엔 씨가 미용사 자격증을 취득했어요.
- 공로 : 일을 마치거나 목적을 이루는 데 들인 노력과 수고. 또는 일을 마치거나 그 목적을 이룬 결과로서의 공적
  예 그는 이번 대회에서 큰 공로를 세웠다.

[오답해설]
① 일반귀화 : 5년 이상 계속하여 대한민국에 주소가 있으며, 대한민국에서 영주할 수 있는 체류자격을 가지고 있는 사람이 대한민국 국적을 취득하고자 할 경우
② 영주권 : 5년 이상 대한민국에 체류하고 있는 사람이 활동 범위 및 체류기간의 제한을 받지 않고 대한민국에 체류하고자 할 경우
③ 간이귀화 : 배우자가 대한민국 국민인 외국인으로서 배우자와 혼인한 상태로 대한민국에 2년 이상 계속하여 주소가 있는 사람이 대한민국 국적을 취득하고자 할 경우

22 범죄에 대한 수사는 검찰과 경찰이 공통적으로 진행하는 역할로서, 검찰만이 가지고 있는 고유한 역할로 볼 수 없다. 검찰의 직무 및 권한은 범죄의 수사와 공소 제기, 범죄 수사에 관한 경찰의 지휘 및 감독, 법원에 대한 법령의 정당한 적용 청구, 재판 집행의 지휘 및 감독, 국가를 당사자 또는 참가인으로 하는 소송과 행정소송의 수행 및 지휘·감독 등이다.

- 집행하다 : 법률, 명령, 재판, 처분 등의 내용을 실행하다.
  예 법원에서 내려진 형을 집행하였다.

- 고유하다 : 본래부터 가지고 있어 특유하다.
  예 한복은 우리나라의 <u>고유한</u> 전통 의복이다.
- 요청하다 : 필요한 어떤 일이나 행동을 청하다.
  예 나는 의장에게 중재를 <u>요청하였다</u>.
- 당사자 : 어떤 일이나 사건에 직접 관계가 있는 사람
  예 행사 진행 <u>당사자</u> 이외에는 출입 금지입니다.
- 청구하다 : 상대방에 대하여 일정한 행위나 재물을 내어 줄 것을 요구하다.
  예 톰 씨는 손해 배상을 <u>청구했다</u>.

23 이순신은 16세기 조선의 무신으로 임진왜란 당시 조선의 수군을 이끌었던 제독이자 영웅이다. 한국의 역사상 최고의 장군으로 꼽히며 '성웅'이라는 별명이 따로 붙을 정도로 대표적인 영웅이다. 임진왜란의 마지막 해전인 노량 해전에서 전사하였다.
- 종전 : 전쟁이 끝남. 또는 전쟁을 끝냄
  예 우리나라는 아직 <u>종전</u>이 이루어지지 않은 휴전 국가이다.
- 침몰하다 : 물속에 가라앉다.
  예 배가 급류에 휘말려 <u>침몰하였다</u>.
- 전사하다 : 전쟁터에서 적과 싸우다 죽다.
  예 니콜 씨의 할아버지는 한국전쟁에 참전해서 <u>전사하셨다</u>.

[오답해설]
① 원균 : 임진왜절대평가 방식란 당시의 장수로, 조선 수군을 이끌었으나 일본군의 등장에 겁먹어 아군의 배 130여 척을 불태워 침몰시키고 도망치는 등 무능한 장수의 대표로 여겨진다.
③ 유성룡 : 임진왜란 당시의 재상으로 임진왜란 당시 총책임관을 맡다 전쟁을 승리로 이끄는 데 큰 역할을 했으며 이순신을 임금에게 추천하기도 하였다.
④ 허준 : 조선 중기의 의학자로 선조와 광해군의 어의를 지냈으며 한방 의학의 발전에 크게 기여한 서적인 '동의보감'을 지었다.

24 발해는 고구려 멸망 30년 후인 698년 고구려인인 대조영이 건국한 국가로, 한반도 북부와 만주, 연해주에 자리를 잡아 통일 신라와 남북국 시대를 이루었다. 제3대 왕 문왕 시기에 가장 융성하여 '해동성국'이라고 불렸다.
- 존속하다 : 어떤 대상이 그대로 있거나 어떤 현상이 계속되다.
  예 다양한 경험의 전달을 통해 사회는 <u>존속한다</u>.
- 칭하다 : 무엇이라고 일컫다.
  예 충무공 이순신은 성웅으로 <u>칭해진다</u>.
- 융성하다 : 기운차게 일어나거나 대단히 번성하다.
  예 고려 시대에는 불교가 <u>융성하였다</u>.

① 고려 : 태조 왕건이 신라 말에 분열된 한반도를 다시 통일하여 세운 국가

② 고조선 : 단군왕검이 세운 한반도 최초의 국가

③ 삼한 : 삼국시대 이전 한반도의 중남부 지방에 있던 소규모 국가인 마한, 진한, 변한을 통틀어 이르는 말

25 〈보기〉는 귀농·귀어 인구의 증가에 관한 내용이다. 이처럼 귀농·귀어 인구가 늘어나는 이유는 농촌과 어촌에 최신식 기술이 도입되고 시설 등이 현대화되면서 농가의 소득이 증대되고, 이에 따라 도시의 사람들이 농업이나 어업에 종사하려고 하기 때문이다.

- 귀농 : 다른 일을 하던 사람이 그 일을 그만두고 농사를 짓기 위해 농촌으로 돌아감

  예 아버지께서는 회사에서 퇴직하신 후에 귀농을 하셨다.

- 배출하다 : 안에서 밖으로 밀어 내보내다.

  예 그 공장에서는 폐수를 몰래 배출하였다.

- 연령 : 사람이나 동·식물 등이 세상에 나서 살아온 햇수(=나이)

  예 참가자 대부분 연령이 높았다.

- 현대화 : 현대에 적합하게 됨. 또는 그렇게 만듦

  예 농촌의 발전을 위해서는 시설의 현대화가 반드시 필요하다.

- 증대하다 : 양이 많아지거나 규모가 커지다.

  예 국민 소득이 꾸준히 증대되었다.

- 종사하다 : 어떤 일을 일삼아서 하다.

  예 타로 씨는 평생을 주방장 일에 종사했어요.

① 집값의 상승은 인구의 과도한 도시 집중으로 인해 일어나는 현상이다.

② 탄소 과다 배출 차량에 대한 제한은 미세먼지 등 환경 오염 문제를 해결하기 위한 방법이다.

③ 본래 농촌은 소득이 부족하고 도시의 인프라가 부족해 지속적인 인구 감소를 겪었고, 이에 따라 도시로 나가지 못하는 노인의 비율이 높아지고 있었다. 이러한 농촌의 노화 문제는 여전히 진행 중인 문제이지만, 〈보기〉의 사례와 같이 젊은 사람들이 농어촌으로 돌아오는 경우가 늘고 있다.

26 경주시는 경상북도에 위치한 도시로 도시 전체가 하나의 문화유산으로 여겨질 정도로 신라시대의 유물과 유적이 많이 자리한 도시이다. 약 천 년 동안 존재했던 신라의 수도였기 때문에 '천년고도'라고 불리기도 한다.

- 개최하다 : 모임이나 회의 등을 주최하여 열다.

  예 사나 씨가 이번 행사를 개최했어요.

- 집중적 : 한곳을 중심으로 모이거나 모으는 것

  예 약점이 발견되자 적은 그곳을 집중적으로 공격했다.

- 자리하다 : 일정한 공간을 차지하다.
  - 예 남산은 서울의 중심부에 자리하고 있어요.

[오답해설]
① 평창에 대한 설명이다. 평창은 강원특별자치도에 위치한 도시로 2018년 평창동계올림픽을 성공적으로 개최하였다.
② 대한민국 제2의 도시이자 최대의 무역항은 부산광역시이다. 관광지로도 많은 사랑을 받고 있다.
④ 광주광역시는 전라남도 중북부에 위치한 도시로, 전두환 군사정권의 독재를 막기 위해 일어났던 5 · 18 민주화운동이 시작된 도시이며 오늘날 대한민국 민주화 운동의 상징과도 같은 곳이다.

27 대한민국 헌법 제21조제1항에서 규정하고 있는 사항이다. 제21조는 언론 · 출판의 자유와 집회 · 결사의 자유를 보장하고 있는 조항으로, 표현의 자유를 보장하는 조항이다.
- 집회 : 여러 사람이 어떤 목적을 위해 일시적으로 모임. 또는 그런 모임
  - 예 이번 주말에도 시청 앞에서 집회가 있을 예정이다.
- 결사 : 여러 사람이 공동의 목적을 이루기 위하여 단체를 조직함. 또는 그렇게 조직된 단체
  - 예 일제에 대항하고 독립을 이루기 위해 결사를 만들어야 한다.
- 면제하다 : 책임이나 의무 등을 면하여 주다.
  - 예 장애인은 입장료가 면제됩니다.
- 한계 : 사물이나 능력, 책임 등이 실제 작용할 수 있는 범위
  - 예 여기까지가 차로 이동할 수 있는 한계이다. 이후로는 걸어서 이동해야 한다.
- 제한하다 : 일정한 한도를 정하거나 그 한도를 넘지 못하게 막다.
  - 예 도로가 물에 잠겨 차량과 사람의 통행이 제한되었다.
- 향상 : 실력, 수준, 기술 따위가 나아짐
  - 예 전 사원이 생산력 향상에 노력하고 있다.
- 균형 : 어느 한쪽으로 기울거나 치우치지 아니하고 고른 상태
  - 예 균형 잡힌 식사를 하는 것이 중요하다.

[오답해설]
② 제29조제1항 : 공무원의 직무상 불법행위로 손해를 받은 국민은 법률이 정하는 바에 의하여 국가 또는 공공단체에 정당한 배상을 청구할 수 있다. 이 경우 공무원 자신의 책임은 면제되지 않는다.
③ 제23조제1항 : 모든 국민의 재산권은 보장된다. 그 내용과 한계는 법률로 정한다.
④ 제37조제2항 : 국민의 모든 자유와 권리는 국가안전보장 · 질서유지 또는 공공복리를 위하여 필요한 경우에 한하여 법률로써 제한할 수 있으며, 제한하는 경우에도 자유와 권리의 본질적인 내용을 침해할 수 없다.

28 근로기준법은 헌법에 따라 근로조건의 기준을 정함으로써 일하는 사람, 즉 근로자의 기본적 생활을 보장·향상시키며 균형 있는 국민경제의 발전을 이루기 위해 노력하는 것을 그 목적으로 하는 법이다.
- 보장 : 어떤 일이 어려움 없이 이루어지도록 조건을 마련하여 보증하거나 보호함
  - 예 그가 그곳에 아직 있을 거라는 보장은 하지 못하겠어요.
- 향상 : 실력, 수준, 기술 따위가 나아짐
  - 예 전 사원이 생산력 향상에 노력하고 있다.
- 균형 : 어느 한쪽으로 기울거나 치우치지 아니하고 고른 상태
  - 예 균형 잡힌 식사를 하는 것이 중요하다.

[오답해설]
① 주택임대차보호법 : 국민의 주거생활에 대한 안정을 보장하기 위해 만들어진 법
② 출입국관리법 : 대한민국에 체류하는 외국인의 체류 관리와 사회통합 등에 관한 사항을 규정하기 위해 만들어진 법
③ 사회복지사업법 : 사회복지사업의 기본적 사항을 규정하여 사회복지를 필요로 하는 사람의 존엄성과 인간다운 생활을 할 권리를 보장하기 위해 만들어진 법

29 6·15 남북공동선언은 2000년 6월 15일, 분단 55년 만에 처음으로 이루어진 김대중 대통령과 김정일 국방위원장의 정상회담 후 발표된 남북공동선언문이다. 이 선언 이후 이산가족방문단의 교환, 남북 장관급 회담, 남북 경제협력 추진위원회의 구성 등이 이루어졌고, 분단으로 끊어졌던 경의선과 동해선의 연결을 위한 복원공사가 시작되었다.
- 정상 : 한 나라의 최고 수뇌
  - 예 각국의 정상들이 모여 논의하기로 했다.
- 회담 : 어떤 문제를 가지고 거기에 관련된 사람들이 한자리에 모여서 토의하는 것
  - 예 폐기물 처리장 위치와 관련해 각 대표자의 회담이 있을 예정이다.
- 채택하다 : 작품, 의견, 제도 등을 골라서 다루거나 뽑아 쓰다.
  - 예 이번 마케팅 전략은 키쿄 씨의 안을 채택하겠습니다.
- 분단 : 사물을 여러 개로 나눔. 또는 그 단계
  - 예 우리나라는 세계 유일의 분단 국가이다.
- 복원 : 원래대로 회복함
  - 예 불에 탄 숭례문의 복원이 완료되었다.

[오답해설]
① 7·4 남북공동성명 : 1972년 7월 4일 남북 간 정치적 대화 통로와 한반도 평화 정착의 계기를 마련하기 위해 발표된 남북한 당사자 간 최초의 합의 문서
② 10·4 남북공동선언 : 2007년 10월 4일, 분단 이후 두 번째로 이루어진 남북정상회담에서 노무현 대통령과 김정일 국방위원장이 채택, 서명한 남북공동선언
④ 8·15 남북공동성명이라는 선언문은 존재하지 않는다.

30 여성의 사회 진출이 늘어나고, 부부 중 한 사람만 일해서 얻는 수입으로는 안정적인 생활이 어렵다는 인식이 많아지면서 부부 모두가 일을 하는 '맞벌이 부부'가 점점 더 늘어나고 있다.
- 취업 : 일정한 직업을 잡아 직장에 나감
  - 예 드디어 <u>취업</u>에 성공해 다음 주부터 출근하게 되었다.
- 경쟁률 : 같은 목적에 대하여 이기거나 서로 겨루는 사람들의 비율
  - 예 이번 박람회에는 참석을 희망하는 사람들이 많아 <u>경쟁률</u>이 매우 높았다.
- 야근 : 퇴근 시간이 지나 밤늦게까지 하는 근무
  - 예 오늘로 삼 일째 <u>야근</u>을 하고 있다.
- 정년 : 관청이나 학교, 회사 등에 근무하는 공무원이나 직원이 직장에서 물러나도록 정해져 있는 나이
  - 예 우리 부서 김 부장님은 내년이 <u>정년</u>이다.
- 고질적 : 오랫동안 앓고 있어 고치기 어려운 것
  - 예 방콕의 교통 체증은 <u>고질적</u>인 문제이다.

[오답해설]
② 장애인과 저소득층 등 사회적 약자의 공직 진출 기회를 확대·보장하기 위해 매년 선발하고 있다.
③ 오늘날 성별에 따른 취업률은 남성이 여성보다 조금 더 높다. 그러나 그 격차는 크지 않다.
④ 많은 직장에서 야근이나 휴일 출근이 이루어지고 있으며, 이는 우리 사회의 고질적인 문제로 여겨지고 있다.

31 공영방송은 방송의 목적을 영리에 두지 않고, 공공의 복지를 위해서 행하는 방송을 말한다. 한국의 KBS(한국방송공사)가 이러한 공공방송의 역할을 하고 있다.
- 쟁점 : 서로 다투는 중심이 되는 점
  - 예 난민의 입국을 받아들이느냐 마느냐가 사회의 <u>쟁점</u>으로 떠올랐다.
- 영리 : 명예와 이익. 또는 영화와 복리
  - 예 사기업은 <u>영리</u>를 추구하는 기업을 말한다.
- 복지 : 행복한 삶. 일반적으로 집단 구성원이나 시민, 사회적 약자 등을 위해 제공되는 물자 혹은 서비스, 정책 등을 가리키는 단어로 사용된다.
  - 예 우리 회사는 사원들을 위한 <u>복지</u>가 좋다.

[오답해설]
① 언론은 이러한 역할을 통해 국회나 정부를 감시하고 견제하는 역할을 하며, '제4의 권력'이라고 불리기도 한다.
③ 대한민국 헌법 제21조에서는 '모든 국민은 언론·출판의 자유와 집회·결사의 자유를 가진다.'고 규정하여 언론의 자유를 보장하고 있다.
④ 지상파 방송국이 아닌 다른 방송국을 위성 방송 혹은 케이블 방송 등으로 따로 구분하며, TVN, 채널A, JTBC 등의 방송국이 여기에 속한다.

32 4·19 혁명을 통해 이승만 대통령이 하야하였고, 2017년에는 국정농단 사태로 인해 촉발된 시위(촛불시위)로 결국 박근혜 대통령이 탄핵당했다. 그러나 시민에 의해 발생한 시위로 목숨을 잃은 대통령은 없다.

- 주체 : 어떤 단체나 물건의 주가 되는 부분
  - 예 많은 사람들이 있었지만, 행사의 주체는 학생들이었다.
- 시위 : 많은 사람이 공공연하게 의사를 표시하여 집회나 행진을 하며 위력을 나타내는 일
  - 예 촛불 시위는 수많은 사람들이 모였음에도 평화롭게 진행되어 세계의 주목을 받았다.
- 탄핵 : 대통령, 국무의원, 법관 등을 국회에서 해임하거나 처벌하는 일. 또는 그런 제도
  - 예 이승만은 대한민국임시정부 시절, 탄핵을 당한 최초의 대통령이다.
- 탄압하다 : 권력이나 무력 등으로 억지로 눌러 꼼짝 못 하게 하다.
  - 예 군부 정권은 시위대를 잔인하게 탄압하였다.
- 학살하다 : 가혹하게 마구 죽이다.
  - 예 서북청년단은 무고한 사람들을 마구 학살하였다.
- 촉발하다 : 어떤 일을 당하여 감정, 충동 등이 일어나다. 또는 그렇게 되게 하다.
  - 예 군부에 의한 학살은 전국적인 시위를 촉발하였다.

[오답해설]

① 4·19 혁명, 6월 민주항쟁 등은 학생이 주체가 되거나 적극적으로 참여했던 민주화 운동이다.

② 6월 민주항쟁을 통해 국민이 대통령을 직접 뽑는 대통령 직선제를 얻어내었다.

④ 5·18 민주화운동 당시 전두환 정권의 진압군에 의해 수많은 무고한 시민들이 탄압당하고 학살당해 아직까지도 많은 이들에게 고통과 슬픔을 안기고 있다.

33 대한민국 국민은 물론 외국인도 인권 침해 피해를 받았을 경우 국가인권위원회의 도움을 받을 수 있다.

- 권고하다 : 어떤 일을 하도록 권하다.
  - 예 의사는 그에게 담배를 끊을 것을 권고했다.
- 진정서 : 실정이나 사정을 진술하여 적은 글. 주로 문제 해결을 위해 관공서나 공공기관 등에 낸다.
  - 예 몇 달째 월급을 받지 못해 노동부에 진정서를 제출했다.

[오답해설]

① 인권의 보호와 향상을 위해 필요하다고 인정하는 경우 관련 법령·정책의 조사·연구 및 개선을 권고하거나 의견을 표명한다.

③ 국가기관뿐만 아니라 법인(회사) 및 사인(개인)에 의해 인권을 침해받은 경우 해당 행위에 대해 조사를 진행하고 도움을 제공한다.

④ 인권 침해 등을 당한 피해자는 사건이 발생한 날로부터 1년 이내에 인권위에 진정서를 제출해 인권위가 조사에 착수한 후 조정, 구제조치 권고, 고발, 수사 의뢰 등의 조치를 받을 수 있다.

34 G7은 세계의 경제가 나아갈 방향과 각국 사이의 경제 정책에 대한 협조 및 조정에 관한 문제를 논의하기 위한 7개 국가의 모임으로 '주요 7개국 모임'이라고 한다. 세계 경제를 선도하는 7개 국가가 가입되어 있는데, 회원국은 미국, 영국, 프랑스, 독일, 이탈리아, 캐나다, 일본이다. 우리나라는 아직 가입되어 있지 않다.

- 논의하다 : 어떤 문제에 대해 서로 의견을 내어 토의하다.
  예 내년에 새로 시작할 사업 분야에 대해 <u>논의하겠습니다</u>.
- 선도하다 : 앞장서서 이끌거나 안내하다.
  예 우리나라는 전자정부 분야를 <u>선도하는</u> 국가이다.
- 도모하다 : 어떤 일을 이루기 위하여 대책과 방법을 세우다.
  예 직원의 복지를 <u>도모하기</u> 위해 만들어졌다.
- 축적하다 : 지식, 경험, 자금 등을 모아서 쌓다.
  예 그동안 <u>축적된</u> 기술력을 바탕으로 첨단산업을 발전시켰다.

[오답해설]

② 경제협력개발기구(OECD)는 회원국 간 상호 정책 조정 및 협력을 통해 세계 경제의 공동 발전 및 성장을 도모하는 협력기구이다. 우리나라는 1996년 12월 12일에 가입하였다.

③ 2000년 서울에서 ASEM 정상회의를, 2005년 부산에서 APEC 정상회의를, 2010년에는 서울에서 G20 정상회의를 개최하였다.

④ 한국국제협력단 혹은 코이카(KOICA)는 경제개발 과정에서 축적된 우리 기술과 경험을 바탕으로 개발도상국의 경제·사회 발전을 지원하기 위해 설립된 기관이다. 정부는 이 기관을 통해 대외무상협력사업을 활발히 진행하고 있다.

35 사용자가 근로자를 해고하려면 적어도 30일 전에 예고를 하여야 하고, 만약 30일 전에 예고를 하지 않았을 경우 30일분 이상의 통상임금을 지급해야 한다.

- 노동 : 사람이 생활에 필요한 물자를 얻기 위하여 육체적 노력이나 정신적 노력을 들이는 행위
  예 <u>노동</u>의 대가로 임금을 받는다.
- 휴게 : 어떤 일을 하다가 잠깐 동안 쉼
  예 우리 회사는 3시부터 4시까지 <u>휴게</u> 시간이에요.
- 통상임금 : 기본급과 각종 수당을 포함하여, 근로자에게 정기적으로 지급되는 임금
  예 퇴직금, 야근수당 등은 <u>통상임금</u>을 기준으로 정해진다.
- 통화 : 유통 수단이나 지불 수단으로서 기능하는 화폐
  예 우리나라의 <u>통화</u> 단위는 '원'이다.
- 해고하다 : 고용주가 고용계약을 해제하여 직원을 내보내다.
  예 IMF 당시 많은 사람들이 <u>해고되었다</u>.

① 원칙적으로 1주일 동안 일할 수 있는 시간은 휴게 시간을 제외하고 40시간을 초과할 수 없다.

② 휴일근로에 대해서는 8시간 이내의 근무시간에 대해서는 통상임금의 1.5배를, 8시간을 초과하는 근무시간에 대해서는 통상임금의 2배를 지급해야 한다.

③ 임금은 원칙적으로 통화로 그 전액을 직접 근로자에게 지급해야 한다. 그러나 법령이나 단체협약 등에 특별한 규정이 있을 경우 임금의 일부를 공제하거나 통화 이외의 것으로 지급할 수 있다.

36 부모 등 보호자의 사망 등으로 재산을 상속받을 때, 상속을 하는 사람의 동산이나 부동산 등 재산은 물론이고 채무, 즉 빚도 재산에 포함된다. 따라서 빚이 실제 재산보다 더 클 경우 상속을 아예 포기하는 것이 이득일 수도 있다.

- 상속 : 한 사람이 사망한 후에 다른 사람에게 재산에 관한 권리와 의무를 이어 주는 일
  예 사고로 부모님이 모두 돌아가셔서 재산을 상속받게 되었다.
- 전업주부 : 다른 직업에 종사하지 않고 집안일만 전문으로 하는 주부
  예 우리 어머니께서는 전업주부로 20년을 사셨다.
- 가사노동 : 가정을 유지하고 살림을 꾸려 나가기 위해 하는 노동
  예 빨래, 청소, 요리 등은 대표적인 가사노동이다.
- 형성하다 : 어떤 형상을 이루다.
  예 가느다란 시냇물들이 모여 큰 강을 형성한다.
- 기여하다 : 도움이 되도록 이바지하다.
  예 무라 씨는 우리 회사가 지금처럼 성장하는 데 크게 기여했어요.
- 양육비 : 아이를 보살펴 자라게 하는 데 드는 비용
  예 짜툰 씨는 고향에 있는 아내에게 생활비와 양육비를 매달 보내 주고 있어요.

① 대한민국에서 부모 등 보호자의 동의가 있을 경우에는 만 18세가 되었을 때 결혼을 할 수 있다. 성인이 되었을 경우 보호자의 동의 없이 결혼이 가능하다.

③ 이혼으로 인해 부부의 재산을 분할할 때, 일방이 전업주부로서 가사노동만을 했다고 하여도 그 경제적 가치를 인정하여 부부 공동의 재산을 형성하는 데 기여했다고 판정한다.

④ 이혼 당시 미성년자인 자녀가 있을 경우, 이혼의 주된 책임이 있는 일방은 자녀가 만 19세, 즉 성인이 될 때까지 양육비를 지급해야 한다.

[작문형 예시 답안]

설날에 가족들과 윷놀이를 해 보았습니다. 절반은 둥글고 한쪽은 납작한 윷가락이 필요합니다. 윷놀이를 시작했을 때 윷의 모양에 따라 말을 몇 칸씩 움직이는지를 외우지 못해서 어려웠습니다. 말레이시아에는 세팍타크로라는 전통놀이가 있는데, 여럿이 동그랗게 서서 공을 주고받는 놀이입니다. 한국의 제기와 비슷한데, 국제 경기도 있을 정도로 유명한 놀이입니다.

[구술시험 예시 답안]

01 이전까지는 소방공무원이 지방자치단체에 속해 있었기 때문에, 각 지역별로 예산이나 장비, 인원의 차이가 심해 일부 지역은 소방 서비스가 제대로 제공되지 못했습니다.

02 소방공무원이 국가직이 되면서 인력이 보충되고 장비도 현대화될 것으로 보입니다. 또한 전국 단위의 대형 재난에 좀 더 효과적인 대응이 가능할 것입니다.

03 한국에 처음 왔을 때 길을 잃고 휴대폰도 꺼져서 곤란을 겪은 적이 있습니다. 그때 근처에 계시던 경찰관 분께서 먼저 다가와 무슨 일인지 물어보시고는 직접 제 목적지까지 바래다주신 적이 있습니다. 무척 당황해서 어찌할 바를 몰랐는데, 도와주셔서 정말 감사했습니다.

04 한국에서는 생일 때 미역국을 먹습니다. 미역국은 철분이 많아 산모와 아이에게 모두 좋은 음식이기 때문에 이런 풍습이 생긴 것 같습니다. 또, 60세나 70세, 80세 생일에는 오래 살았음을 축하하며 잔치를 열기도 합니다.

05 대한민국 국민은 능력에 따라 균등하게 교육을 받을 권리가 있습니다. 동시에 보호하는 자녀에게 적어도 법률이 정하는 교육을 받게 할 의무가 있습니다. 그리고 모든 국민은 근로의 권리를 가지며 동시에 근로의 의무를 집니다.

- 국가직 : 국가의 기관이나 단체에 속하여 사무를 맡아보는 공무원의 직군
  예 국가직 교육 행정은 국립 대학교로 가게 된다.
- 전환 : 다른 방향이나 상태로 바뀌거나 바꿈
  예 소극적인 태도에서 적극적인 태도로 전환이 필요하다.
- 역행 : 일정한 방향, 순서, 체계 따위를 바꾸어 행함
  예 시대적 흐름에 역행하는 정책이다.
- 반발 : 어떤 상태나 행동 따위에 대하여 거스르고 반항함
  예 쓰레기 소각장의 건설에 대해 주민들은 반발하고 있다.

- 계기 : 어떤 일이 일어나거나 변화하도록 만드는 결정적인 원인이나 기회

  예 이번 일을 계기로 더 열심히 하자.
- 인력 : 사람의 노동력

  예 인력이 부족하여 매일 야근하고 있다.
- 성원 : 하는 일이 잘되도록 격려하거나 도와줌

  예 가족들의 성원에 힘입어 합격하였습니다.
- 개선 : 잘못된 것이나 나쁜 것을 고쳐 더 좋게 만듦

  예 이런 회사 분위기는 개선되어야 한다.
- 풍습 : 풍속과 습관을 아울러 이르는 말

  예 지역마다 생활과 풍습이 각각 다르다.
- 곤란 : 사정이 몹시 딱하고 어려움(=난감)

  예 회사 재정이 곤란하게 되었다.
- 균등 : 고르고 가지런하여 차별이 없음

  예 회사의 이익은 균등하게 나누겠다고 하였다.

사회통합프로그램 영주용 종합평가
실전모의고사 5회 정답 및 해설

[객관식 정답 및 해설]

01	02	03	04	05	06	07	08	09	10	11	12	13	14	15	16	17	18	19	20
②	④	①	②	③	①	③	④	②	①	③	③	④	①	③	①	①	②	②	②

21	22	23	24	25	26	27	28	29	30	31	32	33	34	35	36
④	②	①	①	③	③	③	③	④	①	①	④	③	①	②	①

01 '고장'은 기구나 기계가 제대로 움직이지 못하게 되는 기능상의 장애이다.
  • 바로 : 시간적인 간격을 두지 않고 곧
    예 바로 인쇄해서 갖다드릴게요.
  • 서비스센터 : 소비자가 구입한 제품에 문제가 생겼을 때 제품을 수리하거나 점검을 받는 곳
    예 냉장고에서 소리가 나서 서비스센터에 전화를 했다.

  [오답해설]
  ① 냄새 : 코로 맡을 수 있는 온갖 기운
    예 음식물 쓰레기를 버리지 않았더니 냄새가 너무 심하다.
  ③ 욕심 : 분수에 넘치게 무엇을 탐내거나 누리고자 하는 마음
    예 욕심이 많아 주변의 미움을 사기도 한다.
  ④ 들통 : 비밀이나 잘못된 일이 드러난 판국
    예 그의 거짓말이 들통나 버렸다.

02 '보증금'은 일정한 채무의 담보로 미리 채권자에게 주는 금전이다.
  • 임대 : 돈을 받고 자기의 물건을 남에게 빌려줌
    예 임대 비용이 싼 곳으로 이사를 가기로 했다.
  • 월세 : 집이나 방을 다달이 빌려 쓰는 일
    예 처음 서울에 올라와서 월세를 내고 지냈다.

  [오답해설]
  ① 계약서 : 계약이 성립되었음을 증명하기 위하여 작성하는 서류
    예 항상 계약서는 꼼꼼하게 읽어 봐야 한다.
  ② 보석금 : 피고인을 감금에서 풀어주는 일을 허가하는 경우에 내게 하는 보증금
    예 그는 보석금을 내고 석방되었다.
  ③ 중도금 : 계약금을 치르고 나서 마지막 잔금을 치르기 전에 지불하는 돈
    예 부족한 돈을 얻어 중도금을 치르다.

03 '−기로 하다'는 앞으로 할 일 또는 계획을 이야기할 때 사용한다.
- 대청소 : 대규모의 청소

  예 손님들이 오기 전에 집을 <u>대청소</u>하였다.

[오답해설]

② 먹다 : 입을 통해 음식을 배 속에 들여보내다.

  예 간편하게 햄버거를 <u>먹기로</u> 했다.

③ 일어나다 : 누웠다가 앉거나, 앉았다가 서다.

  예 졸릴 때는 <u>일어나서</u> 스트레칭을 하면 도움이 된게 하다.

④ 준비하다 : 미리 마련하여 갖추다.

  예 부모님을 위해 선물을 <u>준비했다</u>.

04 '생기다'는 '없던 것이 새로 있게 되다'라는 뜻이다.
- 얼마나 : 동작의 강도나 상태의 정도가 대단함을 나타내는 말

  예 책을 보니 <u>얼마나</u> 공부했는지 알겠다.

[오답해설]

① 가다 : 한곳에서 다른 곳으로 장소를 이동하다.

  예 카페는 어디로 <u>갈까요</u>?

③ 합격하다 : 시험, 심사 등에서 일정한 조건을 갖추어 어떠한 자격이나 지위 따위를 얻다.

  예 드디어 3번 만에 시험에 <u>합격했다</u>.

④ 풀다 : 얽히거나 묶은 것을 그렇지 않은 상태로 되게 하다.

  예 집에 가면 짐부터 <u>풀자</u>.

05 '−든지'는 선택할 수 있는 여러 가지 중 어느 것을 선택해도 상관이 없음을 나타낸다.
- 시끄럽다 : 듣기 싫게 떠들썩하다.

  예 공사 소리가 <u>시끄러워서</u> 말소리가 안 들린다.
- 조용히 : 아무런 소리도 들리지 않고 고요히

  예 시험 도중에는 <u>조용히</u> 있어야 한다.

[오답해설]

① −던데 : 뒤의 내용과 관련하여 말하는 사람이 과거에 경험하거나 관찰한 사실을 나타낸다.

  예 요즘 자주 <u>아프던데</u> 병원에 가 봤어요?

② −도록 : 행위에 대한 목적을 나타낸다.

  예 전달 사항을 잊지 <u>않도록</u> 항상 메모한다.

④ −기에 : 뒤의 일이나 행동에 대한 원인, 이유를 앞에 나타낼 때 사용한다.

  예 빵이 맛있어 <u>보이기에</u> 사 왔어.

06 '–게 되다'는 '외부적 상황 때문에 발생한 결과'를 나타낸다.

- 너무 : 일정한 정도나 한계를 훨씬 넘어선 상태로

  예 돌아가기에는 <u>너무</u> 멀리 왔다.

- 달다 : 꿀이나 설탕의 맛과 같다.

  예 설탕이 많이 들어갔는지 너무 <u>달아요</u>.

[오답해설]

② –어도 되다 : 허락 및 허용을 나타낸다.

  예 오늘 집으로 <u>가도 돼요</u>?

③ –기로 하다 : 앞으로 할 일을 이야기할 때 사용한다.

  예 시간이 별로 없으니까 택시를 <u>타기로 해요</u>.

④ –기 때문에 : 이유나 원인을 나타내므로 결과나 이유에 대한 질문과 대답에 사용된다.

  예 저는 매운 것을 잘 못 <u>먹기 때문에</u> 안 갈래요.

07 '–을 테니'는 말하는 사람의 의지에 근거하여 듣는 사람에게 어떤 것을 요청하거나 명령함을 나타낸다.

- 몇 : 잘 모르는 수를 물을 때 쓰는 말

  예 오늘 커피 <u>몇</u> 잔 마셨니?

- 백화점 : 여러 가지 상품을 부문별로 나누어 진열 · 판매하는 대규모의 현대식 종합 소매점

  예 <u>백화점</u>에는 질 좋은 물건들이 많다.

[오답해설]

① –다시피 : 듣는 사람이 이미 알고 있거나 지각하고 있는 일에 대해 언급한다.

  예 <u>보시다시피</u> 상황이 심각합니다.

② 대로 : 앞말에 근거하여 달라짐이 없음을 나타낸다.

  예 부모님께 <u>사실대로</u> 말씀드렸다.

④ –거니와 : 앞말의 사실을 인정하면서 관련된 다른 사실을 이어 주는 말로 격식적인 상황이나 뉴스 등에서 주로 사용된다.

  예 그는 성격도 <u>좋거니와</u> 요리도 잘한다.

08 '–더라고'는 과거에 직접 경험하여 알게 된 사실을 회상하여 말할 때 사용한다.

- 뮤지컬 : 음악, 노래, 무용을 결합한 것

  예 이번 주에 <u>뮤지컬</u> 공연을 보기로 했다.

- 처음 : 시간적으로나 순서상으로 맨 앞

  예 <u>처음</u> 그 기사를 접하고 너무 놀랐다.

- 웅장하다 : 규모가 거대하고 성대하다.

  예 성당에 직접 가보니 훨씬 <u>웅장했다</u>.

[오답해설]

① -는 줄 : 어떤 사실에 대해 알거나 모른다는 뜻을 나타낼 때 사용하며 뒤에 항상 '알다' 또는 '모르다'가 온다.

例 밖에 눈이 <u>오는 줄</u> 몰랐어요.

② -ㄹ걸 : 주로 혼잣말에 쓰여, 그렇게 했으면 좋았을 것이나 하지 않은 일에 대해 가벼운 뉘우침이나 아쉬움을 나타내는 말

例 어제 집에 일찍 <u>들어갈걸</u>.

③ -으면 좋겠다 : 말하는 사람의 희망이나 현실과 다른 상황의 바람, 또는 가정을 나타내는 표현

例 시험에서 좋은 점수를 <u>받았으면 좋겠다</u>.

09 '-에 따라'는 기댈 만하거나 기준이 될 만한 명사와 결합하여 그것이 기준이 됨을 표현한다.

• 교통 신호 : 교차로나 횡단보도에서 사람이나 차량이 길을 가도록 기호나 신호등으로 상태를 나타내는 신호

例 <u>교통 신호</u>를 잘 지켜야 한다.

• 위반 : 법률, 명령을 지키지 않고 어김

例 선거법 <u>위반</u> 행위를 해서는 안 된다.

• 벌금 : 규약을 위반했을 때 벌로 내게 하는 돈

例 100만 원의 <u>벌금</u>을 내야 한다.

[오답해설]

① 대신 : 어떤 대상의 자리나 구실을 바꾸어서 새로 맡음. 또는 그렇게 새로 맡은 대상

例 뮤지컬 <u>대신</u>에 오페라를 보는 것도 좋아요.

③ -만 아니면 : 앞의 상태나 내용이 벗어날 수 없는 조건이나 이유로 작용함을 나타낸다.

例 무서운 <u>영화만 아니면</u> 다 좋아한다.

④ -에 비하면 : 명사에 붙어 그 명사가 기준이나 비교 대상이 되어 뒤 절의 내용이 어떠함을 나타낼 때 사용한다.

例 다른 <u>회사에 비하면</u> 월급이 높은 편이다.

10 '-정도로'는 앞말과 비슷한 정도임을 나타낸다.

• 휴가 : 일정한 기간 동안 쉬는 일

例 올해 <u>휴가</u>는 제주도로 갈 것이다.

• 시간 : 어떤 행동을 할 틈

例 퇴근을 늦게 해서 운동할 <u>시간</u>이 없다.

• 바쁘다 : 해야 할 일로 인하여 딴 겨를이 없다.

例 <u>바쁘더라도</u> 밥은 꼭 챙겨 먹어야 한다.

[오답해설]

② –ㄴ 만큼 : 정도, 수량이 비슷함을 나타낸다.

　예 먹은 만큼 힘이 난다.

③ –ㄴ 반면에 : 반대되는 상황이나 행동을 나타낸다.

　예 국어는 잘하는 반면에 수학은 잘 못한다.

④ –ㄴ 김에 : 어떤 행위를 주된 목적으로 하면서 그것을 기회로 다른 행위를 함을 나타낸다.

　예 백화점에 간 김에 명품을 구경하였다.

11 '–느라고'는 앞의 행위가 원인이 되어 뒤의 행위를 결과하거나 어떤 상태에 이를 때 사용한다.

· 학원 : 일정한 목적 · 교과 과정 · 설비 · 제도 및 법규에 의하여 계속적으로 학생에게 교육을 실시하는 기관

　예 영어를 배우기 위해 학원에 다닌다.

[오답해설]

① –더니 : 과거에 관찰하여 알게 된 사실에 대해 뒤이은 행위나 상황을 나타낸다.

　예 천둥이 치더니 비가 쏟아졌다.

② –만 아니면 : 앞의 상태나 내용이 벗어날 수 없는 조건이나 이유로 작용함을 나타낸다.

　예 내일 시험만 아니면 생일 파티에 가고 싶어요.

④ –기로 하다 : 앞으로 할 일을 이야기할 때 나타낸다.

　예 내일부터는 일찍 일어나기로 했다.

12 '–어다가'는 앞선 행위의 대상을 가지고 다른 장소에서 뒤의 행위를 함을 나타낸다.

· 잠들다 : 잠을 자는 상태가 되다.

　예 내가 잠든 후 남편이 퇴근했다.

· 눕다 : 몸을 바닥 따위에 수평 상태로 길게 놓다

　예 허리가 아파 바닥에 못 눕는다.

[오답해설]

① –도록 : 행위에 대한 목적을 나타낸다.

　예 실수하지 않도록 노력하다.

② –어야지 : 뒤의 내용을 이루기 위해서는 앞의 내용이 반드시 필요한 조건임을 나타낸다.

　예 푹 쉬어야지 머리도 덜 아프지.

④ –는데 : 배경이나 상황 제시를 나타낸다.

　예 음식이 별로던데 사람들이 많이 찾아오네요.

13 해수욕장에서 지켜야 할 물놀이 수칙에 대해 말하고 있다. 따라서 빈칸에는 앞서 말한 주의사항을 모두 지켜 '안전한 물놀이를 즐깁시다'라는 말이 들어가야 가장 자연스럽다.

· 해수욕장 : 해수욕을 할 수 있는 시설과 환경이 갖춰진 바닷가

　예 나는 매년 경포 해수욕장을 찾는다.

- 수칙 : 행동이나 절차에 관하여 지켜야 할 사항을 정한 규칙

  예 기본 수칙을 잘 지켜 주세요.
- 얕다 : 밑에서 위까지의 길이가 짧다.

  예 얕은 물이지만 발을 담그다.
- 구명조끼 : 물에 몸이 뜰 수 있도록 만든 조끼

  예 바다에서는 구명조끼를 입는 것이 안전하다.
- 착용하다 : 의복 등을 입다.

  예 새로 산 모자를 착용했다.
- 보호자 : 어떤 사람을 보호할 책임을 가지고 있는 사람

  예 수술을 할 때에는 보호자가 반드시 필요하다.
- 소화 : 섭취한 음식물이 영양분을 흡수하기 쉬운 형태로 변화시키는 작용

  예 양배추는 소화에 도움이 된다.
- 주의사항 : 조심해야 하는 사항

  예 기기의 주의사항을 꼭 읽어보세요.
- 한가위 : 명절인 추석의 다른 이름으로 음력 8월 15일이다.

  예 한가위를 맞아 마을에는 강강술래 행사가 진행된다.
- 연락 : 어떤 사실을 상대편에게 알림

  예 연락 좀 자주해라.
- 방문 : 어떤 사람이나 장소를 찾아가서 만나거나 봄

  예 방문객은 인적사항을 적으세요.

14 첫 번째 문장 뒤에 예시를 들면서 탑의 다양한 모습을 통해 각 시대상황을 말해주고 있음을 알 수 있다. 따라서 빈칸에는 '관련이 있다'라는 말이 들어가야 가장 자연스럽다.
- 세력 : 권력이나 기세의 힘

  예 그는 새로운 지도자로서 세력을 키워 나가는 데에 집중하고 있다.
- 과시 : 자랑하여 보임

  예 능숙한 연주 실력을 과시하였다.
- 화강암 : 심성암. 완정질의 조직을 이루며, 흰색 또는 엷은 회색을 띠는 돌

  예 화강암을 자재로 건물을 짓다.
- 고유하다 : 본래부터 가지고 있어 특유하다.

  예 한복은 우리 민족의 고유한 의상이다.

15 대형마트는 재사용 용기 사용 실천을 위해 개인 반찬 용기를 이용하면 구입한 반찬 20%를 증량해 주는 캠페인과 선착순으로 반찬 용기를 증정하는 행사를 진행한다고 나와 있다. 따라서 이 글의 제목은 ③이 가장 적절하다.
- 재사용 : 이미 사용한 물건을 다시 씀

  예 깨끗한 비닐은 재사용할 수 있다.

- 캠페인 : 사회 · 정치적 목적을 위해 조직적이고 지속적으로 하는 운동

  예 환경 <u>캠페인</u>이 많이 등장하고 있다.
- 실천하다 : 생각한 바를 실제로 행하다.

  예 무엇보다 <u>실천하는</u> 것이 가장 중요하다.
- 증량하다 : 수량이나 무게를 늘리다.

  예 기존보다 50g <u>증량된</u> 대용량 화장품이 나왔다.
- 선착순 : 먼저 와 닿는 차례

  예 돈가스는 수량이 많지 않아 <u>선착순</u>으로 먹을 수 있다.
- 증정하다 : 어떤 물건 등을 성의 표시나 축하 인사로 주다.

  예 화장품을 구입하면 화장솜을 <u>증정해</u> 드리고 있어요!
- 감축 : 덜어서 줄임

  예 경영 악화로 인원 <u>감축</u>이 되었다.
- 유치하다 : 꾀어서 데려오다.

  예 모든 나라가 올림픽 대회를 자신의 나라에서 <u>유치하기</u> 위해 치열한 활동을 벌였다.
- 무료 : 요금이 없음

  예 <u>무료</u>로 진행하는 전시회에 사람이 많다.
- 발표하다 : 어떤 사실이나 결과를 세상에 드러내서 알리다

  예 새로 바뀐 정책을 <u>발표한다</u>.

16 ㉠의 앞 문장에서 '개인 반찬 용기를 가지고 오면 구입한 반찬 20%를 증량해 주는 캠페인이다'라고 했으며, ㉠의 문장에서 그 예를 들 것임을 밝혔다. 따라서 개인 반찬 용기에 100g을 담으면 100g의 20%인 20g을 더 줘 총 120g을 가져갈 수 있다는 예시를 들고 있는 ①이 빈칸에 가장 적절하다.
- 담다 : 어떤 물건을 그릇에 넣다.

  예 쇼핑백 대신 가방에 물건을 <u>담았다</u>.
- 할인 : 일정한 값에서 얼마를 뺌

  예 3일간 50% <u>할인</u>을 진행하고 있다.

17 '한글'은 세종대왕이 훈민정음이라는 이름으로 창제하여 반포한 우리나라 고유의 문자이다. 세계 문자 가운데 유일하게 한글만이 만든 사람과 반포일, 글자의 제자 원리까지 알려져 있다.
- 글자 : 말을 적는 일정한 체계의 부호

  예 나라마다 쓰는 <u>글자</u>는 모두 다르다.
- 훈민정음 : 백성을 가르치는 바른 소리라는 의미

  예 1443년 세종이 <u>훈민정음</u>을 창제하셨다.
- 모음 : 한글 중 ㅏ, ㅑ, ㅓ, ㅕ 등과 같은 것

  예 한글에는 10개의 <u>모음</u>이 있다.

- 이순신 : 조선시대 장군으로 임진왜란 등 전투마다 승리를 이끌어 큰 공을 세웠다.
  예 광화문 광장에는 이순신 장군의 동상이 있다.
- 자음 : 글자의 음으로 ㄱ, ㄴ, ㄷ 등과 같은 것
  예 한글에는 14개의 자음이 있다.

18 '결근'은 규칙적으로 참석하는 것이 정상적으로 기대되는 조직에서 결석하는 것을 말한다.
- 직장 : 사람들이 일정한 직업을 가지고 일하는 곳
  예 오늘부터 새로운 직장으로 출근한다.
- 대가 : 물건을 값으로 치르는 돈
  예 건당 800원씩의 대가를 받고 있다.
- 옮기다 : 어떤 곳에서 다른 곳으로 자리를 바꾸게 하다.
  예 봄을 맞아 집 안의 가구들을 조금 옮겼다.

[오답해설]
① 한국은 휴게시간을 제외하고 주 40시간 근무를 기준으로 하고 있다. 추가 근무가 필요한 경우 최대 주 52시간까지 근무가 가능하다.
③ 급여는 직장에서 노동의 대가로 받는 돈이나 물품을 말한다. 1년 동안 받는 월급의 총액은 연봉이라고 한다.
④ 승진은 회사에서 직위가 오르는 것을 말하고, 회사를 그만두고 다른 회사로 옮기는 것은 이직이라고 한다.

19 '국민행복카드'는 보육료, 유아학비, 건강보험 임신·출산 진료비 지원, 청소년산모 임신·출산 의료비 지원 및 사회서비스 전자바우처 등 정부의 여러 바우처 지원을 공동으로 이용할 수 있는 통합카드이다. 바우처 서비스를 이용하기 위해서는 카드를 발급받은 후, 별도로 바우처 서비스를 신청하여야 한다.
- 보육 : 어린아이들을 돌보아 기름
  예 맞벌이 부부를 위한 보육 시설이 부족하다.
- 학비 : 공부하며 학문을 닦는 데에 드는 비용
  예 대학교 학비는 너무 비싸다.
- 발급 : 증명서 따위를 발행하여 줌
  예 보건소에서 서류를 발급받았다.

20 '조의금'은 남의 죽음을 슬퍼하는 뜻으로 내는 돈이다.
- 위로 : 따뜻한 말이나 행동으로 괴로움을 덜어 주거나 슬픔을 달래 줌
  예 피해자에게 위로의 말을 전했다.
- 흔히 : 보통보다 더 자주 있거나 일어나서 쉽게 접할 수 있게
  예 베트남 음식은 한국에서도 흔히 볼 수 있다.

① 축의금 : 축하하는 뜻을 나타내기 위하여 내는 돈

　　예 결혼식에 참석하지 못할 것 같아서 축의금을 미리 전달했다.

③ 상여금 : 정기 급여와는 별도로 업적이나 공헌도에 따라 주는 돈

　　예 이번 달에 상여금이 나온다.

④ 계약금 : 계약의 이행을 보장받기 위하여 계약 당사자 가운데 한 쪽이 상대편에게 미리 제공하는 금액

　　예 이번 달까지 계약금을 보내주기로 했다.

21 '쥐불놀이'는 정월 대보름에 하는 놀이로 논과 밭 둘레의 마른 풀을 태우면 풀 속에 있는 해충 알을 없애고 쥐의 접근을 막을 수 있다. 또한 불에 탄 재는 좋은 거름이 되어 농사에 여러 가지로 도움이 된다.

- 윷가락 : 윷의 낱개

　　예 윷가락이 모가 나오길 기대하면 던졌다.

- 바퀴 : 어떤 둘레를 빙 돌아서 제자리까지 돌아오는 횟수를 세는 단위

　　예 오늘은 운동장 5바퀴만 뛰고 집에 가자.

- 균형 : 어느 한쪽으로 기울거나 치우치지 아니하고 고른 상태

　　예 균형 잡힌 식사를 해야 몸이 건강하다.

- 태우다 : 불을 붙여 번지게 하거나 불꽃을 일어나게 하다.

　　예 작게 시작된 불은 산 전체를 태우고 나서야 꺼졌다.

22 '전세'는 다른 사람의 집을 빌려 쓸 때 일정한 돈을 맡겼다가, 내놓을 때 다시 찾아가는 것을 말한다. 매매보다는 저렴하고, 월세보다는 돈을 모으기 쉬운 임대 방법이다.

- 임대 : 돈을 받고 자기의 물건을 남에게 빌려줌

　　예 그는 임대 사업을 크게 하고 있다.

- 고유 : 어떤 사실을 널리 알려 깨우쳐 줌

　　예 한복은 고유의 멋이 느껴진다.

- 단위 : 수량을 수치로 나타낼 때 기초가 되는 일정한 기준

　　예 키는 cm의 단위를 사용한다.

① 월세 : 집이나 방을 다달이 빌려 쓰는 일

　　예 처음 독립했을 때 월세로 살았다.

③ 반전세 : 보증금을 건 후 전세금의 일부를 월세로 내는 전세

　　예 이 집은 반전세로 나왔어.

④ 매매 : 물건을 팔고 사는 일

　　예 서울에서 집을 매매하는 건 쉽지 않다.

23 '삼권분립'은 국가권력의 작용을 입법·행정·사법의 셋으로 나누어, 각각 별개의 기관에 이 것을 분담시켜 상호 간 견제·균형을 유지시킴으로서 국가권력의 집중과 남용을 방지하려는 통치조직 원리이다.

- 입법부 : 법률 제정을 담당하는 국가 기관
  - **예** <u>입법부</u>는 국회를 말한다.
- 사법부 : 대법원 및 대법원이 관할하는 모든 기관을 통틀어 말함
  - **예** <u>사법부</u>는 공정한 재판을 해야 한다.
- 행정부 : 행정을 맡아보는 국가 기관
  - **예** 새 <u>행정부</u>에 대한 기대가 크다.
- 견제 : 상대편이 지나치게 세력을 펴거나 자유롭게 행동하지 못하게 억누름
  - **예** 상대 선수의 <u>견제</u>에도 불구하고 승리하게 되었다.

[오답해설]
② 다수결의 원칙 : 의사 결정을 할 때, 다수의 의견을 따르는 방법
  - **예** 소풍 장소는 <u>다수결의 원칙</u>에 따라 정한다.
③ 관혼상제 : 관례, 혼례, 상례, 제례를 아울러 이르는 말
  - **예** 최근에는 <u>관혼상제</u>가 간소화되고 있다.
④ 의원내각제 : 의회 내 다수당, 또는 소수당들의 연합이 총리와 장관 등 내각을 구성하여 행정을 책임지는 형태
  - **예** <u>의원내각제</u>는 영국에서 발달한 제도이다.

24 '보통선거'는 '선거인의 자격에 재산·신분·성별·교육 정도 따위의 제한을 두지 아니하고, 성년에 도달하면 누구에게나 선거권이 주어지는 선거'란 의미로 선거의 4대 원칙 중 하나이다.

- 원칙 : 어떤 행동이나 이론에서 일관되게 지켜야 하는 기본적인 규칙이나 법칙
  - **예** 각자 다 다른 <u>원칙</u>을 갖고 살아간다.
- 차별 : 등급, 수준의 차이를 두어서 구별함
  - **예** 능력에 따른 <u>차별</u>로 스트레스가 심하다.
- 부여하다 : 사람에게 권리, 명예, 임무 등을 지니도록 해 주다.
  - **예** 만 18세부터 투표권이 <u>부여된다</u>.

[오답해설]
② 평등선거 : 누구에게나 똑같이 한 표가 주어진다.
  - **예** 재산, 나이에 따라 표의 개수를 결정하는 행위는 <u>평등선거</u> 원칙을 훼손하는 것이다.
③ 직접선거 : 다른 사람을 대신해서 투표를 할 수 없다.
  - **예** 사전 투표도 가능하니 바쁘더라도 <u>직접선거</u>의 원칙을 지켜 주세요.
④ 비밀선거 : 투표 내용을 다른 사람이 알 수 없다.
  - **예** 투표용지를 사진으로 찍어서 올리는 행위는 <u>비밀선거</u> 원칙에 어긋난다.

25 'FTA(자유무역협정)'는 둘 이상의 나라가 서로 수출입 관세와 시장 점유율 제한 등의 무역 장벽을 제거하여 무역을 자유롭게 하는 협정이다.

- 장벽 : 둘 사이의 관계를 순조롭지 못하게 가로막는 장애물

  예 예상치 못한 장벽에 부딪혀 일정이 늦어지고 있다.

- 완화 : 긴장된 상태나 급박한 것을 느슨하게 함

  예 대상자 조건이 완화되어 다행이다.

[오답해설]

① WHO(세계보건기구) : 보건·위생 분야의 국제적인 협력을 위하여 설립한 UN 전문기구

  예 우리나라는 1949년 WHO에 가입하였다.

② OECD(경제협력개발기구) : 회원국 간 상호 정책조정 및 협력을 통해 세계경제의 공동 발전 및 성장과 인류의 복지 증진을 도모하는 정부 간 정책연구 협력기구

  예 우리나라는 1996년 OECD 회원국으로 가입하였다.

④ 한강의 기적 : 반세기만에 이루어 낸 한국의 급격한 경제 성장을 나타내는 상징적인 용어

  예 우리나라는 눈부신 경제 성장으로 한강의 기적을 이루었다고 평가받는다.

26 정부가 지정한 목적에 맞게 화폐, 은행권, 복권 등을 제조해 국내외에 공급하는 곳은 '한국조폐공사'이다.

- 복권 : 추첨 따위를 통하여 일치하는 표에 대해서 상금이나 상품을 준다.

  예 복권이 당첨되었으면 좋겠다.

- 상대 : 서로 마주 대하는 대상

  예 그런 취급하는 회사는 상대도 하지 마세요.

27 '종합병원'은 의료법에 따라 100개 이상의 병상과 7개 또는 9개 이상의 진료과목, 각 진료과목에 전속하는 전문의를 갖춘 제2차 의료급여기관을 말한다.

- 공공기관 : 국가의 감독 아래 일반 사회의 여러 사람과 관계있는 일들을 처리하는 기관

  예 공공기관과 함께 지진 복구 작업에 나섰다.

- 진료비 : 환자가 병원에 내는 요금

  예 오늘 진료비는 얼마가 나왔나요?

[오답해설]

① 의원 : 진료 시설을 갖추고 주로 외래 환자를 대상으로 의사가 의료 행위를 하는 곳

  예 몸이 좋지 않아 내과 의원에 방문했다.

② 보건소 : 질병의 예방, 진료, 공중 보건 향상을 위하여 각 지역에 설치된 공공 의료 기관

  예 그는 보건소에서 근무하고 있다.

④ 상급종합병원 : 중증질환에 대하여 난이도가 높은 의료행위를 전문적으로 행하는 종합병원

  예 지정된 상급종합병원에 대해서는 3년마다 평가를 실시하여 재지정하거나 지정을 취소할 수 있다.

28 국적법 제4조제3항에 의하면 '제1항에 따라 귀화허가를 받은 사람은 법무부장관 앞에서 국민 선서를 하고 귀화증서를 수여받은 때에 대한민국 국적을 취득한다'고 되어 있다. 따라서 ③은 귀화에 의한 국적 취득의 설명으로 옳지 않다.

- 취득 : 자기 것으로 만들어 가짐
  - 예 이번에 제과제빵 자격증을 <u>취득</u>했다.
- 법무부장관 : 법무부의 가장 높은 직위
  - 예 그는 <u>법무부장관</u>에 임명되었다.
- 절차 : 일을 치르는 데 거쳐야 하는 순서나 방법
  - 예 <u>절차</u>가 간소화되었으면 좋겠다.
- 심사 : 자세하게 조사하여 등급이나 당락 따위를 결정함
  - 예 오전 중에 <u>심사</u>가 끝난다.

29 국적법 제7조제1항제1호에 '부 또는 모가 대한민국 국적인 자. 다만, 양자로서 대한민국의 민법상 성년이 된 후에 입양된 자는 제외한다'고 되어 있다. 따라서 ④는 특별귀화 요건으로 맞지 않다.

- 요건 : 필요한 조건
  - 예 혜택을 받을 수 있는 <u>요건</u>에 해당된다.
- 특별하다 : 보통과 구별되게 다르다.
  - 예 <u>특별한</u> 선물을 준비했다.
- 보유하다 : 가지고 있다.
  - 예 <u>보유한</u> 자격증이 몇 개니?
- 양자 : 입양에 의하여 자식의 자격을 얻은 사람
  - 예 보육원에서 아이를 입양해 <u>양자</u>로 삼았다.

30 '고용노동부'는 '고용정책과 근로에 관한 업무를 관장하는 중앙행정기관'이다.

- 사무 : 자신이 맡은 직책에 관련된 여러 가지 일을 처리하는 일
  - 예 <u>사무</u> 처리를 오늘까지 해야 해서 정신이 없다.
- 총괄 : 모든 일을 한데 묶어 관할함
  - 예 <u>총괄</u> 매니저는 항상 바쁘다.

[오답해설]
② 기획재정부 : 경제정책 수립, 예산 평가, 조세정책 기획 및 총괄 등의 역할을 한다.
  - 예 <u>기획재정부</u>는 내년 예산의 대폭적인 감축을 제안했다
③ 행정안전부 : 법령 및 조약 공포, 정부조직 관련 사무 등의 역할을 한다.
  - 예 <u>행정안전부</u> 주관으로 하는 회의가 진행되었다.
④ 산업통상자원부 : 한국의 산업, 통상, 자원과 관련된 사무를 관장하는 곳이다.
  - 예 <u>산업통상자원부</u> 장관은 미국에서 회담을 가졌다.

31 '삼국유사'는 일연이 편찬하였고, 단군의 고조선 건국 기록이 포함되었다.

- 단군신화 : 단군의 출생과 즉위에 관한 신화

  예 단군신화는 우리나라 최초의 국가인 고조선의 건국 내력을 알려준다.

- 기록하다 : 주로 후일에 남길 목적으로 어떤 사실을 적다.

  예 관찰 일지를 매일 기록한다.

[오답해설]

② 삼국사기 : 김부식이 편찬하였고, 현재 전해지는 가장 오래된 역사서이다.

  예 삼국사기에는 발해를 북국으로 지칭하고 있다.

③ 목민심서 : 정약용이 지은 계몽 도서로 백성들을 다스리는 도리를 설명하였다.

  예 목민심서에는 옛 지방 관리들의 잘못된 사례가 실려 있다.

④ 경국대전 : 조선 시대에 통치의 기준이 된 최고의 법전이다.

  예 경국대전은 세조 때 집필을 시작하여 성종에 완성하였다.

32 '흥선대원군'은 고종의 아버지로 아들이 12세에 왕위에 오르자 그를 대신하여 국정을 다스렸다. 경복궁의 중건, 천주교에 대한 탄압, 통상 수교의 거부 정책을 고수하여 사회 · 경제적인 혼란을 불러일으키기도 하였다.

- 소실 : 사라져 없어짐. 또는 그렇게 잃어버림

  예 전쟁으로 인해 문화재가 소실되었다.

- 중건 : 절이나 왕궁 따위를 보수하거나 고쳐 지음

  예 불에 탄 사찰이 중건되었다.

- 통상 : 나라들 사이에 서로 물건을 사고 팖

  예 이웃 나라와 통상을 시작하였다.

[오답해설]

① 이성계 : 조선의 제1대 왕인 '태조'의 본명이다.

  예 이성계는 위화도에서 군대를 돌렸다.

② 세종 : 조선 4대 왕으로 집현전 학자들과 한글을 창제하고 반포하였다.

  예 세종은 백성들의 생활에 실질적으로 도움이 되는 문화 정책을 추진하였다.

③ 정조 : 조선 22대 왕으로 탕평책을 실시하여 고른 인재를 등용했다.

  예 정조 때 수원 화성이 축조되었다.

33 '김구'는 독립운동가로 대한민국 임시정부 주석을 했다. 백범 일지는 그가 한창 독립운동을 하던 시절에 쓴 일기로, 대한민국 임시정부의 역사와 독립운동의 상황을 알 수 있는 매우 귀중한 자료이다.

- 주석 : 일부 국가에서 국가나 정당 따위의 최고 직위

  예 <u>주석</u>으로 김구가 연임되었다.

[오답해설]

① 유관순 : 18세의 나이로 3·1운동에 참가해 만세 운동을 주도하다 일제에 체포되었던 여성 독립운동가

예 <u>유관순</u>은 옥중에서 순국하였다.

② 안중근 : 하얼빈에서 일본의 이토 히로부미를 사살한 독립운동가

예 <u>안중근</u>의 기념관은 남산 공원 안에 있다.

④ 안창호 : 독립운동가이자 교육가로 신민회를 조직하였다.

예 <u>안창호</u>는 독립을 보지 못하고 눈을 감으셨다.

34 '제주도'는 한국에서 가장 큰 섬이자 독특한 지형의 화산섬으로 2002년 생물권보전지역으로 지정되었고, 2007년 세계 자연유산으로 등재되었으며, 2010년 세계 지질공원 인증을 받았다.

[오답해설]

② 울산 : 한국의 제1의 공업도시로 경제 성장을 주도한다.

예 <u>울산</u>의 간절곶이 유명하다.

③ 독도 : 우리나라 가장 동쪽에 위치한 섬으로 천연기념물 제336호로 지정되어 있다.

예 우리나라 최동단에는 <u>독도</u>가 있다.

④ 울릉도 : 동해안에 위치한 화산섬이며, 독도와는 92km 떨어져 있다.

예 <u>울릉도</u>는 화산암으로 이루어진 기암괴석이 많고 천연식물이 많이 분포하고 있다.

35 '버스전용차로'는 버스를 다른 교통과 분리하여 통행 우위를 보장함으로써 상호 간의 마찰 방지 및 버스 이용성을 높이는 차로이다.

- 신속 : 날쌔고 빠름

  예 일이 <u>신속</u>하게 진행되었다.

- 정확 : 바르고 확실함

  예 그 수치는 <u>정확</u>하다.

- 지정 : 가리키어 확실하게 정함

  예 학교의 자리는 <u>지정</u>하여 않는다.

[오답해설]

① 고속도로 : 차의 빠른 통행을 위하여 만든 차 전용의 도로

예 <u>고속도로</u>의 최고 속도를 준수해야 한다.

③ 자전거전용도로 : 오직 자전거만 타고 다닐 수 있도록 만든 도로

　　예 자동차들이 자전거전용도로를 침범하는 경우가 있다.

④ 고가도로 : 기둥 따위를 세워 땅 위로 높이 설치한 도로

　　예 고가도로 밑의 길은 낮에도 어둡다.

36 '개천절'은 10월 3일로 단군이 최초의 민족국가인 단군조선을 건국했음을 기리는 뜻으로 제정되었다. 민족국가의 건국을 경축하는 국가적 경축일인 동시에, 문화민족으로서의 새로운 탄생을 경축하며 하늘에 감사하는 우리 민족 고유의 전통적 명절이라 할 수 있다.

- 건국 : 나라가 세워짐

　　예 고조선의 건국 이념은 홍익인간이다.

- 제정 : 제도나 법률 따위를 만들어서 정함

　　예 이 법의 제정 취지를 잘 생각해야 한다.

- 탄생 : 조직, 제도 등이 새로 생김

　　예 문명이 새로 탄생하였다.

- 경축 : 경사스러운 일을 축하함

　　예 대통령의 취임 경축 기념식이 있겠습니다.

[오답해설]

② 한글날 : 세종대왕이 창제한 훈민정음의 반포를 기념하기 위하여 제정한 국경일

　　예 한글날은 10월 9일이다.

③ 광복절 : 우리나라가 일제로부터 독립한 것을 기념하기 위하여 제정한 국경일

　　예 광복절은 8월 15일이다.

④ 3 · 1절 : 한민족이 일본의 식민통치에 항거하고, 독립선언서를 발표하여 한국의 독립 의사를 세계 만방에 알린 날을 기념하는 국경일

　　예 3 · 1절은 3월 1일이다.

[작문형 예시 답안]

제가 좋아하는 계절은 가을입니다. 가을은 여름에 비해 선선하고 시원합니다. 또한 하늘이 높고 맑습니다. 그래서 가을을 천고마비의 계절이라고도 부릅니다. 산에는 단풍이 형형색색 아름답게 물들고 시골의 논에는 쌀이 노랗게 익어있습니다. 가을은 선선하고 단풍을 비롯한 풍경 또한 멋있어 나들이를 가기 좋아 가을을 좋아합니다.

01 정보화란 여러 사실이나 자료 중 목적에 맞게 가공된 정보가 산업과 사회 발전의 중심이 되어 가는 것을 말합니다.

02 정보화로 인해 좋아진 점은 직접 가지 않아도 많은 일을 쉽고 빠르게 처리할 수 있다는 점이고, 나빠진 점은 개인 정보가 유출될 위험이 있다는 점입니다.

03 중국도 한국과 마찬가지로 인터넷 쇼핑, 예매 등 인터넷을 잘 활용하는 나라입니다. 하지만 중국은 다양한 법 및 관리적 규제로 인해 인터넷 검열이 진행되고 있는 상태입니다.

04 중국의 국기는 오성홍기이고, 국가는 의용군행진곡, 국화는 목단(모란)이 있습니다.

05 한국의 전통 의상인 한복의 장점은 직선과 약간의 곡선이 조화를 이루어 아름다우며 재료 모두 자연에서 얻어 자연 친화적이라는 것입니다. 하지만 여러 겹의 옷을 입어야 하고, 활동하는 데 불편함을 주는 단점이 있습니다.

- 가공 : 인공적으로 처리하여 새로운 제품을 만들거나 제품의 질을 높임
  예 파인애플을 가공하여 통조림을 만들었다.
- 예매 : 정하여진 때가 되기 전에 미리 삼
  예 미리 예매하여 좋은 자리를 얻었다.
- 관공서 : 관서와 공서를 아울러 이르는 말
  예 관공서의 민원실은 항상 전화가 많이 온다.
- 교환 : 서로 주고받음
  예 동전을 지폐로 교환하였다.
- 신중하다 : 매우 조심스럽다.
  예 큰 결정을 내릴 때는 신중해야 한다.
- 의존 : 다른 것에 의지하여 존재함
  예 부모에 대한 지나친 의존은 좋지 않다.
- 중독 : 어떤 사상이나 사물에 젖어 버려 정상적으로 사물을 판단할 수 없는 상태
  예 그녀는 일 중독에 걸린 사람과 같다.
- 상징 : 추상적인 개념이나 사물을 구체적인 사물로 나타냄
  예 지역을 상징하는 문구들이 있다.

사회통합프로그램 영주용 종합평가
실전모의고사 6회 정답 및 해설

[객관식 정답 및 해설]

01	02	03	04	05	06	07	08	09	10	11	12	13	14	15	16	17	18	19	20
②	④	①	②	③	①	①	②	④	③	①	②	②	③	①	④	①	③	①	②
21	22	23	24	25	26	27	28	29	30	31	32	33	34	35	36				
③	③	①	②	④	④	②	③	③	④	②	①	②	④	①	③				

01 '장화'는 목이 길게 올라오는 신발로 비가 올 때나 말을 탈 때 신는다.
  - 장마 : 여름철에 여러 날을 계속해서 비가 내리는 현상 또는 날씨
    예 긴 장마가 끝나고 무더위가 시작되었다.
  - 젖다 : 물에 배어 축축하게 되다.
    예 바지가 물에 젖어 무거워졌다.
  - 방지하다 : 어떤 일이나 현상이 일어나지 못하게 막다.
    예 여름에는 눈부심을 방지하기 위해 선글라스를 착용한다.

  [오답해설]
  ① 장갑 : 손을 보호하거나 추위를 막거나 장식하기 위해 손에 끼는 물건
    예 뜨거운 물건을 만질 때는 장갑을 껴야 한다.
  ③ 양말 : 맨발에 신도록 실이나 섬유로 짠 것
    예 양말은 짝을 맞춰 놔야 신을 때 편하다.
  ④ 비닐 : 비닐 수지나 비닐 섬유를 이용하여 만든 제품
    예 깨끗한 비닐은 재사용할 수 있다.

02 '업적'은 성취해 놓은 일이나 이룩해 놓은 성과를 말한다.
  - 창제 : 전에 없던 것을 처음으로 만들거나 제정함
    예 한글을 세종이 창제한 우리나라 글자이다.
  - 반포 : 세상에 널리 퍼뜨려 모두 알게 함
    예 한글을 널리 반포하였다.

  [오답해설]
  ① 행사 : 어떤 일을 시행함
    예 비가 와서 행사를 취소하였다.

② 발견 : 미처 찾아내지 못하였거나 아직 알려지지 아니한 사물이나 현상, 사실 따위를 찾아냄

　　예 새로운 카페를 발견하였다.

③ 생산 : 인간이 생활하는 데 필요한 각종 물건을 만들어 냄

　　예 농업 생산이 크게 늘었다.

03 '적응하다'는 '일정한 조건이나 환경에 맞추어 응하거나 알맞게 되다'라는 뜻이다. 즉, 신입이라 아직은 환경에 맞추지 못하고 있지만 동료들이 잘 챙겨주고 있다는 의미이므로 빈칸에는 '적응하지'가 적절하다.

　• 신입 : 어느 모임이나 단체에 새로 들어옴

　　예 이번 동아리 신입들은 앞으로 나와 주세요.

　• 동료 : 같은 직장이나 같은 부문에서 함께 일하는 사람

　　예 동료의 끈끈한 우정을 느끼다.

[오답해설]

② 즐겁다 : 마음에 거슬림이 없이 흐뭇하고 기쁘다.

　　예 즐거운 마음으로 퇴근을 하다.

③ 마음에 들다 : 마음이나 감정에 좋게 여겨지다.

　　예 마음에 드는 가방을 발견하였다.

④ 만나다 : 누군가 가거나 와서 둘이 서로 마주 보다.

　　예 오늘 오후 6시에 만나기로 했다.

04 '예매하다'는 '정해진 때가 되기 전에 미리 사다'라는 의미이다. 연말에 비행기 티켓을 구하기 힘드니 연말이 되기 전에 미리 살 것인지 물어보는 것이므로 '예매할까요'가 적절하다.

　• 연말 : 한 해의 마지막 무렵

　　예 연말에는 세일을 많이 한다.

　• 구하다 : 필요한 것을 찾다.

　　예 배가 아파 동료들에게 약을 구해서 먹었다.

[오답해설]

① 바쁘다 : 일이 많거나 해야 할 일로 인하여 딴 겨를이 없다.

　　예 일이 바빠 정신이 없다.

③ 구경하다 : 흥미나 관심을 가지고 보다.

　　예 그의 마술을 구경했다.

④ 탑승하다 : 배나, 비행기, 차에 올라타다.

　　예 늦지 않게 비행기에 탑승했다.

05 '그동안'은 앞에서 이미 이야기한 만큼의 시간적 길이 또는 다시 만나거나 연락하기 이전의 일정한 기간 동안을 의미한다. 즉, 마지막으로 근무하는 날에 '나'가 말하는 것으로, 일하는 동안 감사했다는 의미이므로 빈칸에 들어갈 말은 '그동안'이 적절하다.

- 아쉽다 : 미련이 남아 서운하다.

  예 <u>아쉽지만</u> 늦어서 먼저 가볼게요.

[오답해설]

① 그때 : 앞에서 이미 이야기한 시간상의 어떤 점이나 부분

  예 가방이 너무 무거웠는데, <u>그때</u> 도와주셔서 감사해요.

② 예전에 : 꽤 오래된 지난날

  예 <u>예전에는</u> 500원짜리 과자도 있었다.

④ 아무리 : 정도가 매우 심함을 나타내는 말

  예 <u>아무리</u> 열심히 운동해도 살이 빠지지가 않는다.

06 '−느라고'는 앞의 행위가 원인이 되어 뒤의 행위를 결과하거나 어떤 상태에 이를 때 사용한다. 이사를 하고 밤늦게까지 정리하였기 때문에 너무 힘들다고 한 것이므로 '정리하느라고'가 적절하다.

- 이사 : 사는 곳을 다른 데로 옮김

  예 계약기간이 끝나 <u>이사</u>를 가게 되었다.

- 밤늦다 : 밤이 깊다.

  예 <u>밤늦게</u> 다니지 말자.

[오답해설]

② −고서 : 시간적 선후 관계를 나타낸다.

  예 <u>운동하고서</u> 바로 샤워한다.

③ −더니 : 과거에 관찰하여 알게 된 사실에 대해 뒤이은 행위나 상황을 나타낸다.

  예 어제도 <u>지각하더니</u> 오늘도 지각한 거니?

④ −자마자 : 연달아 일어나는 사건이나 동작을 나타낸다.

  예 회사에 <u>출근하자마자</u> 회의가 시작되었다.

07 '−었다'는 이야기하는 시점에 사건이나 행위가 이미 일어났음을 나타내는 말이다. 세리 씨에게 스찬 씨가 발표를 하기로 했다는 이야기를 들은 것이 과거에 일어난 사건이므로, '듣다'에 '−었다'를 결합한 '들었어요(들었다)'가 빈칸에 들어가야 한다.

- 발표 : 어떤 사실이나 결과, 작품을 세상에 널리 드러내어 알림

  예 가수는 신곡을 <u>발표</u>했다.

② −ㄹ걸 : 어떤 사실에 대한 추측의 뜻을 나타낸다.

　예 어제 늦게 잠들었으니까 아직 안 일어났을걸?

③ −네요 : 자신의 생각이나 느낌을 감탄하여 서술하는 뜻을 나타내는 말이다.

　예 동생이 참 이쁘게 생겼네요.

④ −라고 하다 : 이르거나 말하다.

　예 날이 추워 내일 가라고 했다.

08 '−도 있다'는 앞의 말의 가능성 등을 나타낸다. 즉, 젖은 손으로 가전제품을 만지면 감전 사고가 날 가능성이 있다는 의미이므로 빈칸에는 '날 수도 있어'가 적절하다.

　• 물기 : 축축한 물의 기운

　　예 샤워 후 화장실에는 아직 물기가 남아 있다.

　• 감전 : 전기가 통하는 물체에 신체의 일부가 닿아 순간적으로 받는 충격

　　예 여름에는 습기가 높아 감전 사고에 주의해야 한다.

① −ㄹ 수 없다 : 앞의 말의 가능성이 없음을 나타낸다.

　예 그런 사고가 발생하다니 믿을 수 없다.

③ −ㄴ 척하다 : 앞말이 뜻하는 행동이나 상태를 거짓으로 그럴듯하게 꾸밈을 나타낸다.

　예 같이 저녁을 먹기 싫어서 약속이 있는 척했다.

④ −고 말았다 : 일을 끝냈다는 완료의 의미를 나타낸다.

　예 피곤해서 일찍 잠들고 말았다.

09 '−ㄴ다면서'는 다른 사람에게 들은 내용을 상대에게 물어서 확인할 때에 사용하는 말이다. 즉, 쿤 씨가 다음 주에 스페인으로 여행을 간다는 사실을 레오 씨에게 들은 후 하는 말이므로 빈칸에는 '여행을 간다면서요'가 들어가는 것이 적절하다.

　• 다음 주 : 기준으로 하는 어떤 시점의 바로 뒤에 오는 주

　　예 그럼 다음 주에 최종 회의합시다.

① −느라고 : 앞말이 뒷말의 이유나 원인이 됨을 나타낸다.

　예 아침을 먹느라고 회사에 지각했다.

② −ㄹ 예정이다 : 앞으로 일어날 일이나 해야 할 일을 미리 정하거나 생각할 때 나타낸다.

　예 드라마가 곧 시작할 예정이다.

③ −으면 좋겠다 : 현실과 다른 사실을 가정하여 나타낸다.

　예 놀러가는 날엔 비가 안 왔으면 좋겠다.

10 '-어때'는 '의견, 성질, 형편, 상태 따위가 어찌 되어 있다'라는 의미의 단어인 '어떻다'의 의문형이다. 즉, 부모님 생신을 맞아 직접 미역국을 끓이자는 의견에 대해 어떤지를 물어보고 있으므로 빈칸에 '끓이는 게 어때'가 적절하다.

- 생신 : 생일을 높여 이르는 말

  예 이번 할머니 <u>생신</u> 때 꽃다발을 드렸다.

- 직접 : 바로

  예 <u>직접</u> 담근 김치를 선물로 주었다.

[오답해설]

① -고 있다 : 동작의 진행을 나타낸다.

  예 늦을 것 같으니깐 먼저 <u>먹고 있어요.</u>

② -어야 : 앞의 내용이 뒤에 오는 내용의 필수 조건임을 나타낸다.

  예 몸살은 잘 <u>쉬어야</u> 낫는다.

④ -ㄴ 셈이다 : 사실 꼭 그렇지는 않지만 앞뒤의 상황을 볼 때 어느 정도이거나 같은 결과라고 말할 수 있을 때를 나타낸다.

  예 이 회사에 벌써 2년은 <u>다닌 셈이다.</u>

11 '덕분'은 '베풀어 준 은혜나 도움'을 뜻한다. 즉, 안전벨트의 도움으로 가벼운 상처만 입었다는 의미이므로 '덕분에'로 연결하는 것이 가장 적절하다.

- 안전벨트 : 자동차·비행기 따위에서, 사고 시 충격으로부터 보호하기 위하여 사람을 좌석에 고정하는 띠

  예 <u>안전벨트</u>는 반드시 착용해야 한다.

- 가볍다 : 무게가 일반적이거나 기준이 되는 대상의 것보다 적다.

  예 <u>가벼운</u> 몸살 기운을 느꼈다.

- 상처 : 몸을 다쳐서 부상을 입은 자리

  예 발이 걸려 넘어져 <u>상처</u>가 났다.

[오답해설]

② -ㅁ에도 : 앞말이 설명하는 행동을 하거나 상황이 벌어졌지만 그럼에도 불구하고 뒷말의 상황이 벌어짐을 나타내기 위해 사용하는 말이다. 주로 앞말과 반대되는 내용이 뒤따른다.

  예 찬물로 샤워를 <u>했음에도</u> 더위는 가시지 않았다.

③ 뿐 : 다만 어떠하거나 어찌할 따름이라는 의미이다.

  예 모두 구경만 할 <u>뿐</u> 도와주는 사람이 없었다.

④ -ㄴ다면 : 어떠한 사실을 가정하여 조건으로 삼는 뜻을 나타내는 말이다. 앞말의 사실을 가정하는 것이므로 뒤에 이어지는 말은 시간상 그와 같거나 더 늦게 일어나는 사건이어야 한다.

  예 오늘 밤 보름달이 <u>뜬다면</u> 난 뒷산으로 산책을 갈거야.

12 '–다가'는 앞의 행동이 계속되면서 추가로 뒤의 행동이 일어나는 경우에 사용할 수 있다. 즉, 잠을 자면서 무서운 꿈을 꾸는 행동이 일어나는 경우이므로 '자다가'로 연결하는 것이 가장 적절하다.

- 무섭다 : 두려움이나 놀라움을 느낄 만큼 성질이나 기세 따위가 몹시 사납다.
  - 예 탈이라도 날까 봐 무섭다.

[오답해설]

① –다시피 : '–는 바와 같이'의 뜻을 나타낸다.
  - 예 아시다시피 이번 시험이 너무 어려웠어요.

③ –(으)려고 : 뒤의 행동에 대한 의도나 목적을 앞에서 나타낼 때 사용한다.
  - 예 아내에게 주려고 꽃을 샀다.

④ –던데 : 뒤에서 말하고자 하는 내용과 관련하여 말하는 사람이 과거에 경함하거나 관찰한 사실을 말할 때 사용한다.
  - 예 영화 별로던데 사람들이 많이 보더라.

13 한국철도(코레일)에서 진행하는 '반값' 이벤트 좌석은 열차별로 제한되어 있다고 이야기하였다. 따라서 일정이 정해지면 그 즉시 바로 예매해야 한다. 그러므로 '서둘러 예매해야 합니다'가 빈칸에 들어가기에 가장 자연스럽다.

- 휴가철 : 많은 사람이 휴가를 즐기는 기간
  - 예 휴가철에는 차가 많이 막힌다.
- 이벤트 : 불특정의 사람들을 모아 놓고 개최하는 잔치
  - 예 이벤트 당첨자는 3명이다.
- 운임 : 운반이나 운수 따위의 보수로 받거나 주는 돈
  - 예 비행기는 빠른 만큼 운임이 비싸다.
- 결제하다 : 대금을 주고받아 매매 당사자 사이의 거래 관계가 끝나다.
  - 예 가구를 3개월 할부로 결제하였다.
- 한정하다 : 수량이나 범위 따위가 제한되어 정해지다.
  - 예 수량을 한정하여 판매합니다.
- 함께 : 한꺼번에 같이
  - 예 족발과 막국수를 함께 먹으면 맛있다.
- 할인권 : 할인을 증명하는 표
  - 예 할인권으로 식사를 하다.
- 참석 : 모임이나 회의 따위의 자리에 참여함
  - 예 참석하신 분들에만 드립니다.

14 친환경 업체에서 저소득 가정의 출산을 축하하고 건강한 육아를 응원하기 위해 기저귀, 물티슈, 젖병, 핸디부스터 등 출산 축하용품을 전달하였다. 즉, 출산 축하용품과 비슷한 '육아에 필요한 육아용품'이 빈칸에 들어가면 가장 자연스럽다.

- 친환경 : 자연환경을 오염하지 않고 자연 그대로의 환경과 잘 어울리는 일
  - 예 최근 친환경 제품에 대한 관심이 높다.
- 저소득 : 적은 벌이
  - 예 저소득층을 위한 정책이 많이 등장하고 있다.
- 전달하다 : 지시, 명령, 물품을 다른 사람이나 기관에 전하여 이르게 하다.
  - 예 이 서류 좀 전달해 주세요.
- 젖병 : 젖꼭지가 달린 병
  - 예 젖병은 매일 소독해야 한다.
- 우선적 : 딴 것에 앞서 특별하게 대우하는 것
  - 예 해당 지역을 우선적으로 지원할 방침이다.
- 차상위계층 : 경제적으로 최하위계층과 비슷하거나 약간 더 나은 계층
  - 예 차상위계층을 대상으로 에너지 효율 개선 사업을 지원한다고 밝혔다.
- 다문화 : 한 사회 안에 여러 민족이나 여러 국가의 문화가 혼재하는 것
  - 예 다문화 사회에서 편견이 없어야 한다.
- 장려 : 좋은 일에 힘쓰도록 북돋아 줌
  - 예 국산 장려 운동을 전개하다.
- 저출산 : 아이를 적게 낳음
  - 예 저출산 문제가 심각하다.
- 응원 : 호응하고 도와줌
  - 예 여러 사람의 응원에 힘입어 결승선을 통과하였다.

15 첫 번째 문장에서 스쿨존 내 차량 운행을 원활하게 하고 사고를 줄일 수 있는 방향으로 내비게이션의 업데이트를 진행한다고 했고, 이후 그 세부 사항들을 나열하고 있다. 따라서 이 글의 제목은 ①이 가장 적절하다.

- 원활하다 : 거침이 없이 잘되어 나가다.
  - 예 고속도로는 원활한 소통을 보인다.
- 내비게이션 : 지도를 보이거나 지름길을 찾아 주어 자동차 운전을 도와주는 장치나 프로그램
  - 예 운전을 할 때 내비게이션은 꼭 필요하다.
- 업데이트 : 기존 정보를 최신 정보로 바꿈
  - 예 이번에 핸드폰을 업데이트해서 훨씬 빨라졌다.
- 회피 : 어떤 일을 당하지 않으려고 피하는 것
  - 예 사건에 대한 언급을 회피하였다.

- 탐색 : 사물이나 현상을 찾거나 밝히기 위해 살펴 찾음

  예 경찰들은 용의자의 행방을 <u>탐색</u>하고 있다.

- 설정 : 새로 만들어 정해 둠

  예 문제 해결을 위해 기준을 새로 <u>설정</u>하였다.

- 강화하다 : 수준이나 정도를 더 높이다.

  예 음주운전 단속을 <u>강화</u>하였다.

- 과속 : 자동차 따위의 주행 속도를 너무 빠르게 함

  예 <u>과속</u> 차량을 단속하고 있다.

16 '지나가다'는 '어디를 거치거나 통과하여 가다'라는 의미이다. 따라서, ㉠의 내용은 스쿨존 회피경로를 설정하면 스쿨존 주위를 피해서 돌아간다는 내용이어야 하므로 빈칸에는 ④가 적절하지 않다.

- 비키다 : 무엇을 피하여 방향을 조금 바꾸다.

  예 술에 취한 그를 <u>비켜서</u> 지나쳤다.

- 멀리 : 한 시점이나 지점에서 시간이나 거리가 몹시 떨어져 있는 상태로

  예 공사장 소음이 심해 <u>멀리</u> 떨어져 걸었다.

- 피하다 : 몸을 숨기거나 다른 곳으로 옮기어 드러나지 않도록 하다.

  예 그를 <u>피해</u> 뒷길로 향하다.

17 ㉠ 영토는 한 국가의 주권이 미치는 땅의 범위로 영토가 없으면 영해는 물론 영공도 있을 수 없기 때문에 국가 영역 중에서도 가장 핵심적인 부분이라고 할 수 있다.

㉡ 영해는 한 나라의 영토에 인접한 바다로 주권을 행사할 수 있는 바다의 범위이다.

- 국토 : 국가의 주권이 미치는 범위로, 외부의 침입으로 보호되어야 할 배타적 영역

  예 우리나라의 <u>국토</u>는 삼면이 바다를 이룬다.

- 주권 : 가장 주요한 권리

  예 <u>주권</u>을 잃은 슬픔은 아무도 모를 것이다.

- 행사하다 : 권리의 내용을 실현하다.

  예 그는 권력을 <u>행사해</u> 여러 사람에게 피해를 주었다.

- 영공 : 주권을 행사할 수 있는 하늘이 범위이며, 영토와 영해선으로부터 상공을 향해 수직으로 그은 선 안의 범위가 된다.

  예 다른 나라의 <u>영공</u>을 지날 때에는 당사국의 허락이 필요하다.

18 '국민연금'은 노령 · 장애 · 사망 등으로 인하여 소득 획득 능력이 없는 당사자 및 유족의 생활 보장을 위하여 매년 정기적으로 일정액의 금전을 지급하는 제도이다.

- 근무 : 직장에서 직무를 종사함

  예 오늘부터 <u>근무</u>를 시작한다.

- 보상 : 남에게 끼친 손해를 갚음

  예 사고에 대한 <u>보상</u>을 해주었다.
- 일부 : 한 부분

  예 월급의 <u>일부</u>는 저금하고 있다.
- 생활비 : 생활하는 데 드는 비용

  예 매달 <u>생활비</u>를 내고 있다.
- 해고하다 : 고용주가 고용 계약을 해제하여 피고용인을 내보내다.

  예 사장은 자세한 설명없이 나를 <u>해고하였다.</u>
- 구직활동 : 실업이나 현재 직위에 대한 불만족으로 직업을 찾는 활동

  예 나는 3달째 <u>구직활동</u> 중이다.
- 금전적 : 경제적 또는 경제적 이익과 관련되는 것

  예 이번 화재로 <u>금전적</u>인 손해가 크다.

[오답해설]

① 산업재해보상보험에 대한 설명이다.

② 건강보험에 대한 설명이다.

④ 고용보험에 대한 설명이다.

19 초등학교는 초등교육기관으로 가장 초보적이고 기본적인 교육을 한다.

[오답해설]

② 중학교와 고등학교가 중등교육기관이다.

③ 어린이집은 만 0세부터 만 5세 아동을 교육하는 기관이다.

④ 대학원은 대학교 졸업자가 입학할 수 있고, 석사과정 수료 후 박사과정에 진학할 수 있다.

20 '고희'는 70세 또는 70세에 이른 것을 축하하는 의례로 희수라고도 한다. 60번째 맞이하는 생일은 회갑, 환갑, 주갑, 갑년이라고 한다.
- 맞이하다 : 오는 것을 맞다.

  예 정동진에서 새해를 <u>맞이하다.</u>

21 어른보다 먼저 자리에 앉지 않는다.
- 존댓말 : 사람이나 사물을 높여서 이르는 말

  예 처음 한글을 배울 때 <u>존댓말</u>이 가장 어려웠다.
- 먼저 : 시간적으로나 순서상으로 앞선 때

  예 저 <u>먼저</u> 퇴근하겠습니다.
- 공공장소 : 사회의 여러 사람 또는 여러 단체에 공동으로 속하거나 이용되는 곳

  예 <u>공공장소</u>에서 떠들면 안 된다.

22 '다가구주택'은 주택으로 쓰이는 층수(지하층 제외)가 3개 층 이하이고, 1개 동의 주택으로 쓰는 바닥면적(지하주차장 면적 제외)의 합계가 660m² 이하이며, 19세대 이하가 거주할 수 있는 주택을 말한다.

- 독립적 : 남에게 의존하거나 예속되지 아니한 것
  - 예 <u>독립적</u>인 분야를 형성하다.
- 소유권 : 물건을 전면적, 일반적으로 지배하는 권리
  - 예 그는 이 자동차에 대한 <u>소유권</u>이 없다.

[오답해설]
① 오피스텔 : 주 용도가 업무시설이며 업무공간이 50% 이상이고 주거공간이 50% 미만인 건축물
  - 예 혼자 살기엔 <u>오피스텔</u>이 깨끗하고 안전하다.
② 아파트 : 한 건물 내에 독립된 여러 가구가 거주할 수 있도록 지은 5층 이상의 공동주택
  - 예 <u>아파트</u> 주차장이 좁아 불편하다.
④ 연립주택 : 1동당 건축연면적이 660m²를 초과하는 4층 이하의 공동주택
  - 예 이 지역의 <u>연립주택</u>들은 아파트로 재건축될 예정이다.

23 '경찰'은 국가 사회의 공공질서와 안녕을 보장하고 국민의 안전과 재산을 보호하는 조직이다.

- 재산 : 재화나 자산
  - 예 그는 전 <u>재산</u>을 모두 수술비에 사용하기로 했다.
- 진압 : 강압적인 힘으로 억눌러 진정시킴
  - 예 경찰의 과잉 <u>진압</u>이 문제가 되었다.
- 단속 : 주의를 기울여 다잡거나 보살핌
  - 예 음주 <u>단속</u>을 시행하겠습니다.
- 위해 : 위험과 재해
  - 예 가족에게 직접적인 <u>위해</u>는 끼치지 않았다.

[오답해설]
② 검찰 : 범죄 수사 및 공소 제기, 재판 집행 등을 담당하는 법무부 산하 기관
  - 예 <u>검찰</u>에 피의자 소환은 요구하다.
③ 대법원 : 우리나라의 최고 법원
  - 예 <u>대법원</u>의 최종 판결에서 결국 승소했다.
④ 지방 법원 : 민사 및 형사 소송을 처리하는 제일심의 법원
  - 예 그는 <u>지방 법원</u>의 결정에 불복했다.

24 '국무총리'는 대통령의 명을 받아 행정 각부를 거느리고 관할하는 직무를 맡은 공무원이다.
- 국정 : 나라의 정세나 형평
  - 예 국정이 어려워지고 있다.
- 보좌하다 : 상관을 도와 일을 처리하다.
  - 예 그는 사장을 보좌하는 비서실로 자리를 옮겼다.
- 관할 : 일정한 권한을 가지고 통제하거나 지배함
  - 예 관할 경찰서에서 승인을 받다.

[오답해설]
① 국회의원 : 입법부이며 국민의 대표 기관인 국회의 구성원
  - 예 그는 국민들에게 신임받는 국회의원이다.
③ 장관 : 국무위원으로 보하는 행정 각부의 장
  - 예 장관은 행정각부를 통할한다.
④ 대법원장 : 대법원의 최고 직위. 또는 그 직위를 맡은 사람
  - 예 대법원장의 임기는 6년이다.

25 한국 사장경제체제는 자신의 이익을 위해 다른 사람에게 피해를 주는 일이 발생하거나 빈부 격차가 심해질 수 있다는 단점이 있다.
- 자유롭다 : 구속이나 속박 따위가 없이 제 마음대로 할 수 있다.
  - 예 자유롭게 여행을 다닐 계획이다.
- 대가 : 일을 하고 그에 대한 값으로 받는 보수
  - 예 일에 대한 대가는 확실하다.
- 독과점 : 특정 상품의 시장을 전적으로 또는 대부분 지배하여 경쟁자 없이 행하는 사업
  - 예 독과점은 정부의 규제 대상이다.
- 빈부격차 : 한 사회에서 가난한 사람과 부유한 사람이 지닌 재산의 차이
  - 예 빈부격차를 해소할 방안을 강구하다.

26 '지방은행'은 본점을 지방에 두고, 영업 구역도 해당 구역에 집중되어 있는 은행을 말한다. 금융업무의 지역 분산과 지역경제의 발전을 도모하고자 만들어졌으며, 현재 대구 · 부산 · 광주 · 경남 · 전북 · 제주은행 등 6곳이 남아 있다. 농협이나 수협, 우체국 등은 기타 금융기관으로 분류된다.
- 분산하다 : 갈라져 흩어지다. 또는 그렇게 되게 하다.
  - 예 이번 업무 개편으로 우리 팀이 맡던 업무 일부가 다른 팀으로 분산되었다.
- 집중하다 : 한 가지 일에 모든 힘을 쏟아붓다.
  - 예 다른 생각 하지 말고 지금 하고 있는 일에 집중하세요.

27 '지하철'은 땅속에 굴을 파서 부설한 철도로 주로 대도시의 대중교통으로 사용된다. 한국은 1974년 서울에 지하철 1호선이 개통된 이래 현재 6개 도시에 노선이 마련되어 있다. 현재 서울 수도권과 인천 지역에만 총 23개의 노선이 운행되고 있는 등 도시 대중교통으로서 큰 역할을 하고 있다.

[오답해설]

① SRT : 2016년 개통된 고속열차로 서울 수서역에서 출발해 대전, 대구, 부산, 광주 등 영·호남 도시를 연결한다. 시속 300km/h로 빠르게 달릴 수 있다.

③ 광역버스 : 대도시와 그 주변의 위성도시를 연계하기 위해 장거리를 운행하는 형태의 버스 노선이다.

④ KTX : 2004년 4월 1일 개통된 대한민국 최초의 초고속열차로, 최고운행속도는 300km/h에 달한다.

28 대한민국 국민이거나 또는 대한민국 영주자격을 가진 사람의 미성년 자녀로서 대한민국에 2년 이상 체류하고 있는 사람은 대한민국의 영주자격을 신청할 수 있다.

[오답해설]

① 대한민국의 민법상 성년으로서 5년 이상 대한민국에 체류하고 있는 사람은 영주자격을 신청할 수 있다. 이때 대한민국의 민법에서는 만 19세 이상을 성년으로 규정하고 있다.

② 대한민국 국민 또는 영주자격을 가진 사람의 배우자로서 대한민국에 2년 이상 체류하고 있는 사람은 대한민국의 영주자격을 신청할 수 있다.

④ 미화 50만 달러를 투자한 외국인투자가로서 5명 이상의 국민을 고용하고 있는 사람은 대한민국의 영주자격을 신청할 수 있다.

29 출입국관리법 제10조의2에 따르면 단기체류자격으로 입국한 경우 90일 이하의 기간 동안, 장기체류자격으로 입국한 경우 90일을 초과하여 대한민국에 체류할 수 있다. 이때, 대한민국의 전통문화 또는 예술에 대하여 전문적인 연구를 하거나 전문적인 지도를 받으려는 사람은 장기체류자격인 '문화예술(D-1)'에 해당한다. 따라서 코타나는 90일을 초과하여 대한민국에 체류할 수 있다. 반면 '관광·통과(B-2)'와 '일시취재(C-1)', '단기방문(C-3)'은 단기체류자격에 해당한다.

• 일시적 : 짧은 한때의 것
  예 잠시 조용해졌지만, 그 침묵은 일시적이었다.

30 '국회'는 우리나라의 입법부로서 국민의 대표인 국회의원들이 모여 헌법과 국민의 뜻에 따라 법을 만드는 기관이다. 그 외에도 행정부의 행정을 감사하고, 한 해 동안 사용할 국가의 예산을 심사하기도 한다.

- 감사하다 : 감독하고 검사하다.

  예 이번주는 감사팀이 우리 부서를 <u>감사했다</u>.

- 총괄하다 : 모든 일을 한데 묶어 관할하다.

  예 이번 행사는 쓰엉 씨가 <u>총괄합니다</u>.

[오답해설]
① 대법원 : 대한민국의 사법부 최고 기관으로서 법률에 따라 최종적인 판결을 내리는 법원
② 기획재정부 : 대한민국의 경제 정책과 예산, 세금 제도 등을 총괄하는 중앙행정기관
③ 국무총리실 : 각 중앙행정기관의 지휘·조정·감독, 정책 수립·분석 등의 업무를 맡는 국무총리를 보좌하기 위해 설치된 행정기관

31 '근초고왕'은 백제의 전성기를 이끌었던 왕이자 백제의 정복군주이다. 백제 제13대 임금으로서 백제를 고대 국가로 완성한 임금으로 평가받으며, 대외활동도 활발히 펼쳤다. 백제는 특히 왜(일본)에 백제의 선진 문물을 많이 전파하였는데, 근초고왕 시기에는 왜왕에게 칠지도를 하사하기도 하였다.

- 하사하다 : 임금이 신하에게, 또는 윗사람이 아랫사람에게 물건을 주다.

  예 임금께서 우리에게 쌀 세 가마니를 <u>하사하셨습니다</u>.

- 전파하다 : 전하여 널리 퍼뜨리다.

  예 K-pop은 우리나라의 문화를 <u>전파하는</u> 데도 큰 역할을 하고 있다.

[오답해설]
① 광개토대왕 : 고구려의 제19대 왕으로 고구려의 최전성기를 이끈 정복왕
③ 무령왕 : 백제의 제25대 왕으로 한강 유역을 고구려에 빼앗긴 후 혼란에 빠진 백제를 안정시킨 왕
④ 진흥왕 : 신라의 제24대 임금이자 신라 최대의 정복 군주

32 '팔만대장경'은 오늘날 남아 있는 세계에서 가장 오래된 대장경판으로, 8만 4천여 개의 경전 말씀이 실려 있다. 몽골의 침입에 대항하여 민심을 모으고 몽골군을 물리치고자 만들어진 대장경이며, 무려 16여 년에 걸쳐 만들어졌다. 팔만대장경이 보존되어 있는 해인사 장경판전은 유네스코 세계문화유산으로 지정되어 있다.

- 침입하다 : 침범하여 들어가거나 들어오다.

  예 조선은 왜구에게 끊임없이 <u>침입당했다</u>.

- 경전 : 종교의 교리를 적은 책

  예 이슬람교의 <u>경전</u>은 쿠란이다.

- 민심 : 백성의 마음
  예 나라를 다스리는 사람은 민심을 잘 알아야 한다.
- 보존하다 : 잘 보호하고 간수하여 남기다.
  예 우리 자연을 보존하여 후손에게 전해 주어야 한다.

[오답해설]

② 직지심체요절 : 세계에서 가장 오래된 금속 활자로 인쇄된 책

③ 조선왕조실록 : 조선시대 1대 왕 태조부터 제25대 왕 철종에 이르기까지 472년간의 역사를 연월일 순서에 따라 기록한 역사서

④ 경국대전 : 조선시대의 기본법전이자 최고법전

33 '후고구려'는 통일신라 말기, 신라가 혼란스러운 틈을 타 지방 귀족이었던 궁예가 강원도와 경기도 지역에 세운 나라이다. 그러나 포악한 정치를 일삼던 궁예를 그의 부하였던 왕건이 몰아내고, 왕건은 이후 고려를 건국한다.
- 멸망하다 : 망하여 없어지다.
  예 조선은 일본제국에 의해 멸망하였다.
- 포악하다 : 사납고 악하다.
  예 그는 자신의 힘을 믿고 포악하게 행동하기 시작했다.

[오답해설]

① 부여 : 기원전 2세기경부터 494년까지 북부 만주 지역에 존재했던 고대 국가

③ 발해 : 고구려인 대조영이 건국한 국가로, 한반도 북부와 만주·연해주에 존재하며 고려와 함께 남북국을 이루었던 고대 국가

④ 백제 : 삼국의 하나로 기원전 18년 온조왕이 건국하여 660년에 멸망한 고대 국가

34 '호서지방'은 충청북도와 충청남도, 대전광역시를 통틀어 이르는 말이다. 충청북도 제천시에 '의림지'라는 호수가 있었는데, 호서지방은 바로 이 의림지의 서쪽 지방이라는 의미이다.
- 통틀다 : 있는 대로 모두 한데 묶다.
  예 오늘 행사에 참여한 사람은 통틀어 500명 정도가 되었다.

[오답해설]

① 관서지방 : 북한 지역인 한반도의 북서부, 즉 현재의 평안남도와 평안북도를 통틀어 이르는 말

② 호남지방 : 전라남도와 전라북도를 합쳐서 일컫는 말

③ 영서지방 : 강원도를 태백산맥을 기준으로 동서로 나누어 서쪽에 해당하는 지역을 이르는 말

35 도시의 교통 문제를 해결하기 위해서는 자가용보다는 대중교통 이용을 장려하고, 시민들의 대중교통 수요를 맞출 수 있도록 다양한 대중교통 노선을 확충하는 것이 중요하다. 따라서

자가용 주차장의 확충은 도시의 교통 문제 해결 방법으로는 적절하지 않다.

    • 확충하다 : 늘리고 넓혀 충실하게 하다.

       📖 회사의 창고 면적을 <u>확충하였다</u>.

36 강릉시는 강원도의 영동지방에 위치한 도시로 경포해변, 송정해변, 사천해수욕장, 정동진 등 다양한 관광명소가 있는 곳이다.

[작문형 예시 답안]

저는 강릉에 살고 있습니다. 강릉은 동해와 맞닿아 있고, 서쪽으로는 태백산맥에 접해 있습니다. 최근 KTX역까지 생기면서 더 많은 관광객이 방문하고 있습니다. 여름에 많은 피서객이 찾는 강문해변과 송정해수욕장 그리고 안목해변 옆 커피거리가 대표적인 관광명소입니다. 강릉 특산물로는 초당두부, 동해 해산물, 커피가 있습니다.

[구술시험 예시 답안]

01 비상저감조치란 고농도 미세먼지가 장기간 지속되는 경우 단기간에 미세먼지를 줄여 대기 질을 개선하기 위해 여러 대책들을 시행하는 것을 말합니다.

02 비상저감조치를 시행하면 자동차 운행 제한, 대기오염물질 배출시설 가동시간 조정, 학교 휴업 권고 등을 실시합니다.

03 베트남은 상수도 보급률은 80% 이내이고, 도시 하수의 90% 정도가 정화되지 않고 배출될 정도로 수질 오염이 심각합니다. 따라서 정부는 도시주거지역과 공업단지의 빗물과 하·폐수 배수시스템을 구축을 의무화하고 있습니다.

04 스마트폰은 사람에게 실시간으로 각종 정보 검색이나 급한 연락, 위치 추적, 사진 등 주요한 자료의 생산과 기록을 가능하게 합니다. 하지만 높은 휴대성과 쉬운 온라인 접근으로 중독성이 높고, 이에 따른 대화 단절, 시간 소모 등의 피해가 발생할 수 있습니다.

05 상대의 동의 없이 신체를 촬영하여 유표, 협박 등을 하는 디지털 성범죄를 해결하기 위해서는 먼저 범죄자들 및 관련된 사람들의 신상을 공개하고, 처벌이 강화되어야 한다고 생각합니다. 또한 이런 범죄는 성에 대한 잘못된 호기심으로 시작하기 때문에 청소년기부터 바르고 적절한

성교육을 통해 더 이상 디지털 성범죄가 나타나지 않도록 대비해야 한다고 생각합니다.

- 고농도 : 어떤 물체에 들어 있는 성분의 비율이 높은 것

  예 과일에는 비타민이 <u>고농도</u>로 들어있다.

- 부제 : 전체를 몇 부분으로 구분하여 운영하는 제도

  예 차량 2<u>부제</u>는 홀수날에는 차량 끝 번호가 홀수인 차량만 운행한다.

- 조업 : 본업이나 부업에 보조되는 직업

  예 파업을 마치고 내일부터 <u>조업</u>에 들어간다.

- 단축 : 시간이나 거리 따위가 짧게 줄어듦

  예 행사로 인해 지하철을 <u>단축</u> 운행한다.

- 유입 : 액체나 기체, 열 따위가 어떤 곳으로 흘러듦

  예 열의 <u>유입</u>을 막아야 한다.

- 취지 : 어떤 일의 근본이 되는 목적이나 긴요한 뜻

  예 일의 <u>취지</u>에 맞춰 움직여야 한다.

- 가동 : 사람이나 기계 따위가 움직여 일함

  예 더운 날씨로 인해 기계들이 <u>가동</u>을 멈추었다.

- 휴업 : 사업이나 영업, 작업 따위를 일시적으로 중단하고 하루 또는 한동안 쉼

  예 코로나로 인해 많은 가게들이 <u>휴업</u> 중이다.

- 저감 : 낮추어 줄임

  예 대기오염의 <u>저감</u> 정책은 효과가 크다.

귀화시험 사회통합프로그램 **종합평가 모의고사**

부록

CHAPTER 01

| 면접심사

CHAPTER 02

| 면접심사 최신 기출복원문제

CHAPTER 03

| 원고지 작성법

면접심사

면접심사 미리보기

1. 면접심사 안내

1) 면접심사란

① 면접심사에서는 국어 능력 및 대한민국 국민으로서의 자세와 자유민주적 기본질서에 대한 신념 등 대한민국 국민으로서 갖추어야 할 기본요건을 심사한다(국적법 시행규칙 제4조 4항).

② 면접심사 기준에 미달할 경우 시험에 합격할 수 없다.

2) 면접심사 개요

※ 다음은 2021년 6월 기준이며, 정확한 사항은 법무부 국적과에 문의하시기 바랍니다.

① 목적 : 대한민국 국민으로서 기본소양 요건 심사

② 대상 : 면접 면제대상자를 제외한 모든 귀화허가 신청자

> ※ 면접 면제대상자
> - 국적을 회복한 사람의 배우자로서 만 60세 이상인 사람
> - 귀화허가 신청 당시 만 15세 미만인 사람
> - 사회통합프로그램 5단계 수료 후 종합평가 합격자
> - 독립유공자의 후손
> - 독립유공자·국가유공자의 직계존비속의 배우자로서 만 60세 이상인 사람
> - 국적판정을 받은 사할린동포의 배우자로서 만 60세 이상인 사람
>   ※ 단, 국적판정을 받은 후 혼인한 배우자는 제외
> - 국적판정을 받은 사할린동포의 자녀로서 간이귀화 또는 특별귀화허가 신청한 만 60세 이상자

③ 면접관(2인 1조) : 귀화 민간면접관 위촉 및 처우에 관한 규정에 따라 위촉된 면접관 2명이 1조로 면접심사 실시

④ 귀화허가신청자에게 면접심사 응시기회는 총 2회가 주어지며, 2회 모두 불합격(불참) 하는 경우 귀화허가 신청 불허

2. 면접심사 평가 구성

※ 공개되는 면접심사 본보기 문제는 질문의 수준과 범위를 제시할 뿐 실제 시험에서는 다른 문제가 출제될 수도 있습니다.

1) 한국어 능력

한국어로 대화하고, 의미를 이해할 수 있는 능력

2) 대한민국 국민의 자세

① 국경일의 종류와 제정 의의 - 대한민국에는 많은 국경일이 있습니다. ○○절(날)은 언제이고, 그 날을 기념하는 이유는 무엇인가요?

② 권리와 의무 - 대한민국 국민의 기본적 권리와 의무는 무엇인가요?

3) 자유민주적 기본질서에의 신념

① 민주주의의 의미 - 대한민국은 민주주의 국가입니다. 대한민국의 주권은 누구에게 있습니까?

② 국가기관의 종류와 역할 - 범죄를 예방·진압하고 치안을 유지하는 국가기관은 어디 입니까?

4) 국민으로서의 기본소양

① 대한민국의 역사 - 일제강점기에 우리나라 독립을 위해 희생한 독립운동가(애국지사) ○○○에 대해 말해보세요.

② 생활 상식 - ○○가 아플 때는 어느 병원에 가야 하나요?

5) 애국가 가창 여부

애국가 1절을 부를 줄 알아야 함

6) 예의 및 태도

단정한 복장 및 자세, 성실하고 진지한 태도

3. 면접심사 합격 Tip

1) 애국가는 반드시 부를 줄 알아야 한다.

애국가는 가사만 외워서는 안 되고, 실제 부를 줄 알아야 한다. 1절은 기본으로 알고 있어야 하며 2절~4절을 불러야 하는 경우도 있다. 그러므로 애국가는 반드시 알아두자.

2) 지역 사회에 관심을 갖자.

만약 귀화시험 준비자가 수원에 살고 있다면 부산에 있는 산, 광주에 있는 산까지 반드시 알 필요는 없다. 하지만 부산에 살고 있다면 '금정산' 정도는 알고 있어야 한다. 같은 원리로 광주에 살고 있다면 '무등산' 정도는 알아야 한다. 각 지역 연고 스포츠 팀이라든지, 특산물 등은 출제 가능성이 높으니 반드시 정리해 두도록 하자.

3) 가족을 표현하자.

내 가족의 이름, 사는 곳, 직업 등을 물어볼 수 있다. 가장 잘 알고 있는 내용이지만 이 또한 말하는 연습을 하지 않는다면 자칫 당황할 수 있다. 그러므로 내 가족을 '제 남편은 ○○○입니다'와 같이 표현하는 연습을 충분히 해 두자.

4) 자만은 금물이다.

한국에서 오래 살았다고 해서 한국에 대해 잘 안다고 생각하면 오산이다. 귀화시험도 하나의 시험이니만큼 준비하지 않고 응시했다간 탈락의 고배를 마실 수 있다. 한국어는 기본으로 알고 있어야 하며 더불어 문화, 역사, 시사 등에 관심을 갖고 있어야 한다. 마지막으로 모의고사 등을 풀어봄으로써 실전 감각을 길러야 한다.

1. 국어능력

[문] 서약서를 읽어보세요.

'나는 대한민국에 귀화함에 있어 대한민국에 충성을 다하고 대한민국의 헌법과 법률이 정한 내용을 준수하며 자유민주적 기본질서를 수호하고 평화통일을 지향하며 대한민국 국민으로서의 의무와 책임을 다할 것을 엄숙히 서약합니다.'

[답] (천천히 또박또박 읽는다)

[문] 서약서의 내용을 이해했나요?

[답] 네, 대한민국 국민으로서 지켜야 할 의무와 책임을 잘 지키겠다는 내용입니다.

[문] 자신의 이름을 한글로 써보세요.

[답] (자신의 이름을 쓴다)

[문] 남편(혹은 아내)의 이름을 써보세요.

[답] (또박또박 정확하게 이름을 쓴다)

[문] '훈민정음'이란 무엇입니까?

[답] 훈민정음은 세종대왕이 창제한 한글을 말합니다. 백성을 가르치는 바른 소리라는 뜻을 가지고 있습니다.

[문] 형과 아우와 같은 남자만의 관계를 '형제'라고 합니다. 그렇다면 오빠와 누이 같은 혼성 관계를 무엇이라고 합니까?

[답] '남매'입니다.

[문] 남편의 아버지, 어머니를 뭐라고 부릅니까?

[답] 시아버지, 시어머니라고 부릅니다.

[문] '양보'라는 단어의 뜻을 알고 계십니까?

[답] 네, 자리나 물건 등을 다른 사람에게 주거나 배려하는 것을 말합니다.

[문] '평등'이란 무엇을 말합니까?

[답] 사람들에게 주어지는 자격이나 권리 같은 것들이 차별 없이 같은 것을 말합니다.

[문] 저출산과 고령화의 뜻을 알고 있습니까?

[답] 저출산은 출산율이 낮아지는 것, 고령화는 전체 인구에서 노인 인구가 많아지는 현상을 말합니다.

[문] 연고란 무엇입니까?

[답] 서로의 공통점을 연결고리로 맺어지는 관계를 말합니다.

2. 대한민국 국민으로서의 자세

[문] 국기에 대한 맹세를 말해 보세요.

[답] 나는 자랑스러운 태극기 앞에 자유롭고 정의로운 대한민국의 무궁한 영광을 위하여 충성을 다할 것을 굳게 다짐합니다.

[문] 읽은 것의 내용을 이해하고 있습니까?

[답] 네, 태극기에 충성을 다짐한다는 내용입니다.

[문] 대한민국의 국기는 무엇입니까?

[답] 태극기입니다.

[문] 우리나라의 국화는 무엇입니까?

[답] 무궁화입니다.

[문] 대한민국 국민으로서의 4가지 의무는 무엇입니까?

[답] 납세의 의무, 국방의 의무, 근로의 의무, 교육의 의무입니다.

[문] 세금은 어디에 사용합니까?

[답] 국방, 공공시설 확충과 운영 등 나라 운영에 사용합니다.

[문] 우리나라의 남성이 국방의 의무를 다하기 위해 의무적으로 가야 하는 곳은 어디입니까?

[답] 군대입니다.

[문] 한국의 4대 보험은 무엇입니까?

[답] 건강보험, 고용보험, 국민연금, 산업재해보상보험입니다.

[문] 자녀를 의무적으로 학교에 보내야 하는 기간은 언제까지입니까?

[답] 초등학교 6년, 중학교 3년입니다.

[문] 제헌절은 언제입니까?

[답] 7월 17일입니다.

[문] 광복절은 무슨 날입니까?

[답] 대한민국이 일제로부터 해방된 날입니다.

[문] 단군의 개국을 기념하는 날은 언제입니까?

[답] 10월 3일 개천절입니다.

[문] 국경일에는 무엇을 해야 합니까?

[답] 태극기를 게양해야 합니다.

[문] 현충일에는 태극기를 어떻게 답니까?

[답] 조기를 게양해야 합니다.

[문] 일본과 영유권 분쟁이 일어나는 섬의 이름은 무엇입니까?

[답] 독도입니다.

[문] 6 · 25는 어느 쪽이 먼저 침략한 전쟁입니까?

[답] 북한이 남침한 전쟁입니다.

[문] 신분을 증명하는 카드 형태의 증서를 무엇이라고 합니까?

[답] 주민등록증입니다.

[문] 독도에 대해 알고 있습니까? 어디에 있습니까?

[답] 독도는 대한민국에서 동쪽 가장 끝에 있는 섬이고, 대한민국의 영토입니다.

3. 자유민주적 기본질서에 대한 신념

[문] 민주주의란 무엇입니까?

[답] 국민이 주인인 정치체제를 말합니다.

[문] 자유민주주의를 부정하는 행동을 해도 됩니까?

[답] 아니오. 안 됩니다.

[문] 자유에는 책임이 따른다고 생각하십니까?

[답] 네, 책임 없이 무작정 자기 마음대로 해서는 안 됩니다.

[문] 돈이 많은 사람은 투표권을 세 장 갖고 있어도 될까요?

[답] 안 됩니다. 1인 1표가 주어져야 합니다.

[문] 선거일에 투표를 하지 않고 여행을 다니는 것에 대해 어떻게 생각하십니까?

[답] 선거는 국민의 주권을 행사하는 것이므로 투표를 해야 합니다. 투표를 하지 않고 여행을 다니는 것은 올바르지 않은 행동입니다.

[문] 한국에서는 몇 살부터 투표권을 갖습니까?

[답] 만 18세부터 투표권이 주어집니다.

[문] 북한의 독재와 남한의 민주주의 중 어느 쪽이 옳다고 생각하십니까?

[답] 남한의 민주주의입니다.

[문] 북한이 무력으로 침공한다면 어떻게 하시겠습니까?

[답] 함께 힘을 합쳐 싸우겠습니다. 자유민주주의를 수호하고 국방의 의무를 다하겠습니다.

[문] 북한의 정치를 찬양하십니까?

[답] 아니오, 저는 대한민국의 민주주의를 따릅니다.

[문] 통일은 어떻게 이루어져야 합니까?

[답] 통일은 평화적으로 이루어져야 합니다.

[문] 대통령은 국민 위에서 국민을 지배하는 사람입니까?

[답] 아니오, 대통령은 국민의 권력을 위임받아 나라를 다스리는 사람입니다.

[문] 대한민국의 20대 대통령은 누구입니까?

[답] 윤석열 대통령입니다.

[문] 법을 만드는 곳은 어디입니까?

[답] 국회입니다.

[문] 법원에서 재판하고 판결을 내리는 사람은 누구입니까?

[답] 판사입니다.

[문] 대통령과 국회의원의 임기는 몇 년입니까?

[답] 대통령은 5년, 국회의원은 4년입니다.

[문] 북한과 남한의 회담이 이루어지는 장소는 어디입니까?

[답] 판문점입니다.

4. 국민으로서 갖추어야 할 기본소양

〈사회〉

[문] 대한민국의 수도는 어디입니까?

[답] 서울입니다.

[문] 서울의 옛 이름은 무엇입니까?

[답] 한양, 경성이라고 불렀습니다.

[문] 한국의 화폐 단위는 무엇입니까?

[답] 원입니다.

[문] 한국의 주요 수출품은 무엇입니까?

[답] 반도체, 자동차, 선박, 휴대전화 등이 있습니다.

[문] 한국의 1인당 국민총소득은 얼마입니까?

[답] (2022년 기준) 1인당 약 3만 2천 달러 이상입니다.

[문] 수도권이란 무엇을 말합니까?

[답] 수도권은 한국의 수도인 서울과 그 주변 지역을 말합니다.

[문] 한국의 특별시는 어디입니까?

[답] 특별시는 서울시입니다. 세종은 특별자치시, 제주와 강원은 특별자치도입니다.

[문] 한국의 광역시는 몇 개이고 어디입니까?

[답] 6개입니다. 인천, 부산, 대구, 대전, 광주, 울산입니다.

[문] 우리나라 동쪽에 있는 바다의 명칭은 무엇입니까?

[답] 동해입니다.

[문] 우리나라에서 갯벌이 많은 해안은 어디입니까?

[답] 서해안과 남해안입니다.

[문] 우리나라의 제일 큰 섬은 어디입니까?

[답] 제주도입니다.

[문] 이 지역 특산물은 무엇입니까?

[답] (지역 특산물을 알아둔다. 예 울릉도는 오징어가 유명합니다.)

[문] 지금은 무슨 계절입니까?

[답] (봄, 여름, 가을, 겨울 중 지금의 계절을 말한다)

[문] 우리나라에서 가장 빠른 기차는 무엇입니까?

[답] KTX와 SRT입니다.

[문] 지하철이 있는 도시는 어디입니까?

[답] 서울과 수도권, 인천, 부산, 대구, 대전, 광주입니다.

[문] 우리나라에서 가장 긴 고속도로는 무엇입니까?

[답] 경부고속도로입니다.

[문] 대한민국의 방송사는 무엇이 있습니까?

[답] 공영방송사인 KBS를 비롯하여, MBC, SBS, EBS 등이 있습니다.

[문] 우리나라의 교육과정 순서를 말해보세요.

[답] 유치원 – 초등학교 – 중학교 – 고등학교 – 대학교입니다.

[문] 오만 원권 지폐에 그려진 인물은 누구입니까?

[답] 신사임당입니다.

[문] 100원짜리 동전에 그려져 있는 인물은 누구입니까?

[답] 이순신 장군입니다.

[문] 서울올림픽이 개최된 연도는 언제입니까?

[답] 1988년입니다.

[문] 2018년 동계올림픽 개최지는 어디입니까?

[답] 평창입니다.

[문] 한국에서 최초로 노벨 평화상을 수상한 사람은 누구입니까?

[답] 김대중 전 대통령입니다.

〈역사〉

[문] 우리나라 최초의 국가는 무엇이며, 누가 건국하였습니까?

[답] 단군왕검이 고조선을 세웠습니다.

[문] 요동과 만주지역까지 진출하여 우리나라 최대의 영토를 차지했던 인물은 누구입니까?

[답] 광개토대왕입니다.

[문] 발해를 세운 사람은 누구입니까?

[답] 대조영입니다.

[문] 고려를 세운 사람은 누구입니까?

[답] 태조 왕건입니다.

[문] 고려를 대표하는 예술품은 무엇입니까?
[답] 고려청자입니다.

[문] 부처님의 힘으로 몽골의 침입을 막기 위해 만든 것은 무엇입니까?
[답] 팔만대장경입니다.

[문] 한글을 창제한 사람은 누구입니까?
[답] 세종대왕입니다.

[문] 측우기와 해시계, 물시계 등을 만든 사람은 누구입니까?
[답] 장영실입니다.

[문] 임진왜란 때 거북선을 만들고, 전쟁에서 큰 승리를 거둔 사람은 누구입니까?
[답] 이순신 장군입니다.

[문] 조선시대에 만들어진 의학서적 〈동의보감〉은 누가 만들었습니까?
[답] 허준입니다.

[문] 일제강점기의 독립운동가에는 어떤 이들이 있습니까?
[답] 김구, 안중근, 유관순, 윤봉길을 비롯하여 많은 사람이 있습니다.

[문] 일제로부터 해방되어 독립한 날은 언제입니까?
[답] 1945년 8월 15일입니다.

[문] 6 · 25전쟁이 일어난 해는 몇 년도입니까?
[답] 1950년입니다.

[문] 5 · 18민주화운동이 무엇인지 간단히 설명해 보세요.
[답] 1980년에 광주 지역에서 신군부 세력에 맞서 민주주의를 쟁취하기 위해 학생들과 시민들이 나선 운동입니다.

〈문화〉

[문] 음력 1월 1일은 무슨 날입니까?

[답] 설날입니다.

[문] 설날에 어른께 큰절을 올리는 것을 무엇이라고 합니까?

[답] 세배입니다.

[문] 설날과 추석에 먹는 음식은 무엇입니까?

[답] 설날에는 떡국, 추석에는 송편을 먹습니다.

[문] 동지는 무슨 날이고, 무슨 음식을 먹습니까?

[답] 동지는 일 년 중 밤이 가장 긴 날입니다. 이날 동지 팥죽을 먹습니다.

[문] '환갑'은 무엇입니까?

[답] 61세가 되는 생일을 말합니다.

[문] 태어나서 맞이하는 첫 번째 생일을 무엇이라고 합니까?

[답] 돌이라고 합니다.

[문] '더도 말고 덜도 말고 한가위만 같아라'라는 말은 왜 생겼습니까?

[답] 한가위가 일 년 중 가장 풍요로운 시기이므로 이런 말이 생겼습니다.

[문] 우리나라 고유의 옷을 무엇이라고 합니까?

[답] 한복입니다.

[문] 나무 막대 4개를 던져서 나온 수만큼 말을 움직이는 전통놀이는 무엇입니까?

[답] 윷놀이입니다.

[문] 생일에 먹는 음식은 무엇입니까?

[답] 미역국입니다.

[문] 한식에서 국물이 많은 음식은 어떤 종류가 있습니까?

[답] 찌개, 국, 탕, 전골 등이 있습니다.

[문] 시험을 보기 전 합격의 의미에서 선물하는 음식을 알고 있습니까?

[답] 찹쌀떡과 엿을 선물합니다.

[문] 겨울 동안 먹을 김치를 한꺼번에 많이 담그는 것을 무엇이라고 합니까?

[답] 김장이라고 합니다.

[문] 국보 1호와 보물 1호는 무엇입니까?

[답] 국보 1호는 숭례문, 보물 1호는 흥인지문입니다.

[문] 국가무형문화재 1호는 무엇입니까?

[답] 종묘제례악입니다.

[문] 서울 5대 고궁은 무엇입니까?

[답] 경복궁, 창덕궁, 창경궁, 덕수궁, 경희궁입니다.

〈생활 상식〉

[문] 혼인신고는 어디에 합니까?

[답] 구청에서 합니다.

[문] 아이의 출생신고는 어디에 합니까?

[답] 주민자치센터에서 합니다.

[문] 통장을 만들거나 돈을 저금하고, 빌리는 곳은 어디입니까?

[답] 은행입니다.

[문] 몸이 아프면 어디에 가야 합니까?

[답] 병원이나 보건소에 갑니다.

[문] 범죄를 예방하고 치안을 담당하는 기관은 어디입니까?

[답] 경찰서입니다.

[문] 편지나 소포를 보낼 때는 어디에 갑니까?

[답] 우체국에 갑니다.

[문] 옆집에 불이 나면 어떻게 해야 합니까?

[답] 소방서(119)에 화재 신고를 하고, 사람들이 대피할 수 있도록 도와주어야 합니다.

[문] 신호등이 무슨 색일 때 길을 건넙니까?

[답] 초록색일 때 건넙니다.

[문] 길에서 지갑을 주웠습니다. 어떻게 해야 합니까?

[답] 주인이 찾을 수 있도록 경찰서에 가져다 줍니다.

[문] 장례식장에 갈 때 예절은 무엇입니까?

[답] 검정색 옷을 입고 조의금을 준비합니다.

[문] 노약자석은 무엇입니까?

[답] 노인, 장애인, 아이, 임산부처럼 몸이 불편하거나 약한 사람들이 앉는 자리입니다.

[문] 임산부에게 자리를 양보하는 이유는 무엇입니까?

[답] 임산부는 임신 상태로 몸이 무겁고 이동에 불편을 느끼기 때문입니다.

[문] 일반쓰레기는 어떻게 버려야 합니까?

[답] 쓰레기 종량제 봉투에 담아 지정된 장소에 버려야 합니다.

5. 애국가 가창 여부

[문] 애국가 1절을 불러보세요.

[답] 동해물과 백두산이 마르고 닳도록, 하느님이 보우하사 우리나라 만세
(후렴) 무궁화 삼천리 화려강산 대한 사람 대한으로 길이 보전하세

[문] 애국가 2절의 가사를 알고 있습니까? 불러보세요.

[답] 네, '남산 위에 저 소나무 철갑을 두른 듯 바람 서리 불변함은 우리 기상일세'입니다.

[문] 애국가를 작곡한 사람은 누구입니까?

[답] 안익태입니다.

6. 예의 및 태도

복장과 자세는 단정히 하고, 질문에는 존댓말로 답한다.

면접심사 최신 기출복원문제

※ 본 기출복원문제는 사회통합프로그램 종합평가 수험생들의 후기 등을 참고하여 복원한 것이며, 실제 출제되었던 문제와는 약간의 차이가 있을 수 있습니다.

1. 일반

[문] **지금이 무슨 계절인가요?**

[답] (계절과 계절의 특징을 간단히 말한다. 예 지금은 여름입니다. 여름은 사계절 중 가장 더운 계절입니다.)

[문] **한국 돈의 단위는 무엇인가요?**

[답] '원(won)'입니다.

[문] **남편의 아버지를 뭐라고 부르나요?**

[답] 시아버지라고 부릅니다.

[문] **한국에서 가장 빠른 기차는 무엇인가요?**

[답] KTX와 SRT입니다.

[문] **한국 음식 중 국물이 있는 음식은 어떤 것이 있나요?**

[답] 김치찌개, 된장찌개, 미역국 등이 있습니다.

[문] **길을 갈 때 무거운 짐을 들고 가는 노인을 발견하면 어떻게 하겠습니까?**

[답] 짐을 대신 들어드리고 가능한 곳까지 바래다 드립니다.

[문] **한국이 통일이 되길 바라나요? 어떻게 통일이 되어야 한다고 생각하나요?**

[답] 통일이 되어야 합니다. 전쟁 없이 평화로운 방식으로 되어야 합니다.

[문] 한국의 학생들이 대학교에 들어가기 전 학교를 다니는 기간은 어떻게 되나요?

[답] 초등학교 6년, 중학교 3년, 고등학교 3년으로 총 12년을 다닙니다.

[문] 한국의 남자는 몇 살 이후에 군대에 가나요?

[답] 18세부터 군대에 갈 수 있습니다.

[문] 전쟁이 일어나면 어떻게 할 건가요?

[답] 가족 모두의 안전을 지킬 수 있도록 나라의 지시에 따라 행동하겠습니다.

[문] 어느 복권에 당첨돼서 많은 돈이 생기면 무엇을 할 건가요?

[답] (예 은행에 빌린 돈을 갚고, 대부분은 저축할 것입니다. 가족들과 맛있는 식사를 하고 싶습니다.)

[문] 한국을 상징하는 꽃은 무엇인가요?

[답] 무궁화입니다.

[문] 횡단보도는 신호등이 무슨 색일 때 건너야 합니까?

[답] 녹색일 때 건너야 합니다.

[문] 아파트에서 늦은 시간에 피아노를 치면 어떤 문제가 있나요?

[답] 이웃에 사는 사람들이 피아노 소리에 시끄러워서 잠을 자지 못할 수 있습니다.

[문] 광복절은 언제인가요? 그 날은 어떤 날인가요?

[답] 광복절은 8월 15일입니다. 대한민국이 일본의 식민지배에서 벗어난 날입니다.

[문] 한국에서 일을 하는 이유는 무엇인가요?

[답] (예 고향의 가족에게 생활비를 보내주기 위해서입니다.)

[문] 제헌절은 무엇을 기념하기 위한 날인가요?

[답] 한국의 헌법을 만든 날을 기념하는 날입니다.

[문] 현충일은 어떤 날인가요?

[답] 나라를 위해 싸우다 돌아가신 분들의 충성을 기념하기 위한 날입니다.

[문] 환경오염을 막기 위해 가정에서 할 수 있는 일은 무엇이 있나요?

[답] 분리배출을 잘하고 일회용품을 가능한 쓰지 않아야 합니다.

[문] 한국의 전통 무술로, 올림픽 정식종목으로 채택된 것은 무엇입니까?

[답] 태권도입니다.

[문] 개천절은 몇 월 며칠입니까?

[답] 10월 3일입니다.

[문] 외국인등록을 하기 위해서는 어디로 가야 합니까?

[답] 출입국관리소에 가야 합니다.

[문] 오만 원권에 그려져 있는 사람은 누구인가요?

[답] 신사임당입니다.

[문] 집이나 회사에 불이 났을 때는 어디로 전화를 걸어 신고해야 하나요?

[답] 119에 전화를 걸어 신고해야 합니다.

[문] 우리나라의 4대보험은 무엇을 말하는 것인가요?

[답] 국민건강보험과 산업재해보상보험, 고용보험, 국민연금을 말합니다.

2. 지리

[문] 독도에 대해 알고 있나요? 독도는 어디에 있나요?

[답] 대한민국의 영토로 일본이 영토 분쟁을 일으키는 곳입니다. 동해 울릉도 옆에 있습니다.

[문] 한국의 광역시는 몇 개인가요? 각각의 이름을 말해 보세요.

[답] 6개입니다. 인천광역시, 광주광역시, 대전광역시, 대구광역시, 울산광역시, 부산광역시입니다.

[문] 대한민국에서 가장 큰 섬은 어디입니까?

[답] 제주도입니다.

[문] 서울 한가운데를 흐르는 강의 이름은 무엇입니까?

[답] 한강입니다.

[문] 대한민국의 동쪽을 가로지르는 가장 큰 산맥의 이름은 무엇입니까?

[답] 태백산맥입니다.

[문] 한라산은 어디에 있습니까?

[답] 제주도에 있습니다.

[문] 서울의 4대문의 이름은 무엇인가요?

[답] 흥인지문(동대문), 돈의문(서대문), 숭례문(남대문), 숙정문(북대문)입니다.

3. 역사

[문] 우리 민족이 최초로 세운 나라는 무엇인가요?

[답] 단군왕검이 세운 고조선입니다.

[문] 우리나라의 글인 한글은 누가 만들었습니까?

[답] 세종대왕께서 만들었습니다.

[문] 우리나라의 임시정부는 가장 처음 어디에 세워졌나요?

[답] 중국 상하이에 세워졌습니다.

[문] 삼국 시대에 삼국을 통일한 나라는 어디인가요?

[답] 신라입니다.

[문] 3·1운동을 주도했고, 일제의 고문에 돌아가신 여성 독립운동가는 누구입니까?

[답] 유관순 열사입니다.

[문] 고려를 멸망시키고 조선을 세운 왕의 이름은 무엇입니까?

[답] 태조 이성계입니다.

[문] 1950년에 우리나라는 어디와 전쟁을 했습니까?

[답] 북한과 전쟁을 했습니다.

[문] 한국에 목화씨를 들여온 사람은 누구입니까?

[답] 문익점입니다.

4. 문화

[문] 설날과 추석에 먹는 음식은 각각 무엇인가요?

[답] 설날에는 떡국을 먹고, 추석에는 햇곡식으로 만든 송편을 먹습니다.

[문] 명절 때 주로 입는 우리나라 전통 복장은 무엇입니까?

[답] 한복입니다.

[문] 한국에서 수능을 보는 학생들에게 주는 선물로는 무엇이 있나요?

[답] 떡, 엿, 포크, 휴지 등이 있습니다.

[문] 동지에는 어떤 음식을 먹고, 그 음식을 먹는 이유는 무엇입니까?

[답] 동지에는 팥죽을 먹습니다. 나쁜 귀신을 쫓는다는 의미가 있습니다.

[문] 과거 우리나라에서 결혼식을 할 때 대접했던 음식은 무엇입니까?

[답] 예전에는 결혼식에 잔치국수를 대접했습니다. 긴 국수처럼 오래 잘 살라는 의미가 있습니다.

5. 법과 정치

[문] 헌법상 규정된 대한민국 국민의 4대 의무는 무엇인가요?

[답] 대한민국 국민이 지켜야 하는 4대 의무는 국방의 의무, 납세의 의무, 교육의 의무, 근로의 의무입니다.

[문] 우리나라에서 최초로 노벨평화상을 수상한 사람은 누구인가요?

[답] 김대중 대통령입니다.

[문] 한국의 선거 원칙에 대해 이야기해 보세요.

[답] 한국은 직접선거, 보통선거, 평등선거, 비밀선거의 원칙에 따라 선거를 합니다.

[문] 비밀선거의 원칙은 무엇입니까?

[답] 내가 투표한 사람을 다른 사람이 알지 못하도록 하는 것입니다.

[문] 우리나라의 첫 대통령의 이름은 무엇인가요?

[답] 이승만 대통령입니다.

원고지 작성법

1. 원고지 작성법을 알아야 하는 이유

　사회통합프로그램 귀화용·영주용 종합평가 모두 작문형 평가의 답안지가 원고지 형식으로 제공됩니다. 원고지는 일정한 사용법이 약속처럼 정해진 규격화된 양식이므로 글을 쓸 경우 그 사용법에 따라 작성하는 것이 중요합니다.

2. 글자쓰기

① 한글 : 한 칸에 한 자씩 씁니다.

　　예 나는 한국인이 될 수 있다.

	나	는		한	국	인	이		될		수		있	다	.			

② 숫자 : 하나일 때는 한 칸에 한 자를 쓰고, 숫자가 2개 이상일 경우 한 칸에 두 자씩 씁니다. 만약 홀수 개로 이루어진 숫자는 앞에서부터 두 자씩 끊어서 작성합니다.

　　예 오후 3시에 만나기로 했다.

	오	후		3	시	에		만	나	기	로		했	다	.			

　　예 오늘은 8월 15일이다.

	오	늘	은		8	월		15	일	이	다	.						

　　예 이번 시험은 35,000명이 지원했다.

	이	번		시	험	은		35	,0	00	명	이		지	원	했	다	.

예 커피는 2,000원입니다.

	커	피	는		2,	00	0	원	입	니	다	.					

③ 알파벳 : 대문자는 한 칸에 한 자를 쓰고, 소문자는 한 칸에 두 자씩 씁니다. 만약 홀수 개로 이루어진 소문자는 앞에서부터 두 자씩 끊어서 작성합니다.

예 개인 ID와 비밀번호

	개	인		I	D	와		비	밀	번	호						

예 Not In My Back Yard

	N	ot		I	n		M	y		B	ac	k		Y	ar	d	

④ 숫자＋알파벳 : 숫자와 알파벳을 함께 쓸 경우에는 한 칸씩 따로 씁니다.

예 3D 프린터로 인쇄하다.

	3	D		프	린	터	로		인	쇄	하	다	.				

3. 띄어쓰기

① 처음 시작할 때, 문단이 바뀔 때에는 첫 칸을 비우고 씁니다. 이를 '들여쓰기'라고 합니다.

예 이번엔 반드시 합격하자.

	이	번	엔		반	드	시		합	격	하	자	.				

② 둘째 줄부터는 띄어쓰기에 상관없이 첫 번째 칸부터 채워 씁니다.

예 요즘에는 필요한 물건을 대부분 인터넷으로 주문을 한다.

	요	즘	에	는		필	요	한		물	건	을		대	부	분		인	터
넷	으	로		주	문	을		한	다	.									

예 지구의 환경 오염을 해결하기 위하여 여러 나라들이 협력한다.

	지	구	의		환	경		오	염	을		해	결	하	기		위	하	여
여	려		나	라	들	이		협	력	한	다	.							

예 나의 취미는 배드민턴과 글쓰기이다. 두 가지 모두 꾸준히 할 것이다.

	나	의		취	미	는		배	드	민	턴	과		글	쓰	기	이	다	.
두		가	지		모	두		꾸	준	히		할		것	이	다	.		

③ 한글과 쓰는 단위는 띄어 쓰고, 숫자와 쓰는 단위는 붙여서 씁니다.
　　예 휴지 두 장만 주세요.

	휴	지		두		장	만		주	세	요	.							

　　예 휴지 2장만 주세요.

	휴	지		2	장	만		주	세	요	.								

④ 헷갈리는 띄어쓰기
　　㉠ 몇 번
　　예 몇∨번 정도 해 보니까 알겠다.

	몇		번		정	도		해		보	니	까		알	겠	다	.		

　　㉡ ○○ 중
　　예 지금 공부∨중입니다.

	지	금		공	부		중	입	니	다	.								

ⓒ ○○ 등
예 가방에는 지갑, 핸드폰∨등이 있다.

| 가 | 방 | 에 | 는 | | 지 | 갑 | , | 핸 | 드 | 폰 | | 등 | 이 | | 있 | 다 | . | | |

ⓔ 십 원, 백 원, 천 원, 만 원
예 지금 현금 사만 오천∨원이 있다.

| 지 | 금 | | 현 | 금 | | 사 | 만 | | 오 | 천 | | 원 | 이 | | 있 | 다 | . | | |

ⓜ −∨것이다
예 오늘 안에 끝낼 것이다.

| 오 | 늘 | | 안 | 에 | | 끝 | 낼 | | 것 | 이 | 다 | . | | | | | | | |

예 내일 티켓을 예매할 것이다.

| 내 | 일 | | 티 | 켓 | 을 | | 예 | 매 | 할 | | 것 | 이 | 다 | . | | | | | |

ⓗ −∨것∨같다.
예 금방 비가 올 것 같다.

| 금 | 방 | | 비 | 가 | | 올 | | 것 | | 같 | 다 | . | | | | | | | |

예 예정보다 더 늦게 도착할 것 같다.

| 예 | 정 | 보 | 다 | | 더 | | 늦 | 게 | | 도 | 착 | 할 | | 것 | | 같 | 다 | . | |

ⓢ −∨수∨있다/없다
예 내 마음대로 선택할 수 있다.

| 내 | | 마 | 음 | 대 | 로 | | 선 | 택 | 할 | | 수 | | 있 | 다 | . | | | | |

예 한 발자국도 움직일 수 없었다.

| 한 | | 발 | 자 | 국 | 도 | | 움 | 직 | 일 | | 수 | | 없 | 었 | 다 | . | | | |

◎ -∨줄∨알다/모르다
예 그는 운전을 할 줄 안다.

| 그 | 는 | | 운 | 전 | 을 | | 할 | | 줄 | | 안 | 다 | . | | | | | |

예 정말 합격할 줄 몰랐다.

| 정 | 말 | | 합 | 격 | 할 | | 줄 | | 몰 | 랐 | 다 | . | | | | | | |

4. 문장부호

① 쉼표(,)와 마침표(.) 다음에는 한 칸을 띄지 않고 씁니다.
　예 준비물은 신분증, 수험표, 물 등이다.

| 준 | 비 | 물 | 은 | | 신 | 분 | 증 | , | 수 | 험 | 표 | , | 물 | | 등 | 이 | 다 | . |

　예 오늘은 금요일이다. 기분이 좋다.

| 오 | 늘 | 은 | | 금 | 요 | 일 | 이 | 다 | . | 기 | 분 | 이 | | 좋 | 다 | . | | |

② 느낌표(!), 물음표(?) 다음에는 한 칸을 띄우고 씁니다.
　예 오늘 늦게 끝나니? 데리러 갈까?

| 오 | 늘 | | 늦 | 게 | | 끝 | 나 | 니 | ? | | 데 | 리 | 러 | | 갈 | 까 | ? | |

　예 와 이거 진짜 맛있어요! 내일 또

| 와 | | 이 | 거 | | 진 | 짜 | | 맛 | 있 | 어 | 요 | ! | | 내 | 일 | | 또 | |

예 정말요? 말도 안 돼! 진짜 믿을

	정	말	요	?		말	도		안		돼	!		진	짜		믿	을	

③ 첫 번째 칸에는 문장 부호를 쓰지 않습니다. 즉, 문장 부호를 다음 줄로 넘기지 않습니다. 다음의 두 경우 모두 가능합니다.

예 이번 휴가는 가족들과 제주도로 간다.

	이	번		휴	가	는		가	족	들	과		제	주	도	로		간	다.

	이	번		휴	가	는		가	족	들	과		제	주	도	로		간	다	.

예 항상 지금처럼 열심히 일을 해봅시다!

	항	상		지	금	처	럼		열	심	히		일	을		해	봅	시	다	!

5. 원고지 연습하기

① 서울은 우리나라 수도이자 정치, 행정, 경제, 문화, 교통 등의 중심지이다.

② 뭐든지 마음대로 할 수 있어서 좋지 않냐고? 천만의 말씀!

③ 나는 11월 6일 Kmart에서 만두 5,000원어치를 샀다.

④ 요즘에는 인터넷이나 TV 홈쇼핑으로 집에서도 물건을 쉽게 구입할 수 있다.

⑤ 종이와 문자가 없었던 시절에는 정보를 주로 말로 전달했다. 그 후 문자와 종이가 발명되고 인쇄 기술이 발달하면서 책은 아주 중요한 정보 전달 방법이 되었다. 오늘날에는 과학 기술과 정보 통신 기술이 발달하여 인터넷을 비롯한 다양한 방법으로 정보를 전달하고 있다.

[정답]

①

| | 서 | 울 | 은 | | 우 | 리 | 나 | 라 | | 수 | 도 | 이 | 자 | | 정 | 치 | , | 행 | 정 | , |
| 경 | 제 | , | | 문 | 화 | , | | 교 | 통 | | 등 | 의 | | 중 | 심 | 지 | 이 | 다 | . | | |

②

| | 뭐 | 든 | 지 | | 마 | 음 | 대 | 로 | | 할 | | 수 | | 있 | 어 | 서 | | 좋 | 지 |
| 않 | 냐 | 고 | ? | | 천 | 만 | 의 | | 말 | 씀 | ! | | | | | | | | |

③

| | 나 | 는 | | 11 | 월 | | 6 | 일 | | K | ma | rt | 에 | 서 | | 만 | 두 | | 5, |
| 00 | 0 | 원 | 어 | 치 | 를 | | 샀 | 다 | . | | | | | | | | | | |

④

| | 요 | 즘 | 에 | 는 | | 인 | 터 | 넷 | 이 | 나 | | T | V | | 홈 | 쇼 | 핑 | 으 | 로 |
| 집 | 에 | 서 | 도 | | 물 | 건 | 을 | | 쉽 | 게 | | 구 | 입 | 할 | | 수 | | 있 | 다 | . |

⑤

종이와 문자가 없었던 시절에는 정보를 주로 말로 전달했다. 그 후 문자와 종이가 발명되고 인쇄 기술이 발달하면서 책은 아주 중요한 정보 전달 방법이 되었다. 오늘날에는 과학 기술과 정보 통신 기술이 발달하여 인터넷을 비롯한 다양한 방법으로 정보를 전달하고 있다.

〈OMR 답안 작성법〉

※ 반드시 검정색 수성사인펜 사용

① 본인이 신청한 해당 평가에 칠한다.

사회통합프로그램 기본소양 평가(단계)인지 □ 사전평가 □ 중간평가 □ 종합평가

외국인등록번호

② 자신의 외국인 등록번호를 쓴다.

③ 외국인 등록번호와 동일한 숫자를 칠한다.

④ 자신의 영문이름을 쓴다.

영문 이름

※ 주관식(단답형) 답은 뒷면에 기입하십시오.

시험지 유형
Ⓐ
Ⓑ

⑤ 문제지 유형에 칠한다.

객관식

⑥ 답안지에는 빨간색 수성사인펜으로 먼저 칠하고 검정색을 덧칠한다. 검정색을 먼저 칠하고 검정색을 덧칠 하면 수정할 수 없다.

주관식 — 감독자만 기입하십시오.
주관식1 | 주관식2 | 구술채점수 | 감독 사용

※ 감독자만 기입하십시오.

감독 사용

〈답안 작성 예시〉

사회통합프로그램 기본소양 평가답안지| □사전평가 □중간평가 ■종합평가

외 국 인 등 록 번 호

주관식 1

주관식 2

※ 주관식(단답형)은 답안 뒷면에 기입하십시오.

객 관 식

영문
이름   Chen Jia Mei

시험지
유형

※ 감독자만 기입하십시오.

주관식1   주관식2   구술형점수

감독
서명

사회통합프로그램 작문형 답안지

외국인등록번호	성 명

감독관 작성 부분

감독관이 작성하는 부분임

채점 관련하여 감독관이 작성하는 부분임

아래 원고지 부분에 작성하되 제목은 생략하고 바로 본문만 작성할 것, 수정 시 두 줄로 긋고 재기입 가능

답안 작성란

채점 관련하여 감독관이 작성하는 부분임

외 국 인 등 록 번 호

⓪	⓪	⓪	⓪	⓪	⓪		⓪	⓪	⓪	⓪	⓪	⓪
①	①	①	①	①	①	—	①	①	①	①	①	①
②	②	②	②	②	②		②	②	②	②	②	②
③	③	③	③	③	③		③	③	③	③	③	③
④	④	④	④	④	④		④	④	④	④	④	④
⑤	⑤	⑤	⑤	⑤	⑤		⑤	⑤	⑤	⑤	⑤	⑤
⑥	⑥	⑥	⑥	⑥	⑥	—	⑥	⑥	⑥	⑥	⑥	⑥
⑦	⑦	⑦	⑦	⑦	⑦		⑦	⑦	⑦	⑦	⑦	⑦
⑧	⑧	⑧	⑧	⑧	⑧		⑧	⑧	⑧	⑧	⑧	⑧
⑨	⑨	⑨	⑨	⑨	⑨		⑨	⑨	⑨	⑨	⑨	⑨

주관식 1

시험지
유형 Ⓐ Ⓑ

영문
이름

※ 주관식(단답형) 답은 뒷면에 기입하십시오.

객 관 식

번호	①	②	③	④
1	①	②	③	④
2	①	②	③	④
3	①	②	③	④
4	①	②	③	④
5	①	②	③	④
6	①	②	③	④
7	①	②	③	④
8	①	②	③	④
9	①	②	③	④
10	①	②	③	④
11	①	②	③	④
12	①	②	③	④
13	①	②	③	④
14	①	②	③	④
15	①	②	③	④
16	①	②	③	④
17	①	②	③	④
18	①	②	③	④
19	①	②	③	④
20	①	②	③	④
21	①	②	③	④
22	①	②	③	④
23	①	②	③	④
24	①	②	③	④
25	①	②	③	④
26	①	②	③	④
27	①	②	③	④
28	①	②	③	④
29	①	②	③	④
30	①	②	③	④
31	①	②	③	④
32	①	②	③	④
33	①	②	③	④
34	①	②	③	④
35	①	②	③	④
36	①	②	③	④
37	①	②	③	④
38	①	②	③	④
39	①	②	③	④
40	①	②	③	④
41	①	②	③	④
42	①	②	③	④
43	①	②	③	④
44	①	②	③	④
45	①	②	③	④
46	①	②	③	④
47	①	②	③	④
48	①	②	③	④

주관식 2

	주관식1	주관식2	구술합격수	감독자 서명
	⓪ ① ② ③ ④ ⑤	⓪ ① ② ③ ④ ⑤	⓪ ① ② ③	
	⓪ ① ② ③ ④ ⑤	⓪ ① ② ③ ④ ⑤	⓪ ① ② ③ ④ ⑤ ⑥ ⑦ ⑧ ⑨	

사회통합프로그램 작문형 답안지

외국인등록번호	성 명	

채점 관련하여 감독관이 작성하는 부분임

답안 작성란　아래 원고지 부분에 작성하되 제목은 생략하고 바로 본문만 작성할 것, 수정 시 두 줄로 긋고 재기입 가능

채점 관련하여 감독관이 작성하는 부분임

채점 관련하여 감독관이 작성하는 부분임

사회통합프로그램 작문형 작문용 답안지

외국인등록번호	성 명	감독관 작성 부분

감독관 작성 부분

채점 관련하여 감독관이 작성하는 부분임

답안 작성란 아래 원고지 부분에 작성하되 제목은 <u>생략</u>하고 바로 본문만 작성할 것, 수정 시 두 줄로 긋고 재기입 가능

채점 관련하여 감독관이 작성하는 부분임

사회통합프로그램 작문형 답안지

외국인등록번호	성 명	

담안 작성란	아래 원고지 부분에 작성하되 제목은 생략하고 바로 본문만 작성할 것, 수정 시 두 줄로 긋고 재기입 가능

채점
관련하여
감독관이
작성하는
부분임

채점 관련하여 감독관이 작성하는 부분임

사회통합프로그램 자문형 답안지

외국인등록번호	성 명	

아래 원고지 부분에 작성하되 제목은 생략하고 바로 본문만 작성할 것, 수정 시 두 줄로 긋고 재기입 가능

답안 작성란

채점 관련하여 감독관이 작성하는 부분임

외 국 인 등 록 번 호

주관식 1

시험지 유형	답란 이름					
Ⓐ						
Ⓑ						

객 관 식

※ 주관식(단답형) 답은 뒷면에 기입하십시오.

주관식 2

※ 감독자만 기입하십시오.

주관식1		주관식2	구술형점수	감독 서명

사회통합프로그램 작문형 답안지

감독관 작성 부분

외국인등록번호	성 명	감독관 작성 부분

채점 관련하여 감독관이 작성하는 부분임

답안 작성란 아래 원고지 부분에 작성하되 제목은 생략하고 바로 본문만 작성할 것, 수정 시 두 줄로 긋고 재기입 가능

채점 관련하여 감독관이 작성하는 부분임

사회통합프로그램 작문형 답안지

외국인등록번호	성 명

아래 원고지 부분에 작성하되 제목은 생략하고 바로 본문만 작성할 것, 수정 시 두 줄로 긋고 재기입 가능

답안 작성란

MEMO

2025 귀화시험
사회통합프로그램 종합평가 모의고사

———

초 판 발 행	2020년 8월 5일
개정4판1쇄	2024년 5월 20일

저 자	대한민국귀화시험자격연구소
발 행 인	정용수
발 행 처	(주)예문아카이브
주 소	서울시 마포구 동교로 18길 10 2층
T E L	02) 2038-7597
F A X	031) 955-0660

등 록 번 호	제2016-000240호

정 가	16,000원

홈페이지 http://www.yeamoonedu.com

ISBN 979-11-6386-300-7   [13300]